KB261489

조선 유학과 서양 과학의 만남

고즈윈은 좋은책을 읽는 독자를 섬깁니다.
당신을 닮은 좋은책 — 고즈윈

조선 유학과 서양 과학의 만남

박성순 지음

1판 1쇄 발행 | 2005. 5. 20.

저작권자 ⓒ 2005 박성순
이 책의 저작권자는 위와 같습니다. 저작권자의 동의 없이
내용의 일부를 인용하거나 발췌하는 것을 금합니다.
Copyright ⓒ 2005 by Park, Sung – Soon
All rights reserved including the rights of reproduction
in whole or in part in any form. Printed in KOREA.

발행처 | 고즈윈
발행인 | 고세규
신고번호 | 제313-2004-00095호
신고일자 | 2004. 4. 21.
(121-819) 서울특별시 마포구 동교동 200-19번지 501호
편집팀 02)325-5676 팩시밀리 02)333-5980

값은 표지에 있습니다.
ISBN 89-91319-33-5

고즈윈은 항상 책을 읽는 독자의 기쁨을 생각합니다.
고즈윈은 좋은책이 독자에게 행복을 전한다고 믿습니다.

조선후기 서학의 수용과 북학론의 형성

조선유학과 서양과학의 만남

박성순 지음

고즈윈
God'sWin

　푸르고 선명한 5월의 하늘이 마음을 마냥 들뜨게 한다. 이렇게 아름다운 봄볕 속에서 시간을 영원히 잡아둘 수 있다면 얼마나 행복할까? 그러나 짧은 5월의 푸른 하늘은 다가오자마자 떠날 채비부터 서두르고 있다.

　냉전체제가 종식되면서 사람들은 첨예했던 이념 대결이 끝나고 영원한 평화의 세기가 도래할 것으로 낙관하였다. 그러나 5월의 하늘처럼 그도 잠시, 새뮤얼 헌팅턴이 '문명의 충돌'을 예견한 바와 같이 세계는 각 문명들간의 패권다툼으로 일촉즉발의 위기감이 고조되고 있다.

　이와 함께 자유민주주의의 승리 또한 우리에게 예기치 못했던 또 하나의 과제를 던져놓고 있다. 프란시스 후쿠야마는 자본주의의 승리로 인간의 가치관이 한번 동질화되어 버리면 그 속에서 더 이상의 변증법적 작용은 일어나지 않으며, 이 변증법적 작용이 없으면 인간의 행위는 역사로서의 의미를 가지지 않는다는 '역사의 종말'을 경고하기에 이르렀다.

　이와 같은 예측은 불행하게도 맞아 들어가고 있는 것으로 보인다. 강대국의 패권주의와 동전의 양면과도 같은 신자유주의는 전 세계를 철저한 자본의 논리로 잠식해 가고 있다. 자본주의체제의 준주변부 국가인 한국에서는 신자유주의체제의 기서가 더욱 맹위를 떨치고 있다. 대통령이 국가의 권력은 이미 시장으로 넘어갔음을 공표할 정도로, 국가의 권위와 대기업의 권력이 그 자리를 서로 뒤바꾸어가고 있다. 우리사회에서 오직 자본의 위력 이외에는 그 어떤 담론도 설 자리를 잃어가고 있는 것이다.

 담론의 빈곤 현상은 한국사학계 내부에서도 두드러진 특징이다. 특히 조선시대사 연구에 있어서는 그러한 현상이 더욱 잘 드러난다. 조선시대사 연구의 유일한 목표가 식민사관의 극복이라는 점이 공공연히 표방될 뿐, 그 이외에 다른 담론들이 끼어들 자리는 매우 좁아 보인다. 그나마 유일한 담론의 모색이 있다면 조선의 문치주의에 대한 재평가 정도가 될 것이다. 그러나 이것도 아직은 객관적인 비판의식을 전제한 것이라기보다는 과거사에 대한 미화와 찬양이 주를 이루는 것 같아 오히려 위험스러워 보이기까지 하다. 실패한 역사에 대한 철저한 반성이야말로 현대인들의 의식을 깨어 있게 만드는 소금이요 빛이다. 제2차세계대전의 패망에 대한 독일과 일본의 극단적으로 상반된 태도를 보라. 한국인의 역사인식은 어느 쪽에 더 가까울까? 역사에서의 반성을 모른다고 지탄해 마지 않는 일본과 매우 흡사해져 가고 있는 우리의 모습을 되돌아볼 때가 되었다. 한국 사학계에서 좀더 풍부한 담론들을 제공할 의무가 여기에 있다.

이 책은 조선후기 북학론 태동의 배경과 그 이념을 객관적으로 조망하고자 한 것이다. 주자朱子유일주의와 예론禮論에 의해서 압도당하던 당시 사회의 이념적 폐쇄성과 공허성을 극복하고, 조선의 현실적인 부강을 도모하고자 했던 북학론자들의 이야기를 다룬 것이다. 그리고 이 논의의 중심에 '서학'이라는 핵심단어를 일관되게 유지하였다. 바야흐로 오늘날은 수동적 의미의 세계화 또는 적극적 의미의 글로벌화로 인해서 민족주의의 존폐문제가 새로운 화두로 대두되고 있다. 이런 관점에서, 당시 중국을 통해서 전래된 서학의 수용문제를 두고 벌어졌던 조선 정부의 입장과 실학적 지식인들의 자세를 검토해 보고자 한 것이다. 그들은 서학의 수용에 있어서 매우 선별적인 까다로운 입장을 견지했으며, 또한 궁극적으로는 서기의 수용을 통한 유교적 경세관의 실현, 내지는 명나라를 위한 복수의 완성 등을 주장하기도 하였다. 당시 조선 정부의 입장과 실학적 지식인들의 태도를 오늘의 현실에 반추해 볼 수 있는 계기가 되었으면 좋겠다.

그리고 앞으로 우리의 진로에 대한 보다 진지한 담론의 형성은 경외하는 독자들의 손에 맡기고 싶다.

세속의 번잡함을 잊고 학문에 매진할 수 있도록 배려를 아끼지 않으시는 대동문화연구원의 임형택林熒澤 원장님과 손병규孫炳圭 교수님을 비롯한 대동의 여러 선생님들, 그리고 필자에게 학문적 영감과 자극을 제공하는 동아시아학술원의 여러 선생님들께 감사드린다. 그리고 한없는 사랑으로 가족의 참의미를 일깨워주시는 장인·장모님과 이 책의 출간을 쾌히 허락해 주신 고세규高世奎 사장님께도 감사의 뜻을 전하고 싶다. 끝으로 묵묵히 내 곁을 지켜주는 아내 진경인陳景仁과 존재 자체만으로도 삶의 환희를 안겨주는 아들 상준相俊과 함께 출간의 기쁨을 나누고자 한다.

2005년 5월
성균관에서 박성순

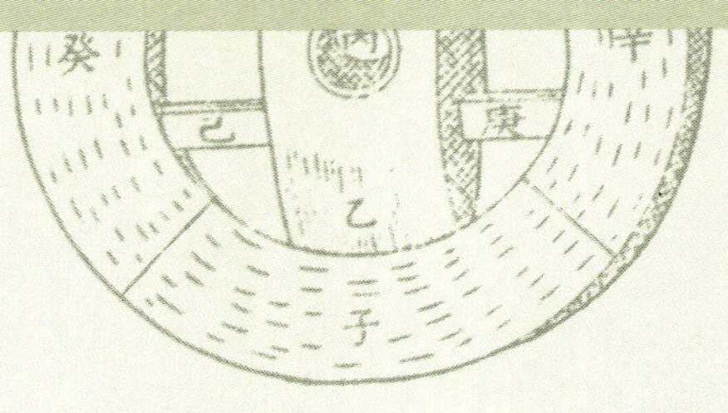

1

도입

　21세기 인류의 역사는 자본주의체제의 독점적인 규제와 문화적인 영향력이 점점 더 강화되는 추세에 놓여 있다. 조선이 국제적인 조약을 통해 근대 자본주의체제의 주변부로 편입된 것은 19세기 후반이었다. 그러나 조선은 이미 16세기 중반에 서양에 알려졌고, 조선이 서양을 인식하기 시작한 것은 그보다 조금 뒤인 17세기 초반 무렵부터였다. 조선과 서양과의 관계는 우리의 통념보다 훨씬 이전부터 상호 작용하고 있었던 것이다.

　그렇지만 그동안 조선후기사의 연구동향을 살펴보면, 대서양 관계사는 한국사의 주류로서 정당한 평가를 받지 못한 감이 있다. 단지 과학사나 서학 관련 연구에서 제한적으로 다루어져 왔을 뿐이다. 거기에는 다음과 같은 여러 가지 이유가 있을 수 있다.

　첫 번째로 해방 후 한국사학계가 식민사관의 극복과 내재적 발전론의 규명이라는 시대정신의 이행에 몰두한 결과, 외래 사조에 대한 정당한 평가에 인색했던 점을 지적할 수 있다. 이러한 행위는 학문의 애국주의 내지는 민족주의적 관점과도 상당한 관계가 있었던 것으로 보인다. 일제강점기로부터 지금까지 최소한 600여 편을 상회하는[1] 조선후기 서양 관련 연구들이 주로 교회사 위주로 진행되어

온 것도 이 분야 연구가 별로 주목받지 못하게 된 두 번째 요인으로 들 수 있다.[2] 세 번째 요인으로는 조선의 대외방침이 쇄국주의를 기본으로 하였을 뿐만 아니라, 서양문명과의 접촉도 대부분 명이나 청을 통한 간접적인 수준에 그쳤으므로 그것이 조선문화 변용에 그다지 큰 파급효과를 끼치지 않았을 것이라는 선입견이 존재해 온 것을 들 수 있다.

그렇지만, 최근의 연구에 의하면 조선후기 사회에서 서학西學* 이 끼친 영향은 지대했던 것으로 드러나고 있다. 특히 조선후기에 전래된 서학은 조선인들에게 중세 유교적 세계관에서 벗어나서 근대적 세계를 지향할 수 있는 새로운 패러다임을 제공하였다는 점에서 매우 중요하게 인식되고 있다. 이는 실학사상 발상의 외래적 요인으로 지목되는 것으로서, 조선후기 사람들은 서양천문학과 지리지식을 통해서 중세적 우주관과 세계관을 극복할 수 있었다. 또 서양의 4원소설의 수용으로 인해서 동양사상의 근간인 음양오행사상을 부정함으로써, 서양기하학에 대한 새로운 인식과 더불어, 근대과학적인 사고의 기틀을 확보할 수 있었다.

해방 후 1970년대를 정점으로 한국사학계를 풍미했던 민족주의 ·

---

* '西學' 이란 중세적 스콜라 철학에 입각한 가톨릭적 그리스도 敎學사상과 耶蘇會士라는 특수 신분의 인사들이 소화해 수용한 서양 중세 및 르네상스기의 서양 과학기술을 포괄하는 서구문명의 학문적 측면이다. 말하자면, 서학이라고 할 때에는 西敎와 西器를 통칭하는 것이다. 明末 李之藻(1565~1630)가 편찬한 『天學初函』에서, 서양의 종교 · 윤리서를 「理編」으로, 과학 · 기술서를 「器編」으로 구분한 예에 따라서, 理의 측면을 '西敎' 로, 器의 측면을 '西器' 로 구별하여 사용하고 있는 것이 이 방면 연구의 관행이다. (李元淳, 1986, 『朝鮮西學史研究』, 일지사-, 11쪽)

근대화 지상주의는 이제 새로운 국면에 직면하였다. 선험적인 연구 목표의 입증보다는 보다 객관적인 실체적 진실에 다가섬으로써 조선후기 사회의 고유한 특징을 발견하고자 하는 입장들이 크게 대두되고 있다. 이제 조선후기사 연구는 각 분야마다 어찌 보면 백가쟁명의 시대가 도래한 듯한 인상마저 준다. 그렇지만 이와 같은 분위기는 지금까지의 연구성과들을 계승한 바탕 위에서 새로운 연구단계로의 진입을 의미하는 것 같아, 이에 대한 기대가 무척 큰 것도 사실이다. 이와 맞물려 조선후기 서학 관련 연구도 1990년대에 들어서면서 교회사 연구가 크게 줄어든 대신에 조선후기 사회에 수용된 서학의 영향과 그에 대한 조선후기 지식인들의 대응 양상 등에 주목하려는 사상사 · 사회사적인 관심이 고조된 것이 특징이라 하겠다.

한국사 발전의 동력을 내부의 자생적인 측면으로부터 밝혀내고자 하는 것은 지극히 당연한 일이다. 그러나 인류의 역사는 동서고금을 막론하고 외부세계와의 상호 접촉을 통해서 발전해 왔다. 그러므로 이제 우리는 언제까지나 조선을 쇄국주의라는 박제화된 이미지로 고정시켜서는 안 되며, 그런 의미에서 조선후기의 서학수용사를 고찰하는 일은 그 의미가 결코 작지 않다. 특히 조선후기라는 시점은 중세에서 근대로 넘어가는 과도기였고, 이후의 세계는 서구제국주의를 뒷받침한 자본주의체제로 재편되어 버리고 말았던 만큼 조선후기의 사회가 서양을 어떻게 인식하고 대응했는가의 문제를 검토한다는 것은 어느 정도 현재적 관점을 내포한 중요성을 갖는다고 볼 수 있다.

이 책에서는 특히 서학의 수용과 북학론의 형성이라는 측면에 주목하였다. 그 이유는 첫째로 조선후기에 명분론적인 척화의식에 맞서 암묵적으로 꾸준히 진행되어 오던 서학의 수용이 북학론자들에 이르러 본격적인 서기수용론으로 이론적인 정립을 보게 되기 때문이다. 둘째로 북학론이 주자학의 자기 변용과 발전이라는 주장과, 이와 반대로 북학론이 성리학과는 단절된 근대적 성격을 갖는 것이라는 첨예한 대립이 서학에 대한 검토 없이는 결코 해결의 실마리를 발견할 수 없기 때문이다. 셋째는 북학론자들의 주장이 무조건적인 서구문화의 모방이 아니라, 주체적인 수용을 강조했기 때문이다. 이는 오늘날 신자유주의체제의 저류에 깔린 독점자본의 논리를 합리화시키기 위해 국내의 개량주의자들이 자신들의 개방화 논리를 조선후기의 실학자들에게 직접 연결시키고 있는 잘못된 관행을 재검토할 수 있는 기회를 제공해 줄 것이다. 조선후기 서학의 수용이 주로 청을 통해서 이루어졌으므로 이 책에서는 조선후기 대청인식에 대한 전반적인 검토도 아울러 병행할 것이다.

우선 서학의 꾸준한 수용과 그로 인한 북학론의 형성이라는 주제와 관련된 본격적인 논의에 앞서, 조선후기에 전개된 서양과의 관계사를 개괄적으로 조망하고자 한다. 이는 현실적으로 존재하였지만 지금까지 도외시되어 왔던 이야기들을 통해, 독자들이 조선후기 서양과의 관계에 대한 실체적 범위를 실감할 수 있도록 하고자 함이다.

2
조선후기 대對서양 관계사 개관

1. 서양인의 조선 발견

서양인들은 전문傳聞과 표류 또는 조선 연해에 대한 탐험이나 여러 경로를 통해서 작성된 지도 등에 의거하여 조선을 인식하였다. 서세동점시대에 조선이 중국이나 일본보다 서양에 뒤늦게 알려지게 된 것은 대륙인 중국과 해도海島인 일본과의 사이에 움쑥 들어가 있는 지리적 원인 때문이었다.[3] 이러한 상황에서 맨 처음 조선의 존재가 간접적으로 서구에 전해진 것은 일본에서 활동하던 예수회 선교사들의 서한을 통해서였다. 1548년 니콜로(Patere Nicolau)의 서한 중에는 조선과 일본의 무역관계가 적혀 있었고, 1570년에 가스퍼 비레라(Gaspard Vilela S. J.)가 포르투갈의 교우에게 보낸 서한 중에는 조선이 중국 방면으로 들어가는 입구가 되며, 주민이 백인종이라는 다소 부정확한 정보가 적혀 있었다.[4] 이외에도 와전된 것이 허다하지만, 이들 재일 예수회 선교사들에 의해서 임진왜란 당시의 조일 사정과 포로로 잡혀간 조선인의 정황을 전하는 많은 문서가 포르투갈 수도 리스본 교외의 아주다(Ajuda) 문서관에 보관되어 있다.[5]

조선에 상륙했던 서양인에 관한 국내 최초의 기록은 1582년(선조 15)에 제주도에 표착했던 마리이馬里伊에 대한 기록이다. 그는 서울로 압송되었다가 곧 명明으로 송환되었는데 당시는 포르투갈 상인들이 동양의 해상에서 활동하던 시기이므로 그는 포르투갈인으로 추정된다.[6] 마리이에 이어서 서구인으로서 좀더 구체적으로 조선을 알게 된 사람은 임진왜란 당시(1593, 선조 26) 일본군의 종군신부로 조선에 입국한 세스페데스(Gregorio de Céspedes)였다. 그는 사실상 조선에 발을 디딘 최초의 서구인으로서, 조선땅에서 조선과 관계가 있는 서한 두 통을 서구에 전했다. 그것은 조선땅에서 직접 서구의 세계로 조선을 알린 최초의 기록물인데, 이것 또한 프로이스가 편찬한 『일본교구교회사사료日本敎區敎會史史料』의 포르투갈문 사본 중에 수록되어 현 리스본의 아주다 문서관에 보관되어 있다.[7]

17세기에는 서양인들의 조선 표착이 수차례 있었다. 그 첫 번째 사례로서는 1604년(선조 37) 남해안에 표착한 스페인 출신의 후안 멘데스(Juan Mendes)를 들 수 있다. 그는 캄보디아에서 일본의 나가사키로 가기 위해 일본 함선에 승선했다가 풍랑으로 조선 연해에 표착했었는데, 4개월의 체류 끝에 곧 명으로 송환되었다.[8] 1626년(인조 4) 네덜란드를 떠나 일본으로 오던 중 풍랑으로 조선에 표착한 벨테브레[Jan Jans Weltevree, 박연 朴燕(延)]는 조선에 귀화하여 생을 마쳤고, 벨테브레와 같이 왔던 다른 두 사람은 병자호란 때 종군하여 전사하였다. 벨테브레에 대한 이야기와 함께 조선을 본격적으로 서양에 알린 것은 하멜(Hendrik Hamel)이었다. 1653년(효종 4) 제주도에 표착했다가 고생 끝에 조선을 탈출하여 1668년 네덜란드 암스테르담에 도착한 하멜은 『난선제주도난파기蘭船濟州道難破記』(『하멜표류기』 또는 『조선표류기朝鮮漂流記』)를 남겼다. 그 후 이 표류기는 조선 근해를 항해하는 서양 선박들의 지침이 되었으나, 하멜이 고초를 겪었던 내용으로 말미암아 조선에 대한 일종의 공포심까지 유발시켰

다고 한다.[9]

이후 1787년 동해 방면으로 항해 중 울릉도(Dagelet)를 발견한 프랑스의 라페루즈(Galaup de la Pérouse), 1795~1797년에 걸쳐 북태평양 탐사시 조선의 동남해안을 통과하여 동래에 들른 일이 있던 영국의 브로튼(W. R. Broughton), 그리고 1816년 황해 연안을 조사한 영국의 바실 홀(Basil Hall) 등의 『항해기』는 서양 여러 나라 말로 번역되어 조선에 대한 지견知見을 넓혀주었다.[10] 바실 홀의 『항해기』는 대체로 조선 촌락의 자연 풍광과 경작의 양상, 그리고 순박한 조선 서해 도민들의 정형情形 등을 간결히 기록한 것이었다.[11]

16세기 중반 세계지도상에서 조선은 그다지 큰 주목을 받지 못하였다. 유명한 메르카토르(G. Mercator)의 세계지도(1569) 등에서는 조선의 존재가 누락되어 있었고, 오르텔리우스(Ortelius)지도(1589)나 기스베르트준(Gysbertzoon)지도(1598)에서는 중국의 일부인 것처럼 묘사되고 있었으며, 도우라도(Dourado)지도(1568)에서는 조선이 매우 불완전한 모습으로 묘사되었다.[12]

그 뒤 테쎄라(Teisera)지도(1595)·랑그렌(Langren)지도(1596)·이안소니우스(Iansonius)지도(1650)·블라우(Blaeu)지도(1650)·다브빌(S. d' Abbeville)지도(1652) 등은 조선을 중국의 일부가 아닌 독립된 존재로서 파악은 하고 있었으나 반도가 아닌 도서島嶼로 표시하였다. 조선을 섬으로 표시한 오류는 「고금형승지도古今形勝之圖」(1555)나 「황명여지지도皇明輿地之圖」(초판 1531, 재판 1536) 등 잘못된 동양지도에 근거하였기 때문이다.

17세기 후반에 만들어진 피셔(N. Vischer)지도(1680)·코로넬리(V. Coronelli)지도(1690)·윗슨(Witsen)지도(1692) 등에 이르러서야

조선이 반도半島로서 나타나고, 세이어(R. Sayer)지도(1790)와 같이 조선반도 및 팔도의 구분까지 비교적 상세하게 기록한 지도가 출판되는 18세기 후반에 이르러서야 조선의 윤곽이 그런대로 바르게 표현되고 내부적인 기록이 어느 정도 충실해지게 되었다.[13] 특히 당빌(D'Anville)이 1737년에 발간한 「신중국지도첩」 안에 있는 '조선왕국전도'는 조선에 대한 첫 전도라는 점과 지도의 정확성과 신빙성으로 그 이후에 제작된 지도들의 모형 역할을 했다.

19세기에 접어들어서는 조선에 잠입한 프랑스 선교사들에 의해 조선의 말과 문화에 대한 연구가 행해져서 서양인들의 조선 이해를 심화시켰다.[14] 1831년(순조 31) 로마법왕청에서 조선교구朝鮮敎區를 설정하고 이를 파리 외방전교회外邦傳敎會에 맡기자, 프랑스 선교사들이 잠입 선교하며 조선에 대한 이해와 함께 선교를 위해서 그들이 본 조선의 현실을 저작 간행하였다. 예를 들면, 『한국 교회사(*Histoire de l'Église de corée*)』(C. Dallet, Vol 2, Paris, 1874), 『한불자전(*Dictionnaire Coréen-Français*)』(Par les de Corée de la Société ces Mission estrangéres de Paris, 1880), 『한국어 문법(*Grammaire Coréenne*)』(Par les Missionaires de Corée de SME de Paris, 1881) 등이 그것이다. 개항을 전후하여 출간된 이 책들은 19세기 중엽까지의 조선의 사회문화를 이해하는 데 좋은 소재를 제공하였으며, 『한불자전』 등은 서양인들의 한국어 이해에 끼친 공이 크고, 후에 서양인들의 한국어 연구에 기반을 이루었다.[15]

2. 조선인의 서양 발견

조선인이 서양에 대한 인식을 갖게 되는 통로는 주로 ① 중국에서 간행된 서적 ② 부경사신赴京(燕行)使臣의 전문 ③ 서양인의 표착이나 이양선의 출몰 ④ 천주교와 프랑스 선교사들의 잠입 활동 등을 통해서였다.[16] 그중에서도 서양인의 표착이나 선교사들의 잠입, 그리고 이양선의 출몰과 같은 우연적이고 비공식적인 사건을 제외하면, 조선이 서양을 인식할 수 있는 유일한 공식통로는 부경사행赴京(燕行)使行을 통한 것이었다. 부경사행이란 해마다 명나라에 파견되었던 조선사절단을 말하는 것으로, 이후 청나라에 파견되는 사절단은 부연사행 또는 연행사행燕行使行이라 불린다. 조선인의 서양인식이 주로 중국을 통해서 이루어졌던 이유는, 조선시대에는 관례상 사대교린 외에 동아시아를 벗어난 서양과의 직접 접촉이 금지되었고, 15세기 말 지리상의 발견 이후에도 조선은 서양인들의 무역항로에서 너무 떨어져 있어서 그들의 교역대상에서도 빠져 있었기 때문이었다.[17]

17~18세기에 걸쳐 조선인의 서양인식에 가장 큰 역할을 한 것은 중국에서 수입된 한문으로 씌어진 서양서적, 즉 한역서학서漢譯西學書였다. 부경사행원赴京(燕行)使行員들에 의해서 수입된 한역서학서는 서양의 종교 윤리·과학기술·지리서 등이 망라된 것이었다. 조

선인들은 서양인들이 제작한 한역서학서 및 지도를 통해서 세계에 대한 새로운 인식을 가질 수 있었고, 서양 여러 나라와 신대륙의 존재를 인식하게 되었다. 그리고 이와 같은 지리지식의 확대는 중국 중심의 세계관을 극복하는 데에도 크게 이바지하였다. 조선의 지식인들은 대부분 서양인의 천문과학기술을 우수한 것으로 인식한 반면 그들의 종교는 이단으로 배척하였다.[18] 특히 시헌력時憲曆의 도입으로 상징되는 서학의 수용은 일부 선구적 학자들로 하여금 전통적 자연학에 대한 회의를 불러일으켜 새로운 관점에서 자연을 바라보도록 하였다. 북학파가 보여준 탈주자학적 철학경향이 이를 잘 대변한다.[19]

한역서학서의 도입은 1601년(선조 34) 허균許筠(1569~1618)에서부터 비롯한 것 같지만,[20] 확실한 것은 1603년(선조 36) 이광정李光庭(1714~1789)에 의해서 『천주실의天主實義』와 『고우론交友論』 및 마테오 리치(Matteo Ricci, 이마두利瑪竇: 1552~1610)의 「곤여만국전도坤輿萬國全圖」(1602)가 도입된 것이 시초로 알려져 있다. 한역서학서의 섭렵은 조선후기 사회에 한때의 풍기를 이루었고, 이수광李睟光(1563~1628) · 이익李瀷(1681~1763) · 안정복安鼎福(1712~1791) · 박지원朴趾源(1737~1805) · 정약용丁若鏞(1762~1836) 등은 서학에 관한 연구가 깊어 조선후기의 침체한 사상계에 충격을 주었고, 후진들에게 새로운 각성을 지니게 하였다.[21]

한역서학서와 함께 예수회 선교사들이 제작한 한문판 세계지도류, 즉 마테오 리치의 「곤여만국전도」 및 「양의현람도兩儀玄覽圖」(1603), 알레니(Giulio Aleni, 애유략艾儒略: 1582~1649)의 「만국전도萬國全圖」(1623), 아담 샬(Johann Adam Shall von Bell, 탕약망湯若望: 1591~

1666)의 「혼천의설渾天儀說」에 실려 있는 「지구십이장도형도地球十二
長圖形圖」(1636), 삼비아시(Francesco Sambiasi, 필방제畢方濟: 1582~
1649)의 「곤여전도坤輿全圖」(1623), 페르비스트(Ferdinand Verbiest,
남회인南懷仁: 1623~1688)의 「곤여전도坤輿全圖」(1674) 등의 조선 유
입은 조선인의 세계관 수정은 물론이고 세계 각지에 대한 지리적 지
식의 보급에 크게 공헌하였다. 선교사들이 제작한 지도의 전래로 이
의 모사 내지 모각판이 출현하기도 하였고, 경우에 따라서는 지도에
의거하여 지구의를 제작하기도 하였다.[22]

조선이 서양문물을 수입하는 데에 있어서 문화적 도관導管 역할을
한 부경사행원들은 처음에는 단순한 호기심에서 연경(중국의 수도 베
이징의 옛 이름)의 사천주당四天主堂과 흠천감欽天監을 출입하다가, 점
차 학문적인 또는 천문역학적 필요에서 예수회 성직자와 적극적으
로 접촉했고, 그들로부터 서양문물과 한역서학서를 취득하여 이를
조선에 도입했다. 이로 인해 시간이 흐름에 따라 마침내 학문적인
관심에서 한역서학서를 섭렵하는 풍기가 18세기 중엽부터 생겨나기
시작했고, 19세기 중반부터 부연사행원赴燕使行員들의 문정별단問情
別單이나 기행문 등을 통해서 알려진 동양 전통사회의 위기 상황에
대한 소식은 조선 나름대로 양이론攘夷論과 개방론이라는 상반되는
대응을 취하게 하는 외적 정보원情報源을 제공하였다.[23]

일 예로 부연사행원들의 문정별단에 의해서 전해진 제1차 아편전
쟁(中英戰爭)에 관한 조선 측의 반응은 아편문제와 서양의 무력에 모
아졌다. 그러나 부연사행원들의 정보에 대한 당로자들의 자의적인
해석과 전쟁의 결과가 영토에 대한 지배가 아니라는 사실을 토대로
위기의식은 완화되었고, 아편에 대한 경각심만을 더하게 하는 계기

가 되었다.[24] 제1차 아편전쟁에 대한 위기의식은 아편이 조선에 유입되어서는 안 된다는 것이었는 데 비해 제2차 아편전쟁(中英戰爭)은 기독교가 서양의 무력에 의해 강요될지도 모른다는 것으로 위기의식이 표현되었다. 그러나 그에 대한 대책은 대외 적극책보다는 그 서양세력에 내응할 국내 기독교신도들에 대한 탄압강화라는 대내적인 것으로 기울어져 갔다. 기독교에 대한 배척은 '오도吾道'라고 불리던 국내의 질서유지이념의 동요를 막으려는 것이었그, 기독교 배척을 위해서도 더욱더 금단의 조치를 강화하게 되었던 것이다.[25]

한편 조선 측은 1654년과 1658년 두 차례에 걸친 나선羅禪정벌을 통해서 러시아군과 싸워 승리를 거둔 경험을 갖고 있었다.[26] 이후 18세기 이래 조선인은 연경에서 러시아인을 만날 수 있었고 이 만남을 통해서 러시아에 대한 일정한 이해를 가질 수 있었다. 그러나 부연사행을 통한 서양인과의 만남이 진행되던 과정에서 조선인들은 대체적으로 청의 조정에서 사환仕宦하고 있던 프랑스 등 서유럽 출신의 선교사들에 대해서는 긍정적 인식을 가지고 있었던 반면에 러시아인들에 대해서는 부정적인 편견을 드러내기도 했다.[27]

조선인들은 서양인 표착자들과 이양선의 선원들을 통해서도 서양에 대한 인식을 형성해 갔다. 18세기 말엽부터 개항 이전까지 프랑스·영국·러시아·미국 소속의 수많은 서양 선박들이 조선 연안에 출몰하여 조선 연안을 측량하거나 조선과의 통상을 요구하였다. 조선 연안에 출몰한 서양 선박들은 선체가 마치 태산과 같고 빠르기는 마치 나는 새와 같아서 조선 선박으로는 도저히 따라잡을 수가 없었기 때문에 조선에서는 이 선박들을 '이양선異樣船'이라고 불렀다. 이 이양선을 타고 온 사람들을 조선인들은 '모습디 한결같이 고괴하다

'(人形通同古怪)'고 하여 옛스럽고 괴상한 형상을 한 야만인으로 인식하였지만, 이들 '외이外夷'들에 대한 조선 측의 태도는 관대하였다. 이양선이 오면 우선 관원들을 보내어 문정한 뒤 양찬糧饌(양곡, 채소, 소·돼지·닭 등의 육류)을 넉넉하게 무료로 제공하였고, 또 선박이 난파되었을 때에는 그 원하는 바에 따라 호송관을 붙여 육로로 의주를 거쳐 연경으로 송환하거나, 선박을 제공하여 해로로 귀환시키기도 하였다.[28]

조선 측과는 달리 해로 탐험, 연안 측량 등의 목적을 띠고 온 외이들은 난폭한 행동을 하는 경우도 종종 있었다. 영국 군함 사마랑 (Samarang)호 등의 승무원들은 제주 정의현 등지에서 가축을 약탈하였고, 함경도 연안을 조사하던 러시아인들은 영흥부 용성진에서 총을 쏘아 주민을 살해하였다. 또 1856년(철종 7) 7월 충청도 홍주목 고대도 앞바다에 내도한 프랑스 군함 승무원 수백 명은 부근의 여러 섬에 상륙하여 가축을 약탈하고 부녀자들을 겁탈하려 하였으며, 이를 저지하려는 부민들에게 총검을 휘둘러 부상을 입히기도 하였다.[29]

이양선의 출몰로 인하여 조선에서는 19세기 중엽을 전후로 해방론海防論이 강하게 전개되었다.[30] 헌종대에 조선의 연해에는 이양선들이 수시로 출몰하여 통상을 요구하고 있었으므로 서양의 접근에 어떠한 방식으로 대처할 것인가가 중요한 논의대상으로 등장하였으며 무엇보다도 대외세력에 대한 대응력의 확보가 당장 시급한 과제로 등장하였다. 당시 조선의 지식인들은 청의 양무운동에 상당한 관심을 가지고 있었으며 그러한 관심은 개항 이후의 개화정책에도 상당한 영향을 미치게 된다. 하지만 양무에 대한 이러한 관심에도 불구하고 1870년대 전반까지도 양무는 정책적인 차원에서 논의될 수 있는 기회를 갖지 못하였다. 그 주요 원인은 조선 정부의 주전론적 대외정책에 있었다고 할 것이다.[31)]

조선에 대한 서양의 침략을 경계하는 논의와 더불어 서양의 문물을 수용하는 문제에 대한 진지한 성찰도 이루어져가고 있었다. 18세기까지 조선의 사상계가 서교西敎에 대한 부정적인 인식이 강했던 것은 사실이지만 그 위험성이 크게 부각되지 않았으므로 서교와 분리하여 서기만을 선택적으로 수용할 수 있다는 분위기의 형성이 가능했다. 그러나 1791년 10월에 발생한 진산사건珍山事件[*]은 기존의 인식에 중대한 변화를 초래하였고, 1801년에 발생한 황사영백서사건黃嗣永帛書事件[**]으로 인해 서학인식상의 부정적 측면이 결정적으로 증폭되었다. 서교는 이제 체제전복의 위험성을 내포하고 있는 것으로 인식되었고, 서양은 국내 서교도들의 지원세력이라는 인식이 팽배해지게 되었다. 이로 인해서 반서교反西敎에서 반서양反西洋으로의 인식의 전환과 함께 쇄국양이정책이 강화되는 계기가 되었다.[32)]

---

[*] 전라도 진산군의 선비 윤지충이 모친상을 당하여 유교식 제사를 폐하고 어머니의 神主를 불사른 사건.

[**] 천주교 신자 황사영이 신유사옥의 시말과 함께 프랑스 군함을 파견하여 천주교를 탄압하는 조선 정부를 무력 침공할 것을 요청하는 내용을 비단에 써서 연경의 주교에게 보내려다가 발각된 사건.

3. 서양의 과학에 대한 조선인의 인식

조선인들의 서양과학에 대한 인식은 긍정적인 것이었고, 이것은 실학사상 발생의 외래적 요인으로서 작용하였다. 홍이섭은 17세기 이래 부경(연행)사행원들을 통해 중국으로부터 서구의 과학기술이 수입되는 교통로를 "조선 근대과학사상에 있어 동트는 새벽녘의 하이얀 모랫길"이라고 묘사했고, "실학파의 인군人群은 이 여로를 자신이 왕래하여 직접 목도함으로써 산업기술, 사회문제, 국제관계를 논하며 북학을 주장했고 그것이 곧 북학파의 발생"[33]이라고 규정했다. 홍이섭은 또 "북학론의 핵심이란 명말 청초 중국에 전한 르네상스기의 서양과학이었다"[34]라고 하여, 북학론의 핵심대상을 명시하였다. 천관우도 정조正祖 · 순조純祖대에 최성기를 맞은 실학파 중의 상당수는 서양문물에 민감한 인사들이었다[35]는 점을 지적하였다.

홍이섭의 『조선과학사朝鮮科學史』(1946) 이후 1960년대에는 조선인의 서양과학 수용, 특히 서양천문학의 전래에 주목한 몇 편의 글이 발표되었다. 여기에서는 홍대용洪大容(1731~1783)과 박지원의 지구회전설地球回轉說을 독창적인 것으로 높이 평가하던 당시의 분위기와는 달리 그들이 중국에 와 있던 예수회 선교사들을 통하여 코페르니쿠스(Nicolaus Copernicus, 1473~1543)의 지동설에 접했을 가능성에 대해서 검토하고,[36] 또 중국을 통해서 서양의 천문학이 조선에 수입되는 과정과 이것을 수용했던 조선 관료 지식인들 및 실학자 이익에게 미친 영향과 한계를 방대한 분량으로 정밀하게 밝혀낸 연구[37]가 선을 보였다.

1970년대에도 과학사에 일가견을 갖춘 일군의 학자들에 의해서 조선의 서양 천문역법 도입에 관한 연구[38]가 진행되었다. 이를 통해서 17~18세기에 조선에서 사용되었던 성표星表와 성도星圖는 중국에서 활약한 여러 서양인들과 그들의 서법西法을 이해한 청나라 사람들이 만든 역서曆書와 성표인 시헌력時憲曆과 『영대의상지靈臺儀象志』·『역상고성曆象考成』 그리고 『의상고성儀象考成』과 같은 것들이었다는 좀더 구체적인 사실들이 밝혀졌다.[39]

이와 더불어 김만중金萬重(1637~1692)·이익 이래 대개의 학자들이 지구설地球說을 인식할 수 있는 바탕이 된 것은 명말(1628) 이지조李之藻가 편집한 『천학초함天學初函』의 섭렵을 통한 것이었고, 이를 통해서 이익은 땅덩이가 둥글다는 지구설로부터 중국이 결코 세계의 중심에 있지 않다는 결론을 끌어내었다. 홍대용은 우주가 무한하다는 생각으로부터 인간세계가 우주의 중심이 아님을 알게 되었다. 홍대용·정약용·최한기崔漢綺(1803~1877) 등이 동양사상의 근간인 음양오행설을 부정하고 몽기설蒙氣說을 주장하게 된 것은 1603년 발행된 마테오 리치의 『천주실의』 이래 흔히 발견되는 서양과학의 근본사상인 4원소설(火·氣·水·土)을 수용했기 때문이었다. 또 이들이 알게 된 광학지식, 소리의 파동이론, 수학과 관찰의 중요성에 대한 인식, 의학(우두)과 실용기계(기중기) 관련 지식, 그리고 최한기 단계에 이르러 주장되는 지구의 자전공전설自轉公轉說, 타원궤도설 등은 모두 서양과학의 수용에 의한 것이었다.[40] 이와 같이 조선후기 과학사에 있어서 종래의 주자학적 자연관을 벗어나는 인식의 전환은 서학과 깊은 관계가 있다.

1980년대 이후로도 조선의 서양 천문역법 및 과학사상의 수용에 관한 연구가 꾸준히 이어졌다.[41] 여기에서는 조선후기 실학자들의 서양과학 수용 양상과 함께 특히 시헌력의 수입 과정이 논의되기 시작했다. 그런데 조선 정부의 시헌력 채용에서는 몇 가지 특징이 발견된다.

즉 서양과학에 대한 종합적인 이해와 연구가 없이 다만 정치적인 필요에서 역법만을 배우려 했으므로, 연행사에 동행한 일관日官들은 기초적인 의론議論을 빼고 실용적인 입성立成만을 추구했으며, 그 결과 조선의 시헌력 채용은 끝끝내 여러 가지 차질을 면할 수 없었던 것이다.[42] 또 시헌력의 도입은 현실적인 필요에 의해서 적극적으로 수용되는 양상을 보인 반면 화이론적 입장에서는 거부감을 불러일으키기도 하여, 시헌력이 조선후기 공식력으로서 사용되는 한편에서는 비공식적으로 대통력大統曆이 또한 여전히 사용되었다.[43] 한편 시헌력은 서양천문학을 도입한 것이며 또 이는 유일한 신역법이었으므로 비판의 여지 없이 오로지 정확히 이해하고 적용하지 않으면 안 된다는 입장에서 이 신법 도입에 열의를 보였던 것이라는 견해도 제기되었다.[44]

조선후기의 서양 천문역법 도입과 아울러 주목된 것은 서학의 영향으로 조선인들의 세계지리에 관한 인식이 크게 확대되었다는 점이다. 조선후기에 전래된 서구식 세계지도로 말미암아 종전의 천원지방설天圓地方說에서 지구구체설地球球體說로 세계관이 전환되었고

이와 함께 지리적 화이관을 기초로 한 중화적 세계관을 탈피하게 되었다.[45)

서양지리학이 마테오 리치에 의하여 처음으로 중국에 소개된 후 간행된 한문판 세계지도는 중국인의 중화적 세계관을 시정케 했고, 그것은 곧 조선의 지리학과 세계관에 새로운 눈을 뜨게 하였다. 마테오 리치가 만력萬曆 12년(1584)에 처음으로 제작한 「산해여지전도 山海輿地全圖」와 만력 30년(1602)에 간행한 「곤여간국전도」에서 중국 인들은 대지가 구체이며 세계는 유럽·리비아(아프리카)·아시아·

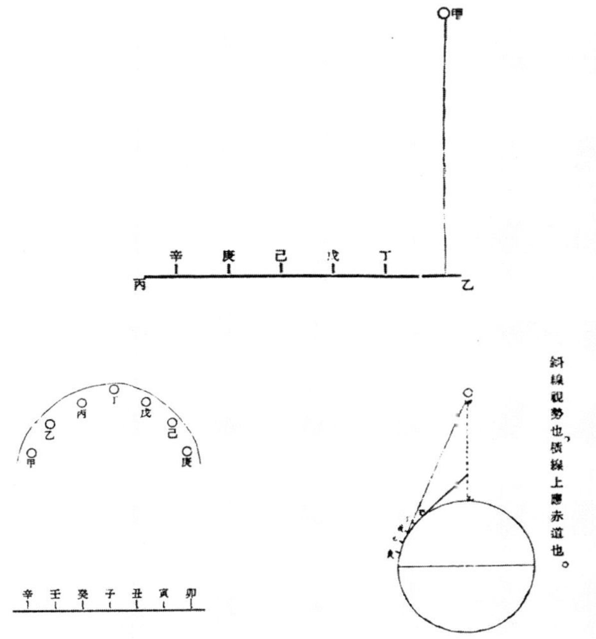

지구구체설을 설명하고 있는 정약용의 「지구도설(地球圖說)」. 지구구체설은 북송의 학자 심괄(沈括, 1031~1095)이 이미 밝혀놓은 것이라는 '중국기원설'을 표방하고 있다.

남북아메리카·메가라니카(남방대륙)의 5대륙으로 이루어졌고, 기후는 위도에 따라서 5대帶로 나뉘어 있다는 사실들을 알게 되었다. 이 새로운 세계지도가 조선에 처음 전래된 것은 「곤여만국전도」가 연경에서 출판된 다음 해인 선조 36년(1603)이었는데, 동양 최초의 가장 정확한 근대적 세계지도가 출판되자마자 곧 조선에 전래되었던 것이다.[46]

중국으로부터 근대적인 세계지도가 전해지자 조선에서는 이를 모사하여 판각하는 사람들이 생겨났다. 김정호金正浩(?~1864)는 1834년(순조 34) 조선 최초의 판각板刻 세계지도인 「지구전후도地球前後圖」(동서양반구도東西兩半球圖)를 출간하였다. 이것은 1647년에 간행된 동양 최초의 동서양반구도인 페르비스트의 「곤여전도」를 판각한 중국 장정부莊廷尃의 것을 모방하여 중간重刊한 한계가 있지만, 판각 방식을 개정하는 등 한국의 세계지도 제작사상 획기적 사건으로 기록될 수 있을 것이다.[47]

한편 김정호의 「지구전후도」 판각 작업을 후원한 것으로 알려진 최한기는 위원魏源(1794~1857)의 『해국도지海國圖志』와 서계여徐繼畲(1795~1873)의 『영환지략瀛環志略』을 참고하여 세계지리서인 『지구전요地毬典要』(1857)를 편찬하였다. 『지구전요』는 13권 중 12권까지 세계지지世界地誌로 구성되어 있고, 13권에는 천문도와 지도만을 따로 모아 「역상도歷象圖」 23매와 「제국도諸國圖」 41매를 수록하였다. 『지구전요』는 지지와 지도의 두 체제로 구성되어 있는데 지지와 지도 부분은 다시 두 부분으로 나뉘어 지구에 관한 내용을 앞부분에, 세계 각국에 관한 내용을 뒷부분에 수록함[48]으로써 당시에 알려진 세계지리지식을 집대성하였다.

조선시대에 전해진 서구식 세계지도가 전래의 화이관을 극복해 나가는 데 큰 자극이 되었지만, 조선후기의 경우 객관세계에 대한 지리적 시야의 확대와는 다른 별개의 세계인식태도가 존재하였다. 즉 고지도에 나타난 당시 조선인의 세계인식은 서구식 세계지도가 보여주는 객관세계, 화이관을 중시한 문화적 중화세계, 중화세계와는 전혀 별개인 원형천하도 등으로 구별되었다. 요컨대 17세기부터 수입되었던 서양식 세계지도가 곧 문화적 중화세계를 묘사한 동아시아 지도를 대체해 나갔던 것은 아니었다. 그러나 차츰 조선의 지식인들이 1777년(정조 1)에 수입된 『고금도서집성古今圖書集成』을 통해서 서양의 천문지리지식과 중국의 지리를 폭넓게 이해해 나가게 된 결과, 중첩된 세계에 대한 이미지는 서구식 세계지도가 보여주는 객관세계의 모습으로 정리되어 나갔다.[49]

그리고 17~18세기에 세계지리서를 통한 공간인식의 확대와는 별도로 조선인들이 현실적인 세계질서체계에 대해서 각성하게 된 것은 개항 이후였다.[50] 세계인식에 있어서 17~18세기 조선의 지식인들은 한역서학서를 통해 기존의 세계와는 질적으로 다른 새로운 문명에 대한 지식을 상당히 접하여 세계에 대한 공간적 범위가 크게 확대되었다. 그렇지만 이는 기존의 중국 중심의 세계에 '외이'의 한 부분이 첨가되어 그 공간적인 외연이 확대된 정도로만 인식하였던 것뿐이다. 조선의 지식인들이 중국을 중심으로 한 세계질서에서 벗어나 근본적으로 달라진 국제적 상황하에서 만국공법萬國公法에 의한 근대적 질서체계를 새롭게 재인식하게 된 것은 개항을 맞이한 후부터였다.

한편 개항 전후에 이르기까지 보수적 유생들은 조선중기부터 후기에 걸쳐 민간에 유행한 추연鄒衍*식 천하도류에 나타난 천원지방적 세계관에 입각한 화이관적 세계지리인식을 고수하였다.[51] 대표적인 위정척사파인 화서학파華西學派 유생들의 경우도 이러한 보수적 시대풍조를 충실히 따르고 있었기 때문에 근대식 세계지도를 인정하지 않았다.[52]

서양천문학과 지리지식의 수용뿐만이 아니라 조선후기 실학파 대두의 직접적인 계기가 된 외부적 요인으로서 서양수학의 영향을 빼놓을 수 없다. 홍대용이 지은 실용적 수학서인 『주해수용籌解需用』은 중국에 전해진 서양수학서인 『수리정온數理精蘊』을 참고로 만들어진 것으로, 이를 통해 비로소 조선에 학문으로서의 수학이 전해지게 되었다. 동아시아 세계에 있어서 수학 정신의 발견과 학문으로서의 수학의 발견은 16세기 말 마테오 리치가 중국에 서양의 기하학인 『기하원본幾何原本』을 소개했을 때 비로소 시작된 것이다.[53]

한편 조선후기 수차水車에 대한 지식은 18세기 중반의 시기에 이르러서야 도입되었다. 실학자로 분류되는 일부 식자층에 의해서 중국 전통의 수차지식과 17세기 초 중국에 새로이 소개된 서양식 수차지식이 동시에 도입되었다. 수차의 이용을 주장한 인물들은 이익·신경준申景濬(1712~1781)·서명응徐命應(1716~1787)·서호수徐浩修(1736~1799)·박지원 등이었다. 이렇게 도입된 수차지식은 19세기에 이르러 서유구徐有榘(1764~1845)에 의해서 종합적으로 정리되었고, 최한기에 의해서는 보다 깊이 있는 연구가 이루어졌다.[54]

---

* 중국 전국시대 사상가. 맹자보다 약간 늦게 등장하여 음양오행설을 제창하였다.

서양의학과 관련하여 조선에 소개된 최초의 서의설西醫說은 천주교 교리서의 일종인 아담 샬의 『주제군징主制群徵』이다. 이 책은 갈렌(Galen: 고대 로마 시대의 의사·해부학자)의 인체생리설人體生理說을 간략하게 소개하고 있는데, 서의한문서西醫漢文書에 대한 실학자들의 관심은 박지원·정동유鄭東愈(1744~1808)·정약용 등에서 보인다.[55] 특히 최한기에 이르러 그간 단편적으로 소개되던 단계에서 벗어나 서의설이 큰 발전을 보게 되어 『명남르총서明南樓叢書』에는 「전체신론全體新論」·「서의략론西醫略論」·「내과신론內科新論」·「부영신론婦嬰新說」·「박물신편博物新編」의 5종 의서가 수록되어 있다. 그러나 실학자들이 소개한 서양의술은 우리 실제 의술에 별반 영향을 미치지 못하였고 정약용에 의해 지도된 종두법種痘法만이 유일하게 조선의 의학발전에 영향을 끼쳤다.[56]

이와 같이 조선후기에 도입된 서양의 과학은 조선후기 지식인들의 우주관과 세계관의 변화에 중요한 영향을 미쳤다. 조선의 지식인들이 근대과학적 사고를 할 수 있도록 자극하였던 것이다.

4. 실학사상과의 연관문제

조선후기 실학사상의 형성배경에 관해서 일제강점시대의 연구자들은 주로 외래적 요인을 주목했다. 즉 그들은 청조의 고증학이나 '청구문명淸歐文明'*인 서학사상西學思想이 조선의 학계에 전파되는 과정에서 조선의 실학사상이 발생할 수 있었던 것으로 보았다.[57] 그러나 1960년대에는 사회경제사 연구의 진전에 힘입어 조선후기 사회의 자생적 발전에 주목하려는 내재적 발전론이 풍미하면서, 조선후기의 서학 관련 연구는 그 양적인 면에서 잠시 위축되었던 감이 있었다.

그런데 그 후 수차례에 걸친 실학사상의 재평가 작업에도 불구하고 실학사상의 발생배경에 대한 문제가 제기되면서 다시 실학사상과 서학과의 연관문제가 주목을 받기 시작하였다. 전통적인 것에서의 어떤 질적인 변화 없이는 새로운 변화, 즉 새로운 경세관經世觀 내지는 세계관이 나오기 어렵다는 것이었다.

---

* 그리스도교 전교를 목적으로 중국에 입국한 예수회원들에 의해 明末·淸初 약 220년간에 걸쳐 연경 일각에 이식된 서양문명을 일컫는다.(李元淳, 1986, 『朝鮮西學史研究』, 일지사, 52쪽)

이러한 문제의식을 바탕으로 하여 1970년대에 들어서자, "실학자들 사이에 새로운 인생관과 세계관을 수립케 한 서학은 한국 실학사상 발생의 일대요인一大要因이 되는 것은 물론이요, 실학 내용의 일반一半을 형성하는 것으로 볼 수 있다"[58]는 견해가 제기되었다. 그리고 조선후기 실학의 성립·발전에 서학과 청대 학술의 영향을 결코 과소평가할 수 없고, 따라서 주체성을 강조하기 위해 외래적 요인의 인정을 거부하려는 경향, 즉 주체성의 문제는 수용의 태도나 방법에 관한 문제이지 외국의 영향을 받았느냐 받지 않았느냐 하는 결과의 문제가 아니라는 문제제기가 뒤따랐다.[59]

그리하여 조선후기의 실학자들은 서학을 통하여 지리지식의 확대, 세계관의 변혁, 자아의 각성을 보게 되었고, 이익 이후로 다방면에 걸친 기기機器와 학리學理의 수용 활용으로 진전을 보이게 되어 마침내는 북학파의 등장을 초래하였다는 주장이 제기되었다. 북학의 대상이 된 모든 기기와 기술이 전통적 중국 기기나 기술이 아니라 새로이 소화 적용을 보게 된 한역서구문명漢譯西歐文明의 영향을 반영한 이른바 청구문명적인 기술과 기기였다는 점이 다시금 천명되었다.[60]

그리고 지금까지의 연구 분위기가 실학이라는 학문체계 속에 서학사상을 개입시키거나 그 영향에 대한 언급을 한다거나 혹은 실학과 서학과의 관계를 논하는 것이 금기처럼 되어왔고, 서학인 가톨릭사상과 관련 지우기를 대단히 주저하고 회피해 온 것은 부정할 수 없는 일이었다는 지적이 제기되었다. 따라서 실학에 대한 개념 파악 이전에 먼저 선행되어야 할 것은 실학이 역사적인 한 현상으로서 그 내용의 흐름이 문제가 된다는 점이 강조되었다.[61] 즉, 영·정조 시대의 광범위한 체계의 실학 분위기가 어떠한 사상적인 여러 계통의 맥락을 가지는가를 보아야만 실학의 정확한 개념이 성립될 것이라는 문제의식이었던 것이다. 이에 따라 조선후기 실학의 내용에서 새로운 철학 및 종교사상의 한 저류인 서학의 내용을 분석하고자 하는 시도도 뒤따랐다.

이러한 관점에서 서학사상의 이용후생에 대한 이용가치의 인식이 그 당시 한국 실학사상의 바탕이 되었다는 것과 종교나 사상적인 영향으로서는 정주학程朱學에 대한 비판체계가 고대 유학인 수사학洙泗學의 학문체계를 성립시키게 되었던 것이라는 결론이 도출되었다. 그리고 정약용을 중심으로 한 남인南人 신서파信西派의 수사학적洙泗學的 경학 연구나 경전 주석은 마테오 리치의 보유론補儒論*의 자극과 영향을 받았기 때문이라는 견해가 제시되었다.[62] 이러한 견해는 종래 "조선후기 실학의 근대지향은 서구 근대사상보다도 도리어 중국 고전에서 그 논거를 찾아 이를 현실에 적응시킨 흔적이 농후하다"[63]는 견해와 일맥상통하면서도 정주학에서 수사학으로의 전환배경에 더욱 주목한 것이었다.

이와 같이 1970년대의 조선후기 대서양 관련 연구는 전 시기에 비해서 갑작스럽게 양적으로 증가하였을 뿐만 아니라 대단히 의욕적인 일면을 보여주었다. 그것은 실학발생의 배경과 개념 연구를 위해

---

* 예수회 선교사들이 중국에 들어오면서 중국인들과 마찰을 피하기 위해 사용한 선교 이론. 서교에서 받드는 天主란 곧 儒家에서의 上帝와 같다는 점을 강조하여, 서교가 불교나 도교와는 달리 유교와 그 이론이 매우 흡사하며 따라서 서교는 유교를 보완하는 것이라는 입장.

그간에 진행된 연구활동에 대한 비판적인 관점을 수반하는 것이었다. 심지어는 실학의 개념정립을 위해서 진행되었던 명사론적名辭論的 논의에 대해서도 비판이 가해졌다. "실학의 개념을 성격 지음에 있어 동양 고전에서 그 용례를 탐색하거나 한국사의 전 시대에 걸쳐 '실의 학學'을 허虛 · 실實의 대척의식에서 실학의 본체를 구명코자 함은 그것이 지니는 어원적 고찰이나 일반화적 개념을 밝히는 데 도움이 될 것이나, 문제는 조선후기 사회의 실학운동의 본질과 성격을 구명하는 데는 큰 도움이 되지 못한다"[64]는 지적이 그 대표적인 것이었다.

그렇다면 과연 서학이 실학발생의 외래적 요인으로서 어떤 영향을 끼쳤을까? 실학의 성격이 근대지향적인 것이었다면 그것은 가장 먼저 성리학적 세계관 내지는 우주관의 변화를 전제로 하는 것이어야만 했다. 조선후기에 전래된 서양의 천문지리학은 천원지방의 성리학적 세계관에서 지구구체설로의 전환을 유도하여 중국을 중심으로 하는 중화적 세계관에서 벗어날 수 있게 해주었다. 그것은 서양의 천문지리지식을 통해서 중화 중심의 유교적 세계관을 근저로부터 부정하고 '만방균시萬邦均是'의 근대적 세계관으로의 변화를 의미하는 것이었다.[65]

두 번째로 지적할 수 있는 것은 실학자들 중에서는 동양사상의 근간인 음양오행설陰陽五行說을 전면적으로 부정한 사람들도 있다는 점이다. 음양오행설의 부정은 동양전통의 사유체계 안에서는 좀처럼 상상하기 힘든 일이었다. 그러나 서양의 4원소설의 영향을 받은 조선의 실학자들은 전통적인 음양오행설을 부정함으로써[66] 조선후기 성리학과 실학과의 인식상 단절성을 분명하게 보여주었다. 요컨

대 음양오행에 입각한 성리학적 자연철학─자연구조의 기본원리─
에 대한 재검토가 서학의 영향을 받은 인사들에 의해서 진전되어,
연역적 원리를 적용함에 따라 추상적으로 이론화되었던 전통유가의
자연철학에 경험적이고 실증적인 서양과학을 받아들이면서 마침내
자연구조에 대한 경험주의적 자연철학의 깨우침을 가지게 되었다.
이로써 근대적 자연철학으로 접근했던 것이다.[67]

세 번째 실학의 특징으로 꼽을 수 있는 것은 심성론 위주의 성리
학과는 달리 이용후생의 측면에 더 많은 관심을 갖게 되었다는 점이
다.[68] 처음에는 지적 욕구와 호기심 단계에서 출발된 서양에 대한
초보적 관심의 축적은 폐쇄적 조선사회에서 점차 의식의 확대를 가
져왔다. 이것이 전통사상에서 실학사상을 배태케 하는 견인적 역할
을 하였고, 특히 이용후생에 관련된 서양문물은 실학의 근대지향적
성격을 강화시켰다. 그리고 뒤에 개화파의 동도서기라는 채서사상採
西思想으로 영향을 주었다.[69]

조선후기 실학자들의 역사인식에 있어서도 서학은 적지 않은 영
향을 끼쳤다. 예를 들어서, 근기남인의 정통론에 있어서 이익과 안
정복의 정통론이 이전과는 다른 양상을 보여준 이면에는 서양에 대
한 새로운 인식이 내재하고 있었다. 이로 인하여 종래 유학자의 중
국 중심적·의리 중심적인 세계관에 변화가 초래되었다. 즉, 이익의
대서양인식은 중국 중심이 아닌 자국 중심의 정통론을 낳게 하였고,
이것이 안정복에게 이어져 역사 파악에 있어서의 체계성을 띠게 하
였다. 그리고 정약용에 이르러 현실론적 주장으로 중화주의의 절대
성이 일소되면서 현실성에 입각한 역사의 이해를 가져오게 하였
다.[70] 이외에도 초기 실학자인 유형원柳馨遠(1622~1673)이 서양에서

은전이 사용되고 있다는 사실을 탐문한 결과 국내에서도 동전이 통용될 수 있다는 자기 주장의 논거로서 화폐개혁론을 제시하였던 것이다.[71]

조선후기의 지식인들은 서양의 교육사상에도 일정한 반응을 보였다. 한역서학서 중 알레니 신부가 저술한 『서학범西學凡』(1724)과 『직방외기職方外紀』는 간략하나마 서양의 교육제도와 교육내용에 대해서 언급하고 있다. 그런데 이를 본 신후담愼後聃(1702~1761)은 『벽위편闢衛編』에 실려 있는 「서학변西學辨」의 '직방외기' 조에서 서양에서의 교육은 근원적인 것(道)을 잊고 지식 위주의 지엽적인 문제를 가르친다고 비판하였다. 신후담은 유교적 직업관이나 기술천시의 한계를 벗어나지 못하였으므로, 서양교학西洋敎學이 조선에 끼칠 '무민지해誣民之害'에 대하여 깊은 우려를 표시하였다.[72]

신후담 이후 조선후기 실학자들의 기록에서 서양교육에 관해 언급한 기록은 찾을 수 없다. 최한기에 이르러서야 『직방외기』의 서양교육에 대한 주요내용을 소개하고 있음을 볼 수 있다. 최한기는 서양의 교학敎學체계에서 '법제지선法制之善'과 '기용지리器用之利'와 '토산지량土産之良' 등 진실로 우리에게 유용한 것이 있다면 무엇이든지 취용해야 한다는 채서사상을 주장하였다. 그러나 서학의 기器적 측면과는 달리 이理적 측면인 서양의 종교에 대해서는 교화를 통하여 유교적 윤리에 귀정케 할 것과, 운화기運化氣의 성실로써 서교도를 감화시킬 것을 주장하였다.[73] 이외에 조선후기 실학자, 즉 이익·정약용·홍대용·박지원·박제가朴齊家(1750~1805) 등의 현실개혁적인 교육사상은 서학의 영향을 받았다고 단정할 수 없지만, 화이관의 극복에 의한 민족주의적 성향과 경서 의주의 교과목을 탈피하여 실용적인 교과목과 과학기술 관련 교과목을 강조했다는 점에서 서학의 영향을 받았을 것이라고 보는 견해도 있다.[74]

조선후기에 발생한 실학사상은 내재적인 요인과 외래적인 요인이 결합하여 형성된 것이었다. 그중에서 서학은 외래적 요인으로서 실학사상의 태동에 큰 영향을 미쳤다. 실학발생의 외래적 요인으로서 서학이 미친 영향은 역시 전통적인 사유방식에 대해서 질적인 변화를 유발시켰다는 점에서 가장 큰 의미를 발견할 수 있다.

5. 서양과의 충돌

조선후기의 지식인들은 천주교 신봉자가 된 근기남인 신서파 인물들을 제외하고는, 서기의 우수성과 그 수용을 주장한 반면 서교의 측면에 대해서는 비판적인 태도를 취했다. 유몽인柳夢寅(1559~1623) · 이익 · 신후담 · 안정복 · 이헌경李獻慶(1719~1791) 등이 천주학의 교리 일반을 비판하였다.[75] 이러한 경향은 조선후기 실학자들에게 한정해 보아도 일반적인 양태였다.[76] 천주교를 둘러싼 비판의 핵심은 천주의 인격성을 인정할 수 없다는 점이었다.[77]

특히 신후담은 한문서학교리서를 조목조목 비판한 대표적인 인물이었다. 그는 서학을 이단이라고 단정키 위하여 『영언려작靈言蠡勺』과 『천주실의』에서 영혼불멸론에 근거한 영생론永生論을 분석 비판하고, 내세의 복을 바라며, 천당 · 지옥을 논위함은 불교의 윤회설 및 당옥설堂獄說(천당 · 지옥설)과 논리적으로 동일한 바라고 지적하였다. 신후담은 보유론의 실체를 간파하였고, 서학의 논리적 특색을 교묘하다고 하였을 뿐 아니라, 유가로서 서학을 이단이라 논격함에 있어 깊은 연구가 없이는 거기에 휩쓸릴 것을 경계하였다.[78]

이렇듯이 조선후기 사회는 서교에 대해서는 배타적인 태도를 취하였지만, 한편으로 서기의 측면에 관해서는 그 수용을 주장할 만큼 비교적 관대한 입장을 유지하였다. 그러나 1791년의 진산사건을 계기로 수용적 입장은 반서학의 태도로 돌변하였다. 그리고 전례문제를 중심으로 하여 유학과 서학은 심한 갈등관계에 접어들게 되었다.[79] 이제 서학은 위정척사파에게 타도의 대상으로 변모되었다.[80] 조선후기의 위정척사론은 17~18세기엔 그 대상을 여진족인 청淸으로 하여 척화론斥和論을 바탕으로 북벌론北伐論을 제창하였지만, 19세기에 이르러서는 서양과 그에 편승한 일본으로 대상이 바뀌어 척사론斥邪論으로 전환되었다. 성리학의 명분론인 화이론華夷論을 견지한 위정척사파는 이적인 청나라보다 더 야만이라는 인식에서 서양을 짐승의 단계인 금수로 설정하였다.[81]

동양문화와 서양문화를 정正과 사邪, 인류와 금수로 구분한 19세기 위정척사론의 거두 이항로李恒老(1792~1868)의 극단적인 이분법적 사유는 제자들에게 계승되어져, 개항 전후 화서학파 유생들이 병자수호조약과 개화통상정책에 반대하는 집단 위정척사 상소운동을 전개하는 데 커다란 영향을 미쳤다. 이항로가 서양세력을 물리치기 위해서 내세운 방안은, 먼저 통치자가 솔선수범을 보이는 내정개혁을 단행해야 한다는 것으로서, 외양外攘을 위해서는 먼저 내수內修를 이루어야 한다는 주자학 본말론의 입장에서 나온 내수외양론으로 귀결되었다.[82]

그러나 주로 천주교 서적을 통해 조선에 전래되기 시작한 서교는 대다수 지식인들의 부정적인 인식과 조선 정부의 포교금압정책에도 불구하고 촌리에 사는 일반 백성들에게 급속도로 퍼져나갔다. 그것은 1784년 이승훈李承薰이 연경에서 영세입교領洗入敎한 뒤 귀국하여 조선에 천주교 세례를 통하여 결속된 신앙공동체, 즉 천주교회를 창립하면서부터였다. 그리고 1795년 주문모周文謨 신부가 입국한 이후에는 불과 몇 년이 지나지 않아 신도수가 1만여 명에 이르게 되었다. 이 신흥 민중종교운동이 배태되어 성장해 나갈 수 있었던 간접적 여건은 조선후기 사회변동의 결과로 나타난 '봉건질서에 대한 반발적 기운'에 의해 조성되고 있었다.[83]

그러나 조선 정부는 순조의 즉위로 노론 벽파가 정권을 장악하면서 남인 시파에 대한 숙청을 빌미로 신유사옥辛酉邪獄(1801)과 함께 기해사옥己亥邪獄(1839)을 일으켜 대규모로 천주교도를 탄압하였다. 1866년에는 서양열강의 조선침략에 천주교도가 앞장서고 있다는 명목으로 병인사옥丙寅邪獄을 일으켜 외국인 신부를 비롯한 수많은 천주교도들을 처형하면서 프랑스 극동함대와 충돌하게 되었다. 프랑스군을 거느린 로즈 제독은 조선 정부에 대해서 프랑스 신부 살해자에 대한 처벌과 함께 조선과의 통상을 요구하였다. 이 요구는 대원군에 의해서 묵살되었고 강화도의 정족산성과 통진의 문수산성 전투를 통해서 프랑스군은 격퇴되었다.[84]

또한 1866년에는 미국 상선 제너럴셔먼호가 대동강을 거슬러 올라와 약탈과 살육을 자행하다가 평양 주민에 의해서 배가 소각되고 선원들이 살해당하는 제너럴셔먼호사건이 발생하였다. 1871년에 미국은 이 사건을 빌미로 조선과의 통상을 요구하면서 5척의 군함으로 강화도를 공격하였지만 어재연魚在淵(1823~1871)이 이끄는 조선군과의 광성보廣城堡 전투를 계기로 퇴각하였다. 두 번에 걸친 서양열강과의 전투에서 승리한 대원군은 척화비斥和碑를 전국에 세우고 배외항전의식을 더욱 고취시켰다.[85]

그런데 프랑스 로즈함대가 1차 내도하여 연안을 측량하고 퇴거한 것에 대해서 백의군중과 서울 성벽의 견고함을 멀리서 본 그들이 난 공점難攻點을 인식한 때문이라고[86] 본 일부의 해설과는 달리, 로즈가 의도한 첫째 원정은 애당초부터 정찰에 있었고 교전에 목적이 없었다. 또 병인양요의 원인은 병인년 선교사의 학살을 프랑스가 조선에 간섭하는 단서와 구실로 삼고 종교적 문제를 군사적 및 정치적 문제로 확대하려 했었기 때문이었다. 이러한 점들은 모두 그동안 이용되지 못했던 프랑스 측 자료에 대한 검토에서 밝혀진 사실들이다.[87]

한편 대원군 집정기에는 서양세력에 대응하기 위한 방편으로 도성방비의 강화, 지방포군의 증강, 무기개발과 양무서적의 활용 등과 같은 군비증강책이 도모되었다. 아울러 삼정三政을 통한 세수나 잡세의 증가라든지 원납전 징수 등과 같은 방법을 통해서 군비증강을 위한 재정증대정책이 실시되기도 하였다.[88]

3

북학론 연구의 동향과 과제

1. 연구동향

조선후기 실학에 대한 연구는 초기의 개념논쟁을 필연적으로 수반하였다.[89] 그 과정을 거치면서, 1970년대에는 대체로 '실학사상'이 근대지향의식과 민족의식을 갖는 개신유학이라는 견해가 강하게 제기되었다.[90] 이후 주로 이러한 관점에 의한 연구경향이 내재적 발전론의 규명이라는 학계의 풍조와 맞물려 진행되었다. 그런데 민족사의 내재적 발전론의 규명이라는 시대정신에 집착한 나머지 실학자의 범주를 무한히 확장하고, 실학사상 발생의 상한선을 올려 잡으려는 시도가 나타나기도 하였다. 그리하여 조헌趙憲(1544~1592)·유형원·박제가朴齊家(1750~1805)는 민족지향적 요소가 희미했다고 지적하면서도 이들을 포함하여, 이익 이전의 인물인 이이李珥(1536~1584)·이지함李之菡(1517~1578)·송익필宋翼弼(1534~1599) 등까지도 실학자로서 규정하고, 또 이지함과 조헌을 박제가 북학사상의 원류로서 규정하는 연구성과가 등장하기도 하였다.[91]

이와 같은 연구들은 조선시대 사상사의 역동성을 증명하는 데 일조하였으나, 그 연구대상의 시기가 호한하여 오히려 조선후기 실학사상의 의미를 희석시키는 문제를 노정하기도 하였다. 그리하여 1980년대 후반에 들어서면서는 위와 같은 애매한 실학개념을 없애고 17~18세기의 '조선 성리학'과 18세기 말~19세기의 '북학사상'으로 조선후기 사상사를 재정리하자는 견해가 제기되었다.[92] 이러한 논리는 조선후기의 미술사를 사상사와 연결하여 규명하려는 견해[93]에서부터 발원하여 그 주장에 동조하는 일군의 학자들에 의해서 확대되어 나갔다. 18세기 말부터 19세기 초 규장각을 중심으로 한 북학파의 사상에 주목한 관점,[94] 또 북학사상이 조선 성리학의 내재적인 발전과정에서 도출되었다는 연구성과[95] 등이 그 결과물이었다. 이에 따라 북학파 단계에 이르러서 근대지향의식과 민족의식에 투철한 면이 분명하게 드러나고 있다는 견해가 개설서에 반영되기에 이르렀다.[96]

뿐만 아니라, 같은 맥락에서 북학론의 성립배경, 즉 조선후기 사상의 전환과정을 외래적 요소의 영향만이 아니라 조선 내부의 토착적인 사상과 풍토 속에 기존 사상의 수용·비판·극복이라는 면에서 고찰하여야 한다는 주장이 제기되었다.[97] 이를 바탕으로 하여, 조선후기 북학사상의 형성은 노론의 낙론洛論 중심의 학문적 토대가 북학사상 형성에 이바지하였다는 연구성과가 발표되어[98] 학계의 주목을 끌었다.

상기와 같은 북학사상에 대한 연구는 이와 같이 1970년대에 진행된 실학 연구가 내재적 발전론의 규명이라는 시대정신에 매몰된 나머지 그 외연을 무한대로 확장함으로써 오히려 조선후기 실학의 개념을 모호하게 만든다는 문제의식에서부터 출발하였다. 그렇지만 그 후에 진행된 지금까지의 연구경향 또한 조선 성리학사의 내재적 발전론과 근대지향성의 추구라는 목적의식에서 크게 벗어나 있지 않음을 확인할 수 있다.

　지금까지 진행된 북학사상 연구의 성과는 크게 두 가지로 구분해 볼 수 있다. 하나는 북학사상이 주자 성리학의 자기 변용·발전이라는 측면에서의 연구였고, 또 하나는 북학사상만이 중세 성리학과는 단절된 근대적 성격을 갖는 것이라는 대조적 견해였다. 그런데 뒤에서 자세히 살펴보겠지만, 결론부터 말하자면 이 두 가지 관점은 모두 문제를 안고 있는 것으로 판단된다. 첫 번째의 경우 거칠게 정리한다면, 낙학의 심성론이 북학의 자연과학 중시의 학풍을 낳았다는 말이 되는데, 이는 개념상의 혼돈을 초래할 소지가 크다. 조선 성리학사를 풍미한 이른바 주리·주기 논쟁의 본질은 심성론이라는 도덕적 차원의 문제였다. 그럼에도 불구하고 지금까지의 북학사상 연구는 성리학적 심성론을 무리하게 근대 자연과학적 인식의 근거로서 단선적으로 연결시키려고 했다.

　두 번째, 북학사상의 근대적 성격을 강조한 견해도 역시 재고의 여지가 있는 것으로 보인다. 왜냐하면, 북학사상가들 역시 전통적 유학자로서의 면모를 탈피한 것이 아니라는 점 때문이다. 북학론자들이 지리적·종족적 화이관을 탈피한 것은 사실이지만, 엄연히 조선이 성인의 유풍을 간직한 중화의 적통이라는 점을 의식하였던 만큼, 문화적 화이관념을 벗어나지는 못하였다. 학문성향에 있어서도 이용후생지물의 강조가 두드러지게 눈에 띄지만, 더불어 심성론에 대한 존숭의 태도가 완전히 소멸되었다고 보이지도 않는다. 말하자면, 북학론자들이야말로 수양과 경세라는 전형적인 유학자적 면모를 소유했었다고 보이는데, 후대의 연구자들이 이를 무시하고 너무 한쪽으로만 해석하려고 했던 것은 아닐까?

　그런데 북학사상에 대한 위의 상반된 두 견해는 결국 같은 맥락에서 파생된 것으로 보인다. 즉 조선시대 유학사상이 갖고 있던 그 시대적 정서와 서구적 근대성이라는 이질성에 대한 깊은 배려가 조금 부족했던 것 같다. '자본주의적 근대성'이라는 서구적 개념에 대한 대응 논리 혹은 그것과 대등한 사상체계였다는 점을 강조하려고 한 데서 문제의 단서가 배태되었다고 본다. 학문의 세계에서는 개념의 엄밀성이 중요하다. 따라서 북학론의 토착성 발견이라는 선험적 목적의식보다는 북학사상 발생의 내연과 외연을 엄밀하게 구분하는 것이 필요하다. 그러기 위해서는 우선 조선 역사의 전개 과정 속에서 실학사상이 탄생할 수밖에 없었던 당시 사회적 분위기에 전적으로 주목해야 할 것이며, 이에 덧붙여 조선후기 사회에 패러다임의 전기를 제공해 준 서구과학의 유입을 보다 적극적으로 평가하는 종합적인 자세가 필요하다고 하겠다.

북학론의 형성배경과 특징을 밝혀내기 위해서 다음과 같은 몇 가지 문제들에 관한 검토가 필요하다. ① 북학론은 과연 화이관념을 극복한 것이었는가 ② 북학론이 18세기 말과 19세기 사상계의 주류였는가 ③ 북학론 태동의 배경으로서 낙학적 심성론과 청나라로부터 유입된 '청구淸歐문명' 중 어느 쪽의 영향력이 더 큰 것이었는가 ④ 종합적으로 '북학론'의 의미가 무엇이었던가 하는 문제가 그것이다.

2. 문제 제기

1) 조선 성리학의 특징

조선 유학사를 특징짓는 가장 전형적인 도식은 주리파·주기파로의 구분이며, 실학사상사에서도 주리·주기의 도식이 예외없이 관통하고 있다. '주리파 = 위정척사', '주기파 = 조선후기 실학'이라는 도식이 그것이다.[99] 이 때문에 낙론이 기를 중시하고 따라서 북학의 사상적 연원이 되었다는 견해가[100] 학계의 주목을 끈 바 있다. 그렇지만 과연 이러한 도식적 논리는 타당한가?

우선 낙학의 심설이 주기설인가부터가 의문이다. 낙학의 본지가 이理의 보편성을 강조하는 주리적 입장에 서 있으며, 이것은 또한 주희의 언명을 옮겨놓은 보편적 인식이라는 점을 고려할 필요가 있다. 따라서 이의 보편성을 강조하는 낙론적 견해는 비단 낙학파들만의 견해가 아니라 이익의 집안을 중심으로 하는 근기남인 학자들의 문집 속에서도 어렵지 않게 발견된다. 심주리설心主理說을 주장한 위정척사파의 거두 이항로의 학설이 김창협金昌協(1651~1708)·김창흡金昌翕(1653~1722) 형제가 주장한 낙론의 본지를 계승하고 있는 사실도 염두에 둘 일이다.[101] 결론적으로 조선 성리학에서는 가치론적 인식에 있어서 기를 이보다 중시하는 주기파는 존재하지 않았다고 할 수 있다. 주기파란 명칭은 이현일李玄逸(1627~1704)이 이황李滉 (1501~1570)의 이발理發을 변명·옹호하기 위해 율곡학파를 주기파 主氣派 또는 기학氣學이라 칭한 데에서 파생했을 뿐이다.

문제는 근대에 들어 조선 성리학사가 주리파·주기파라는 도식으로 체계화된 것이 한국사의 당파성을 강조하려는 한 식민주의 사학자에 의한 것이었으며, 그 후 국내 학자들이 이 도식을 별다른 거부감 없이 사용하여 왔다는 점이다.

조선시대의 유학사를 주리파와 주기파로 구분한 것은 대표적인 식민주의 사학자 다카하시 도오루高橋亨가 1929년에 발표한 「이조 유학사에서 주리파와 주기파의 발달李朝儒學史に於ける主理派主氣派の 發達」이라는 논문을 통해서였다.[102]

1878년에 일본 니가타현에서 태어난 다카하시는 1902년(25세) 동경제국대학 한학과를 졸업하였다. 동경제국대학 한학과는 전통적인 화학和學·한학漢學이 국사학·국문학, 그리고 지나支那철학, 지나사학, 지나문학이라는 근대학문으로 변모해 가는 과정을 밟고 있었다. 이러한 전통적인 학문의 근대적 학문으로의 진화과정은 부국강병을 슬로건으로 했던 일본사회 전체의 근대화과정, 대외적으로는 군사적 침략의 과정과 병행되었다. 이러한 과제를 담당하는 엘리트를 양성하는 곳이 동경제국대학이었다.[103]

다카하시는 1903년(26세)에 한국에 건너와, 관립중학교(경기중학교 전신) 교사가 되었는데 유명한 식민주의 사학자 시데하라 히로시幣原坦의 후임이었다. 시데하라는 1900년에 관립중학교 교사로 초빙되어 있다가 1905년에는 학부 참여관으로 옮겨 식민지 교육의 기초를 닦은 인물이다. 그는 1907년『조선정쟁지朝鮮政爭志』를 간행하여 당파성론黨派性論을 학문적으로 정착시켰다.[104] 시데하라의 관립중학교 후임교사 자격으로 한국에 첫발을 디딘 다카하시의 이후 진로 및 활동은 대표적인 식민주의 사학자였던 시데하라의 전철과 거의 흡사했다.[105]

1919년(42세) 한국 통치의 이념을 모색했던 「조선의 교화와 교정朝鮮の敎化と敎政」으로 동경제국대학에서 문학박사학위를 취득한 다카하시는 1922년(45세)에 조선총독부 시학관, 1923년(46세)에 동경제국대학 창립위원회 간사, 이듬해에는 같은 대학 법문학부法文學部 조선어학과에서 문학 제1강좌를 담당하는 교수에 임명되었다.

1927년(50세)에는 식민주의사관의 대표서적인 『조선사강좌朝鮮史講座』 중 『조선유학대관朝鮮儒學大觀』을 집필하였고, 1929년(52세)에는 보문관寶文館에서 『이조불교李朝佛敎』를 간행하였다. 1940년(63세)에는 오랜 기간 조선 유학 연구에 이바지했다는 이유로 조선총독부로부터 제1회 조선문화공로장을 수상했다. 1944년(67세)에는 유학이념을 통해서 한국 지배를 공고화하기 위해서 만든 단체인 경성경학원京城經學院의 제학提學 겸 명륜연성소장明倫鍊成所長과 조선유도연합회 부회장직을 맡아 유생들을 친일파가 되도록 세뇌시켰다.

이와 같이 대표적인 식민주의 사학자로서 총독부의 조선 유교정책에 이론가로 활약했던 다카하시의 조선 유학사 연구는 조선 유학의 학설사적 의의보다는 당파의 분열과 당쟁의 원인에 중점을 두었다. 그리하여 정통 조선 유림에 대하여 유교를 저해한 책임을 물어 비판하고 그들의 반성과 책임을 촉구하며 개혁과 혁신을 유교의 일본화와 유림의 친일화 방향으로 유도하였던 총독부의 식민지 통치정책을 이론적으로 뒷받침하였다. 따라서 그가 만든 주리파 · 주기파 도식도 한민족의 당파성을 강조하기 위한 학문적 뒷받침에 불과하였다.

그렇지만 다카하시가 만든 주리파·주기파 도식의 영향력은 매우 컸다. 한국 유학사의 양대 통사적 저술인 현상윤玄相允의 『조선유학사朝鮮儒學史』와 이병도李丙燾의 『한국유학사韓國儒學史』가 다카하시 논문의 영향을 받아 저술된 것으로 밝혀졌다. 이와 함께 현상윤의 『조선유학사』와 배종호裵宗鎬의 『한국유학사韓國儒學史』는 다카하시가 조선 유학사의 분류 방법으로 처음 제시한 주리파·주기파·절충파의 구분법을 그대로 받아들였다는 점도 문제로 지적되고 있다.[106]

그 외에도 오늘날 한국사 개설서에서 보이고 있는 주리파·주기파라는 다카하시의 이분법적 도식은 지금까지 한국사 개설서류에서 대단히 폭넓게 통용되어 왔다. 특히 개인적 저술의 경우에는 마치 동일한 판본을 대량으로 찍어낸 듯 그 서술의 흐름과 내용이 거의 일치함을 확인할 수 있다.[107] 이와는 대조적으로 공동 집필로 서술된 한국사 개설서류는 비교적 다카하시의 도식에 대해서 비판적인 입장을 보여주는 것이 눈에 띈다. 이것은 한 사람이 통사를 쓸 때와는 달리 자신의 전공 분야를 집필하는 데서 오는 전문성과 문제의식이 반영된 것으로 보인다.

결국 통사의 저술 시기가 후대로 내려올수록, 이와 더불어 전공자가 분담 집필하는 공동 집필의 경우에는 필자들이 다카하시의 주리·주기 도식이 문제가 있다는 점을 분명하게 자각하고 있음을 파악할 수 있다. 저자들이 다카하시의 도식을 비판하는 가장 큰 이유는 주리·주기의 구분 기준이 모호하다는 점 때문이다.

다카하시가 주리·주기라는 용어의 의미를 뚜렷하게 규정하지 않고 사용하였다는 점은 일찍부터 여러 연구자들에 의해서 지적된 문제점이었다. 다카하시가 주장하는, 이른바 주기론으로 규정된 성리학설들이 실상은 이의 실재성을 인정하고 있으므로 주기론일 수 없으며, 이의 실재성을 부정하고 이를 기에 종속된 조리條理로만 인정하는 학설은 이른바 주기론자라고 규정된 유학자들에게서 찾아볼 수 없다는 것이다.[108]

달리 말하면, 조선의 성리학자들은 극단적으로 기일원론氣一元論을 주장했던 극소수의 인물들을 제외하면 어느 누구도 '이존기비理尊氣卑'라는 가치론적 인식을 등지지 않았다. 이러한 사실은 다카하시가 설정했던 학파나 당파의 구별과도 전혀 관계가 없다. 그렇기 때문에 다카하시가 제시한 모호한 기준의 주리·주기 도식은 사실 성립근거가 없다. 그럼에도 불구하고 편의상 이 도식을 버릴 수 없다면, 그것은 철저하게 심설心說의 논의 구조 안에서만 가능할 뿐이다. 즉 성즉리性卽理를 인정하여 심을 기로 보느냐, 아니면 심성心性의 일치를 강조하여 심을 이로 보느냐 하는 입장의 차이에 따라 주리파와 주기파로 구분할 수 있다. 요컨대 조선 성리학사를 풍미한 주리·주기 논쟁의 본질은 심성론이라는 인성론적 차원의 문제였으며, 그것을 북학파가 추구했던 서구의 자연과학적 개념과 연결시키는 것은 기본적으로 문제가 있다.

따라서 일차적으로 호락논쟁湖洛論爭이란 조선 성리학사에서 면면히 이어져 내려온 인물성에 관한 심성론적 관점에서 벗어나지 않았다는 점을 상기할 필요가 있다. 낙론과 북학파의 자연과학적 인식과의 단선적 연결은 성리설에 대한 탐구를 최고의 가치로 여겼던 조선 성리학의 특징을 '심학' 또는 '심학적 경향'으로 규정하고 있는 사실[109]을 간과하는 것이다.

그것은 『심경부주心經附註』(『심경心經』으로도 통용됨)에 대한 관심의 고조에서도 확인된다. 대략 늦어도 중종대 전반기에 조선에 수입된 것으로 보이는 명대 학자 정민정程敏政의 『심경부주』는 사림파의 정계 등장과 맞물리면서 사족지배체제 강화의 학문적 도구로 이용되었다.[110] 개략적인 조사에 따르더라도, 이황 이후 조선말기까지 저술된 『심경』 관련 주석서는 총 100편이 넘고, 그 작자들은 학파를 초월하여 조선의 정치사상사를 수놓았던 명유名儒들이 수두룩하다. 이른바 경학가, 도학자들은 말할 것도 없고, 실학의 대표자인 정약용마저 학문, 즉 유학의 요체는 『소학小學』과 『심경』 두 책뿐이라고 언명한 것은 조선 유학의 본령이 인간의 마음을 다루는 심성론의 입장에서 벗어나지 않았음을 간접적으로 증명한다.[111]

2) 심성론과 자연과학적 개념의 부자연스러운 연결

그럼에도 불구하고, 지금까지 일부 연구자들은 주리·주기라는 심성론으로부터 자연과학적 마인드로 전환되는 연결고리를 해명하기 위해 부단한 노력을 기울여왔다. 그 대표적인 연구가 낙론의 심설로부터 북학사상의 이론적 베이스를 규명하고자 했던 일련의 연구였다.[112]

특히 『연암일파 북학사상 연구』는 북학사상이 낙론을 계승하고 있다는 점을 가장 체계적으로 주장한 업적이다. 낙론의 인물성동론人物性同論이 김원행金元行(1702~1772) 문하에서 상수학과 연결되면서 자연 만물에 대한 관심을 철학적으로 뒷받침하여 심성론 일변도의 학풍을 벗어나게 되었다는 것이다. 즉 홍대용에 이르러서는 인물성동론을 기초로 인물성균등의 논리를 끌어내고 여기서 다시 이용 대상물로서의 물物이라는 새로운 물론物論에까지 나아갔다고 주장한다. 박지원 또한 인물성균등을 토대로 이용후생론이나 경제지학經濟之學의 연구에까지 나아갔다고 한다.

그런데 이에 대해서 다음과 같은 비판적 견해가 제기되었다. 첫째, 북학사상 형성기를 서술함에 있어 홍대용·박지원·서형수徐瀅修(1749~1824)의 학문을 병렬적으로 다루고 있으면서도 종국에는 별다른 근거 없이 북학파를 연암일파로 대치하고 있는데, 박지원 한 사람이 북학파를 대표할 수 있는가 하는 점, 둘째, 경화학계의 상호 영향관계를 과장하여 소론계의 서형수와 서유구는 물론 박지원과 대립관계에 있다고도 할 수 있는 김정희金正喜(1786~1856)·조인영趙寅永(1782~1850) 등도 연암일파에 포함시킴으로써 연암일파의 외연을 과대 해석한 점, 셋째, 연암일파의 공통 사상은 북학사상이라고 하면서도 실제로는 홍대용과 박지원을 제외한 서형수·이서구李書九(1754~1825)·서유구 등에게서는 사상적 공통성을 밝혀내지 못한 점, 넷째, 홍대용·박지원·서형수·이서구·서유구 등의 북학 사상을 설명하면서 동일한 분석 범주를 적용하지 않음으로써 이들을 한 학파로 범주화하는 데 설득력을 상실하고 있는 점 등이 지적되었다.

다섯 번째로 이 책의 주제와 관련하여 주목할 것은 다음과 같은 지적이다. "인물성동론과 이론의 논쟁은 기본적으로 인간성의 평등성 여부와 관련된다. 따라서 인물성동론의 연장선상에서 그것을 한 걸음 더 발전시킨 홍대용과 박지원의 철학은 새로운 물론 및 경제지학의 전개보다는 그들의 화이관 변화 및 이에 따른 북학론의 전개 그리고 신분제 개혁론과 더 관련이 있다. 저자 자신도 홍대용과 박지원의 경제지학에 대한 관심이 인물성동론의 전개 결과로만 볼 수 없고 조성기 이래의 경제지학이나 김석문金錫文(1658~1735)의 상수학의 영향을 들고 있으나 이 책에서는 낙론의 인물성동론의 영향이 지나치게 강조되었다"고 하는 점이다.[113]

요컨대 인물성동이논쟁은 근본적으로 인간 본성의 동질성에 대한 자각 내지는 인간관에 대한 문제이지, 결코 새로운 물론, 즉 일부 실학사상 연구자들이 궁극적으로 주장하고 싶어하는 근대적 자연과학에 대한 새로운 각성으로까지 확대시킬 수는 없다는 지적인 것이다.

이와 같은 비판에 대해서 유봉학은 "호락논쟁 이전의 성리학에서 인간의 심성 문제에 주력하였던 것에 비하면 이때(호락논쟁 당시) 물성物性이 문제되고 있다는 것 자체가 인간을 들러싸고 있는 외부사물을 당시 학인學人이 새로이 설명해 가려 함을 보여주는 것이거니와, 그것은 전통적인 심성론 위주의 주자학에 대한 새로운 태도의 출현을 초래할 수도 있는 것"이라고 주장한다.[114]

그렇지만, 이와 같은 주장은 주자학의 본지와 어긋나는 것이 아닌가 하는 우려를 자아낸다. 주희는 다음과 같이 말하였다.

하늘이 만물을 낳음이 그 이理가 진실로 차별이 없지만, 다만 사람과 동물이 하늘로부터 품부받은 형기形氣가 같지 아니하다. ……오직 사람만이 지극히 영묘하여 능히 네 덕(인의예지)을 온전히 보존하여 발하여 사단四端이 되고 동물은 기氣가 치우치고 잡되며 마음이 어둡고 가려져 진실로 온전하지 못한 바가 있다.[115]

즉, 하늘로부터 품부받은 인·물의 본연지성本然之性이 같지만, 형기의 차이에 의하여 인·물의 기질지성氣質之性이 차이를 보이며, 따라서 인간만이 인의예지의 네 덕을 가장 잘 보존할 수 있다는 것이다. 비록 일부의 인용문이긴 하지만, 또 다른 주희의 언설 어디에도 인물성동론이 자연에 대한 새로운 지각을 유도한다는 말은 없다.

낙론의 사물 중시 경향이 주기적 성격을 지닌 것으로 인물성동론이 북학론으로 이어졌다는 도식은, 조선후기 실학자들이 대체로 주기적 경향을 갖고 있다는 설정하에, 주기적 경향으로부터 주자학 극복 의지가 구현되며, 현실과 실제성 중시 경향이 나타나게 된다고 본 일부 철학자들의 관점[116]과 일맥 상통한다.

그런데 이와 같은 도식은 매우 불안정한 느낌을 준다. 김태영은 주리론자였던 유형원과 이익의 경우, 오히려 '이理'를 중시함으로써 인심人心의 자율성을 확보할 수 있었다고 하여 주기론이 현실 개혁에 적극적이었다는 것과 직결시켜 이해할 수 있는지 의문을 제기하였지만,[117] 실제 '주기파 = 실학(또는 북학)'이라는 도식은 상기의 지적 이상으로 심각한 결함을 지닌다.

그것은 앞에서 지적한 대로 극단적인 기일원론자를 제외하면 조선의 성리학자들 중에 주기론자로 부를 수 있는 사람이 없다는 사실에 기초한다. 가치론적 입장에서 이존기비理尊氣卑의 성리학적 가치를 부인한 사람이 없었다는 사실과 더불어 인물성론이라는 심성론의 논리구조가 어떻게 근대적 성격의 자연과학을 잉태시켰는가 하는 것이 문제이다. 낙학의 이론이 북학을 태동시켰다고 보는 연구자들은 인물성동론이 이용 대상으로서의 '물物'이라는 새로운 사물관을 갖게 하여 종래 주자학적 사물관을 극복하고 근대적 사물관을 가져오게 한 획기적 사고의 전환을 유도했다고 주장한다. 하지만, 실제로는 정합적인 논리적 연결고리를 빠뜨린 하나의 도식적 선언에 가깝다.

더욱이 인물성동론을 주장한 낙론이 철학적으로 주기적이라는 입장은 더더욱 수긍하기 어렵다. 낙론이야말로 이理의 보편성을 중시하는 주리적 입장이라고 보는 견해가 만만치 않기 때문이다.[118] 따라서 낙론보다는 호론이 오히려 기의 역할을 더 강조한 것으로 보고, 북학파의 사물 중시 경향을 낙론의 인물성동론에서 구하는 것은 옳지 않다는 주장이 설득력이 있는 것으로 보인다. 인물성동론은 물론이요, 인물균론人物均論(홍대용), 인물막변론人物莫辨論(박지원)도 그 자체로 인간과 동등한 중요성을 사물에 부연한 것이라 볼 수 없으며, 따라서 인간과 사물이 같다는 것이 아니라, 본연지성이 인간과 사물에 똑같이 갖추어져 있다는 주장일 뿐이다.[119]

따라서 낙론을 기氣 중시적, 혹은 기器 중시적 경향으로 규정하고 이를 계승한 북학파도 기적器的인 것, 즉 사물에 우선적 중요성을 두게 되었다는 논리[120]는 약간의 문제가 있어 보인다. 왜냐하면 낙론이 이의 주재성을 완전히 부정했다고 말하기도 어렵거니와(실제로는 인물에 내재한 이의 보편성을 강조하였다), 무엇보다도 인간과 사물을 구별케 하는 근거가 기라는 점에서는 호론과 낙론이 공통될 뿐만 아니라 오히려 호론이 기의 역할(기질지성)을 더 강조하고 있기 때문이다.[121] 정약용이 인간과 자연을 구분하려는 강한 문제의식을 표방한 것이 인간과 자연을 통일적으로 이해하는 주자학적 사유에 대한 전면적인 비판 위에서 가능했던 것이라면,[122] 근대적 사유의 단초는 오히려 낙론이 아닌 기질의 편차를 강조하는 호론 쪽이 더 가까웠다고 볼 수도 있다.

한편, 낙론과 북학을 연결시키는 연구자들은 그들이 주장하는 물성物性의 개념을 분명하게 규정하지 않는다. 호락논쟁 당시 물物에 대한 인식은 어디까지나 이理의 보편성과 편재성을 설명하기 위한 인간에 대한 상대적 개념으로서의 동물을 주로 의미했다. 여기에서 더 나아가 낙론과 북학을 연결시키는 연구자들의 주장처럼 물의 개념을 자연 그 자체라고 의미를 확대한다 해도 그것이 도덕적 개념의 적용 대상이었다고 보는 것이 타당하다. 그리고 한발 더 나아가 설사 낙론이 자연에 대한 인식의 지평을 열어주었다고 해도, 그것이 근대적 자연과학의 개념일 수는 없다. 따라서 인물성 논쟁이 곧 근대 자연과학적 개념에 대한 각성으로 연결되는 것이 아니라는 점은 자명하다. 고유의 자연관을 내포한 성리학에서 북학파 인사들이 보여주는 서구식 자연과학적 개념(그것은 실제로는 서양의 중세 과학이었지만)으로 넘어가기 위해서는 중간에 새로운 개념의 연결고리가 필요하다.

『연암일파 북학사상 연구』에서는 홍대용이 "성인사만물聖人師萬物이라 하여 물리物理의 연구 필요성을 제기하는 데까지 논리를 전개시키고 있다"라고 주장한다. 그렇지만 여기서의 물리가 근대 자연과학적 원리라는 확증이 없는 이상 이것을 가지고 낙론을 통한 자연관의 변화라는 논리를 입증하기에는 무리가 있어 보인다. 이보다는 '성인사만물'에서의 물리는 성리학에서 지향하는 격물치지格物致知의 의미로 해석하는 것이 보다 자연스럽다.

이러한 점은 위 책의 다음과 같은 입장에서도 확인된다. "그(홍대용)의 경제지학이 심성론적인 데 논리적 근거를 두고 있음은 또한 부인할 수 없는 것이다. 의리지학義理之學이 경세지학과 사장지학詞章之學의 근본이라고 하는 그의 언명이 있었거니와"라는 부분이다. 그럼에도 불구하고 위 책은 여전히 "심성론적인 정통 주자학으로부터 받았던 낙론적 소양이 그(홍대용)의 새로운 사물관 · 자연관 · 인간관 · 세계관에 일관되고 있다"[123]고 주장한다. 요컨대, 근대적 자연관의 태동 근거로서 성리학으로부터의 내재적 연관성 확보에 대한 미련을 버리지 못하는 것이다.

3) 북학론과 근대성의 문제

실학의 개념에 대한 다양한 논의가 쉽사리 해결점을 찾지 못하는 가운데, 시기 구분을 통한 방법론이 실학의 개념을 설정하는 대안으로 명쾌하게 제시되었다. 즉 중세와 근대라는 시대 구분에 의거할 때만이 기존 연구의 애매한 실학개념을 벗어날 수 있으며, 그런 관점에서 북학사상만이 근대적인 요소를 가지는 실학사상으로 규정할 수 있다는 것이다.[124]

일례로 위의 논자는 이와 같은 논리를 확대하여 북학사상의 근대적 특징으로서 화이관의 극복에 주목한다. 북학론자들은 종래의 성리학자들이 굳게 견지하고 있던 소중화론小中華論을 극복하였다는 것이다. 그렇지만, 대표적인 북학론자인 홍대용 · 박지원 · 박제가 · 정약용 등은 한시도 존명배청의 의리론과 소중화로서의 자부심을 버려본 적이 없다. 그들이 청의 부강함과 문물 수용의 필요성을 인식하고 이용후생을 적극 강조한 것은 명의 복수를 위해서는 진짜 유학, 즉 실용에 힘써야 한다는 의리론에서 파생하였다. "지금 청은 진실로 호족이며, 빼앗긴 것은 중국이고, 명나라를 위해 원수를 갚으려면 힘써 중국을 배워야 한다"고 본 박제가의 「존주론尊周論」은 의리론에 입각한 북학파들의 화이론적 입장을 잘 대변해 준다.[125]

필자의 견해와 같은 맥락에 있는 것으로 보이는 한 연구에 의하면, 북학론은 대명의리론 및 존주론과 대립되는 것이 아니며, 나아가 청학淸學과 청문물 도입은 구분된다고 본다.[126] 조선후기의 '경기학인京畿學人'들은 명물名物 훈고訓詁의 필요성을 인정하였으나, 경전의 대의와 무관한 고증이란 아무런 의미가 없었으므로 경학의 고증에만 치중하던 청학을 비판하였다는 것이다.[127]

또 다른 연구자는 북학사상을 대표하는 박지원 역시 전통적 유학자로서 주자학을 정통 학문으로 생각하였으며 북학사상이 배움의 대상으로 삼은 것은 주로 이용후생 분야이고 이를 이적인 청으로부터 배우자는 주장은 두드러지지만, 이용후생의 전제로서 정덕正德이 존재한다고 믿었다는 점을 지적한다. 다시 말해서 박지원도 '춘추지의春秋之義'를 중시하는 문화자존의 소중화의식小中華意識을 견지하였다.[128] 따라서 북학파의 화이관은 전통적인 대청인식에 근거한 한층 체계화된 조선중화주의라는 말로 요약된다.[129]

북학사상의 근대성을 강조함으로써 '식민지사관을 완전히 탈피하는 지름길로 삼고자' 했던 학계 일각의 견해는[130] 그 분명한 목적의식과 정비례하여 많은 문제점들을 노출하고 있다. 역시 가장 큰 문제는 연역적 방법론에서 파생되는 무리한 결론들이다. 그중에서도 북학이 근대성이라는 것을 의식적으로 강조하기 위해 그동안 통용되어 오던 실학자들을 중세적 성리학자로 규정하는 데서 오는 시대정신의 사상과 같은 점을 가장 큰 문제점으로 지적할 수 있다. 또한 북학사상을 근대사상으로 규정하기 위해, 그 이외의 사상을 모두 중세 성리학자의 범주로 묶어놓고, 거기에 식민주의사관에 대한 대응의 입장에서 성리학 긍정론을 펼치다 보니 조선의 정치를 반민생反民生 정치로 이끌었던 사림파 정치 주도세력들의 비판적 입장은 설 자리를 잃게 되었다.

지두환은 그의 저서에서 "유교 긍정론에 입각하여 사상사를 재정리 하여야만 한국사상사의 줄기를 제대로 정리할 수 있다는 것을 알았다. 이에 가장 걸림돌이 되는 것이 1960년대부터 기본적으로 유교 망국론의 입장에서 연구된 실학사상이라는 것을 알게 되었다. …… 그래서 1987년에 그동안 강의하면서 정리한 문제점들과 앞으로의 방향을 「조선후기朝鮮後期 실학연구實學硏究의 문제점問題點과 방향」으로 발표하여 보았다"라고 하여 자신의 실학 연구가 유교 망국론에 대한 반론의 성격에서 출발한 것임을 분명히 하고 있다.[131]

따라서 그는 "실학사상이 중세사상인 조선 성리학인지 아니면 이를 탈피한 근대사상인지가 애매하다"는 이분법적 시각을 일관되게 견지한다. 그는 기존의 실학 연구에서 주자학을 반대하면 모두 실학으로 간주했다고 지적한다. 그 논리적 결함으로 『동사강목東史綱目』을 지은 안정복도 화이론을 탈피하지 못하였으며, 전제개혁을 주장한 사람들 또한 실학자만이 아니라 정통 성리학자들도 많았으므로 균전제를 주장했다고 해서 이를 실학자로 구분할 수 없고, 북학사상가들만이 성리학자들과 다른 정전제를 주장했다고 강조한다.[132]

여기에서 상기 논자는 중세와 근대라는 시대 구분법을 통해서 실학의 개념을 좀더 분명히 드러내 보이고자 하는 고민의 흔적을 내비치고 있지만, 북학사상만을 실학으로 간주하려 하는 조급함이 스며 있음을 부인하기 어렵다. 당장 위에서 살펴본 바와 같이 북학론자들이라고 해서 화이론을 전면 부정한 사람은 단 한 사람도 없었다는 사실이 그것을 방증한다. 한편, 북학론자들이 견지한 중화의 실체가 중국이라는 지리적·종족적 시각에서 조선도 중화 그 당사자가 될 수 있다는 문화적 관점으로의 전이에 불과했다는 점에서 조선을 중화로 본 안정복의 사관은 역설적인 관점에서 보면 오히려 북학론자들과도 맥이 통한다고 볼 수 있다.

토지제도의 개선이라는 측면에서도 비록 상기 논자가 '북학사상가는 성리학자들과는 다른'이라는 단서를 달긴 했지만, 포괄적인 입장에서 정전제를 포함하는 전제개혁을 주장한 사람들이 북학론자들에만 한정되었다고 보는 시각에는 많은 무리가 따른다.

상기 논자의 논지에서 가장 우려되는 것은 북학의 근대성 규명에 치중하여 다른 실학자들을 중세 성리학자로 치부함에 따라 그들의 경제학에 대한 관심과 역사적 의의가 과소 평가될 소지가 있다는 점이다. 달리 말하면, 북학론만을 실학으로 규정하고자 하는 시도는 폐쇄적인 주자 유일주의의 문제의식을 공유하면서 당시 사회의 명분론적 공허성과 폐쇄성을 탈피하고자 했던 남인계열 실학자들의 시대정신을 통째로 사장시킬 수 있다는 말이다.

이러한 우려는 '북학파들이 기본적으로 고증학을 받아들여 탈성리학적인 입장을 가지고 있었다'는 점을 강조한 부분에서 현실로 드러난다.[133] 즉 '고증학＝탈성리학적 입장＝근대적 성격＝북학파'라는 등식이 마치 아무 문제가 없는 논리처럼 구사되고 있음을 본다. 그러나 고증학이 실학의 한 요소인 실사구시의 측면에 부합되기는 하지만, 경사전적과 금석학 분야의 훈고·고증에 집착함으로써 오히려 시대변혁을 지향하는 경세학적 논리를 상실하고 말았다는 점은[134] 깊이 음미할 필요가 있다. 지나친 목적의식하에서 연역적으로 도출된 상기의 논리는 나름대로의 논쟁적인 사학사적 의의를 인정한다 하더라도 조선후기 사상사 연구의 큰 틀에서 보면, 득보다는 실이 더 많은 것은 아닌지 우려된다. 무엇보다도 새로운 견해를 입증할 만한 실증성이 담보되어야만 할 것이다.[135]

4) 상수학과 근대과학의 비교

북학론자들이 서양 중세의 자연과학적 지식을 언급하며, 성리학의 인물성동론에서 이론적 근거를 마련하였다고 본 것이 위에서 살펴본 북학파 연구자들의 대표적인 관점이었다. 특히 낙론의 인물성동론이 김원행 문하에서 상수학象數學과 연결되면서 자연스럽게 만물에 대한 관심을 철학적으로 뒷받침하여 심성론 일변도의 학풍을 벗어나게 되었다는 유봉학의 견해는 비단 역사 분야만이 아니라 동시대를 연구하는 한국철학, 한문학 등과 같은 인접 학자들에게까지 적지 않은 영향을 끼쳤다. 그리하여 상수학은 조선후기 사상사의 신사조를 나타내는 대표적인 용어로서 인식되기까지 한다.

그런데 앞에서 지적했던 것처럼 조선 고유의 토착성에 기반한 내재적 사상 발전에 집착한 결과, 서로 개념이 상이한 것들을 일직선상으로 연결시키는 결함이 없지 않은 듯 보인다. 북학론과 관련된 상수학 논의도 그러한 것 중 하나이다.

상수학이란 무엇인가? 『역易』의 괘에 나타난 형상과 변화를 지칭하는 것으로서 『역』의 사상과 함께 태어난 도상수학圖象數學(象數)은 연속적인 연장을 갖는 세계(자연)를 불연속적인 것으로 인식하기 위해 고안된 우주론적인 수론數論이다. 주희는 이 전통적인 동양사상을 부연하여 그의 이기론에서 수리철학數理哲學을 전개하였고, 그 영향은 조선시대의 수론數論을 지배하였다.[136] 그러나 이것은 서양의 기하학과는 차원이 다르게 수를 도상화圖象化한 중세적 수리사상이었다. 호학의 군주 정조가 "『역』을 논하는 자는 도서圖書에 먼저 밝지 않을 수 없다"[137] 하였는데, 여기에서의 도서가 바로 상수를 가리킨다.

상수설은 『주역周易』의 사고에 근거한 것으로 자연현상에 대한 성리학적 이해에서 빠뜨릴 수 없는 이론이다. 상수설은 기氣로 인해 개체의 형상이 이루어지지만, 기 외에 그 형形을 생기게 하는 것이 상象이고, 그 상을 있게 하는 것이 수數라는 인식에서 성리학자들이 중시한 이론이다. 그런데 상수학의 근본 목적은 "이理가 원래 물物의 법칙, 즉 도덕법칙 이외에 논리와 수리로서의 법칙까지 의미했다"는 점을 밝히고자 했다.[138] 그러므로 상수학이 성리학과는 개념적으로 다른 근대 자연과학적 지식을 유도했을 것이라고 보는 논지는 과대 해석된 측면이 크다.

정이천程伊川(1033~1107)이 「역전서易傳序」에서 말한 "지극히 미묘한 것은 이理요 지극히 드러난 것은 상象이니, 체와 용이 한 근원이요, 현저함과 은미함이 간격이 없다"라는 것도 결국 상수가 이의 발현임을 말한 것이다.[139] 상수는 동양에서 천문역산과 수학을 아우른 내용이므로 자연과학에 속하는 것으로 해석되기도 하지만[140] 이를 곧장 서구의 근대과학적 지식으로 등치시키는 것은 곤란하다. 그것은 오히려 동양 전래의 상수학의 본지를 오도하는 것이다. 유학자들에게 있어서 역학易學의 논의들은 자연과학적 논의들보다는 보다 근본적이고 중요한 철학적 문제들과 관련된 경학經學의 차원에서 수행되었다.[141]

또 하나 문제 삼을 수 있는 것은 상수학이 과연 김원행을 중심으로 하는 노론 낙학파의 전유물이었나 하는 것이다. 이에 대한 대답은 물론 부정적이다. 실학의 비조인 이익을 중심으로 하는 근기남인 계열에서도 상수학에 대한 관심은 자못 진지하였다. 그렇지만 그것은 유봉학의 주장과는 거리가 멀다. "천하의 사물은 다만 상수象數일 뿐이다. 상수의 가운데 이理가 역시 갖추어져 있다. 이것이 미치지 않는 바가 없으니, 만물이 각자 자연의 법칙을 따르면 이것이 곧 솔성지도率性之道이다"라고 하여 자연에 대한 관심보다는 하늘로부터 품부받은 이법의 발현과 격물치지의 중요성에 중점을 두고 있다.[142]

한편 조선후기의 대표적 도학자 이항로도 '역易은 바로 심학心學'이라고 선언하였을 만큼 역을 자신의 심설에 대한 이론적 근원처로 자부하였음을 확인할 수 있다.[143] 이항로를 비조로 하는 화서학파가 특유의 심주리설心主理城說을 근간으로 하여 가장 울연한 위정척사파를 형성하였음을 감안하면, 상수학이 실제 어떤 개념으로 인식되어지고 있었는지를 미루어 짐작할 수 있다. "역易의 단상象象은 오직 성인의 위덕位德에 나아가기 위한 것"이라는 윤행임尹行恁(1762~1801)의 말에서도 상수학의 위상은 자명해진다.[144]

오가와 하루히사小川晴久에 의해서 동양 최초의 독창적인 지동설로 극찬을 받은 김석문의 우주론이 이용범에 의해서 비과학적인 역학적 체계에 불과하다며 과학사적 성과에서 제외되어야 한다는 극단적인 평가를 받는 것도 상수학의 한계를 보여주는 예이다.[145] 가장 고도의 상수학적 우주론을 논의했던 서명응 또한 서양천문학 지식을 수용하는 데 전통적 상수학 체계가 일정 정도 영향을 주었지만 과학 그 자체는 아니었다는 평가를 받는다.[146] 곧 역학적 자연관은

근대적 의미의 비판적 사고와 과학적 방법이 결여되었던 것이다.[147]

그렇다면, 북학론자들과 다수의 실학자들이 주장했던 조선의 사상사적 전통과 단절된 근대과학지식들은 어디에서 습득된 것일까? 많은 연구성과들은 그것이 17세기 이후 조선에 전래된 서구 중세의 과학지식이라고 설명한다.

17세기 이후 예수회 선교사들이 전한 서구의 천문·지리·역산·의학 등의 지식은 종래의 자연관에 충격을 주기에 충분하였다. 특히 지구설·지동설·태양계·은하계 등의 이론들은 당시 유학계에도 일종의 코페르니쿠스적 전회의 자연관으로 다가왔다. 그것은 바로 지구 중심의 천체관과 인간 중심·중국 중심의 자연관을 개정하지 않을 수 없게 만드는 지식이었다. 천원지방天圓地方·천동지정天動地靜이 진실이 아니라면 지체地體가 천계天界의 중심이라는 믿음은 쓸모없고, 구형의 지체에서는 중국이 더 이상 세계의 중심이 될 수 없으며, 인간의 두원족방頭圓足方을 천지의 닮은꼴이라고 할 수도 없게 되었다. 이에 따라 인간 본위·인간 중심의 자연관은 더 이상 존속될 수 없었다. 그런데다 서구의 해부학적 지식은 오행의 특성이 결코 인간 장부臟腑의 기능과 일치하지 않음을 깨닫게 하였다. 이는 자연과 인간의 근본적인 유대마저 단절시킨 요인이었다.[148]

성리학에서 인간 형상을 두원족방이라고 강조한 것은 생명을 매개로 한 물아일체·천일합일의 구도를 강조하기 위한 이론이다. 인간의 영장성은 성리학에서도 여전히 오성의 자연 발현인 오륜의 실천이라는 도덕적 관점에서 역설되었다. 그리고 그 도덕적 의지는 도덕의 자연화를 넘어 자연의 도덕화의 성격을 띨 정도로 두드러진 것이었다. 그러나 천주교와 서구의 근대과학은 동아시아 유학계의 사

상 풍토를 근본적으로 동요케 하였다.[149]

따라서 허남진은 북학자 홍대용이 낙론을 저승하여 인물균人物均의 심성론을 정립하고 이로 말미암아 물성物性 연구에 관심을 가지게 되었다는 일부 견해에 문제가 있음을 지적한다. 그에 의하면 오히려 반대로 홍대용은 서양의 자연과학에 흥미를 느낌으로써 인물성동론이라는 가치 중심의 심성론에서 인물균이라는 몰가치적 심성론으로 나아갔다는 것이다.[150] 이외에도, 홍대용의 실학은 서구 학문의 소화 섭취에 의해서 이루어진 것이며,[151] 홍대용의 상수역학에 대한 전통의 회의는 근대과학적인 상식을 바탕으로 하는 것이라는 주장도 있다.[152]

이와 같이 상수학이라는 역학적 사유체계를 북학론자들이 근대과학적 사유로 전환하는 사상적 태반이 되었다고 주장한 일부의 견해는 전통과학을 현대과학과 구분하지 않고, 현대과학의 기원 정도로 전통과학을 인식하는 과학사 비전공자들의 뿌리 깊은 태도에서 비롯되었다고 볼 수 있다.[153]

결국 상수학에 대한 문제도 전통과학과 현대과학의 차별성을 간과한 입론의 과정이었다고 하겠다. 이와 같은 현상은 종래 일부의 연구자들이 과학기술의 중요성을 도외시하고 조선 내부의 사상사적 전통 속에서만 근대화과정을 이해하려고 했던 태도에서 기인한다. 역사발전의 자생적 태반에 대한 관심과 이를 규명하려는 노력은 기본적 의무에 속한다. 그러나 심성론과 근대적 자연관을 일직선상에서 연결시키려는 시도는 오히려 조선 고유의 사상적 전통을 무시하고 서구적 근대화에 종속시키는 부작용을 초래할 수 있다. 이것은 실학발생의 내재적 요인과 외부적 요인이 실증적으로 함께 고려되지 않을 때 어떤 결과가 초래되는지를 보여주는 좋은 예라 하겠다.

조선의 유학적 전통은, 앞으로도 기본적으로 타자에 대한 수탈을 전제로 하는 근대자본주의적 패러다임과는 다른 길로 전개 발전할 수 있는 여지가 있는 것으로 보인다. 그것이 성선性善과 의리에 기반한 도덕사관의 전개가 될 것이라는 점에서 희망적이다. 그러므로 필자는 조선의 성리철학이 서구 근대적 자연관의 종속함수로 위치 지워지는 것에 찬성하지 않는다. 북학론의 태동은 조선후기 사회가 서구 자연과학과 조우하게 되었을 때, 당시 지식인들이 유학자적 입장에서 그것을 어떻게 받아들여야 할 것인가를 고민했던, 좀더 구체적으로 말하자면 긍정적으로 고민했던 역사라고 보는 것이 지금 제시할 수 있는 가장 간명한 해석이다. 지금은 그 수용의 자세가 이상적이었던가 아니면 좀더 보완될 측면이 있었던 것인가에 대해서 고민할 때이다. 아무튼 이렇게 객관적인 사실을 도외시하고 의도하였든 의도하지 않았든, 단순히 조선의 성리학 자체가 서구 근대화의 길로 나아가는 도정이었던 것처럼 해석하는 것은 다시 한 번 조심스럽게 되돌아보아야만 될 일이다.

4
조선후기 서양역법의 수용과 북학론의 고조

1. 두 갈래의 대청인식

조선후기 서학의 수용은 청나라를 통해서 이루어졌다. 병자호란의 수모를 안긴 청이 서학 수용의 절대적인 통로가 되었던 것은 아이러니가 아닐 수 없다. 그렇다면 조선인들이 청을 바라보는 기본적인 심성은 어떠했을까?

호란의 참상을 겪은 조선사회에서 청은 불구대천의 원수라는 반청인식이 강하게 성장하였다. 병자호란 당시 김상헌金尚憲(1570~1652)의 척화론(주전론)으로부터 본격적으로 확산된 반청인식은 병자호란 이후 임금이 오랑캐에게 항복했다는 굴욕감에 대한 복수설치復讎雪恥를 표방하며 더욱 강경한 배청론으로 자리잡았다. 척화론을 주장하다 청나라에 포로로 잡혀간 이른바 척화 3학사 홍익한洪翼漢(1586~1637)·윤집尹集(1606~1637)·오달제吳達濟(1609~1637)는 청 태종의 회유를 거절하고 항의하다 끝내 심양에서 살해되었고, 그들의 절개 있는 행동은 북벌논의의 중심이 된 송시열宋時烈(1607~1689)에 의해서 후대에 전해지게 되었다.[154]

대청복수론對淸復讎論을 제기한 송시열은 그와 동시에 대명의리론對明義理論을 제시하고 청주 화양동 계곡에 환장암煥章庵을 세워 임진왜란 때 구원병을 보낸 신종과 마지막 황제 의종을 제사 지내는

사적 장치를 마련하였다. 효종·현종·숙종 3더에 걸쳐 척화의 기본
방향을 이끌어가던 송시열이 1689년 기사환국己巳換局의 남인 집권
시에 정쟁의 희생이 되자, 제자들에 의해 그의 노선이 계승되었다.
그의 유지를 받들어 화양계곡에 만동묘萬東廟를 설치한 것이 척화의
대표적 상징물이었다. 이는 그의 수제자 권상하權尙夏(1641~1721)에
의해 스승의 유명을 받들어 두 황제를 모시는 제단으로 마련되어 지
식인 사회에 공감대를 이루고 있었다. 1740년(숙종 30) 명나라가 망
한 지 1주갑이 되는 갑신년에 국가는 이 제의를 국가 차원에서 수용
하여 대보단大報壇을 창설하였다. 이 일의 주도자들은 송시열 직계
제자들로 노론의 핵심이었고, 따라서 노론의 정치기반 강화와도 깊
은 관련이 있었다.[155]

17~18세기의 조선은 2세기에 걸쳐 양란의 충신·열사를 현창하
는 국가적 사업을 지속적으로 추진하고, 그 후손에 대한 국가의 배
려와 지원을 지속했다. 그러나 청이라는 군사 대국과의 현실적 관계
설정 속에서 내밀히 추구되었던 대청복수론인 북벌론과 그에 상응
하는 대명의리론인 존주론의 확인 작업은 위험을 무릅쓴 것이었다.
대보단은 황단皇壇으로 별칭되었고, 영조대에 의주儀註가 보강되어
「황단의皇壇儀」로 정리 보완되었다. 제향의 대상도 처음에는 신종과
의종만을 제사 지냈지만, 이때에 명 태조를 추가하였다. 이 일은 노
론계 중에서도 송시열 직계 제자들에 의해 적극 추진되었고 소론계
는 소극적이었다. 현실론적 의식을 앞세운 소론의 관심 대상은 눈앞
의 위협적 존재인 청나라로, 멸망한 명나라에 의리를 지키자는 노론
계의 주장과 거리감이 있었다. 그러나 소론도 중화문화 수호 논리인
존주론尊周論에는 기본적으로 동의하고 있었다.[156]

　　지금까지의 연구성과를 토대로 살펴볼 때, 조선후기 대청인식의 변화단계를 바라보는 관점은, 18세기 말경 편찬된『존주휘편尊周彙編』의 간행 목적에 대한 약간의 해석 차이를 제외하면 대개 일치하는 듯하다. 병자호란 후, 조·청간에 군신의 맹약을 맺은 17세기에 불편했던 양국관계가 18세기에 들어 점차 안정적인 기조를 유지하면서 18세기 후반에는 북학론의 수용으로 대청관계가 새롭게 조정되어 갔다고 보는 것이다.[157]

　　따라서 정조 20년(1796)에 어명으로 편찬된『존주휘편』의 간행은 양란 후 200년간 조선후기 사회의 정신적 지주였던 존주론에 대한 시대적 반성이 제기됨으로써 그에 따른 역사적 사실을 정리하여 의미를 부각시키고, 다가오는 시대에 걸림돌을 제거하고자 했던 국왕 정조의 고민의 산물로 본다. 이는 18세기 후반 북학사상이 대두된 상황에서 북벌론이나 존주론이 지식인 사회에서 공감대를 잃고 있었음을 의미한다고 보는 것이다.[158]

　　한편, 위의 관점과는 달리『존주휘편』의 간행이 그동안 조선후기 사회에서 전개되어 온 존명배청론의 결정판이라고 보는 시각도 있다.『존주휘편』에 의하면 배청排淸의리는 시대에 따라 ① 인조 때의 척화 ② 효종 때의 북벌의식 ③ 숙종부터 영조 때까지의 숭명의식으로 이어져, 마침내 정조 때에 이르러 배청행적의 편찬으로 전개되었다는 것이다.[159] 요컨대『존주휘편』의 간행이 새롭게 대두하는 개방적 대청의식에 대한 반발을 무마하기 위한 척사의식의 일차적인 정리와 선양이라는 다분히 명분적인 작업으로서의 성격이었다는 점에 무게를 두는 정옥자의 견해와는 달리, 금장태는『존주휘편』의 편찬이 화이론의 의리정신을 지속시키려는 노력이었다는 데 더 무게를 둔다. 정조 때에 복수정신이 쇠퇴하는 현실을 경계하면서 척화순절자들의 후손을 포상하여 숨겨진 의사를 드러내고, 배청의리에 관한 역대의 사실과 의식을 수집하여 문헌적으로 정리한 것 등은 쇠퇴하는 배청의식을 일깨워 춘추의리에 기초한 화이론의 의리정신을 지속시키기 위한 노력이었다는 것이다.[160]

이와 같이 『존주휘편』 간행의 역사적 의의에 대해서 약간의 시각차가 존재하지만, 병자호란 이후부터 호의적이지 않은 대청인식이 18세기 중반까지 지속되어져 왔다는 점에서는 다른 이론의 여지가 없어 보인다. 대청관계가 불편했던 17세기 후반을 지나 18세기에 대명의리론이 점차 약화되면서 안정적 기조를 유지했다고 본 노대환도 영조 치세에는 대청무역 적자에 따른 재정 위기 타개책으로 대명의리론이 강화되었다고 봄으로써, 18세기 중반까지는 대체로 조선사회에 배타적인 반청인식이 크게 우세하였음을 주장하고 있다.[161] 바꿔 말하면 이는 18세기 후반부터 본격적인 북학 논의가 진행됨으로써 대청인식에 새로운 전기가 마련되고 있었음을 모두가 인정하고 있는 것으로 보아도 무방할 듯싶다.

그런데 선행연구에서 미처 설명되지 못한 사실이 있다. 병자호란 이후 북학론이 대두하는 18세기 후반까지 대체로 청이 복수설치의 대상으로 여겨진 것은 사실이지만, 그럼에도 불구하고 한편으로는 여전히 정부적 차원에서 청나라로부터의 서양역법 수입 노력이 끊이지 않고 있었다는 사실이다.[162] 역법의 이정은 전통 시대 국왕의 권위를 유지시켜 주는 가장 중요한 요건 가운데 하나였다. 그렇기 때문에 병자호란 이후에도 조선의 국왕들은 왕도정치를 구현하기 위해 원수처럼 여기던 청나라로부터 신역서를 수입하는 아이러니를

연출했던 것이다.* 즉 북학론이 사회적으로 공론화되는 18세기 후반 이전부터 조선에는 청나라가 원수의 나라임에 틀림없지만, 왕도정치를 구현하기 위해서는 선진문물을 수용하는 유일한 통로라는 현실적 인식이 병존하고 있었음이 확인된다. 요컨대 병자호란 이후 조선에는 청에 대한 척화의식을 강조하는 명분론과 이와 상반되는 현실인식, 즉 두 갈래의 대청인식이 존재하고 있었다고 보인다.

따라서 이 책에서는 종래 18세기 이후로 보는 서기수용 논의[163)의 상한을 17세기로 끌어올리고, 그동안 별로 주목받지 못했던 정부 차원의 역법 입수 과정에 초점을 맞춰 현실적인 대청인식의 기조를 조망한 후, 궁극적으로 도기분리론을 주장했던 북학파의 실학사상이 어떤 역사적 맥락에 위치하고 있는 것인가를 가늠해 보고자 한다.

---

* 청나라로부터의 역법 수입 과정에 대해서는 매우 훌륭한 선행연구가 진행된 점을 인정한다. 이 책에서 주장하고자 하는 바는 이런 연구들이 조선정치사, 또는 대외인식의 기조라는 커다란 관점에서 녹아들지 않고, 주로 서학수용사 내지는 과학사라는 개별 주제 안에서 다루어진 감이 있다는 것이다. 이 책에서는 이를 대외인식의 기조와 조선정치의 지향이라는 관점에서 다루어보고자 한다.

2. 역법의 이정과 왕도정치의 함수관계

명이 쇠락하고, 만주의 여진족이 세운 금나라가 흥기하면서 조선 후기 왕조는 대외관계에 있어서 현실과 명분이라는 이중의 과제를 슬기롭게 조율해야 하는 곤란한 입장에 봉착하게 되었다. ‘명분’은 존주론을 말함이다. ‘현실’은 국가 경영을 위한 합리적인 선택을 말하는 것인데, 인조대 존명반청의 외교 노선은 실제로 현실을 직시하지 못한 경우였다고 할 수 있다. 그리하여 후금을 자극한 인조대의 조선 정부는 두 차례에 걸친 호란을 경험하게 되었고, 군신간의 맹약을 체결하는 치욕을 경험하게 된다.

그럼에도 불구하고 조선 정부는 병자호란의 치욕과는 관계없이 계속해서 원수인 청나라를 통해 새로운 서구의 역법을 수용코자 하였다. 정확한 천문역법의 이정이 군왕으로서의 기본적인 덕목으로 인식되고 있던 유교적 경세론의 측면에서 보자면, 조선 정부가 추진한 시헌력의 도입 노력은 다분히 현실적인 측면에 속한다고 하겠다. 그리고 그 목표가 왕도정치의 지향이라는 명분론을 기저에 깔고 있었으므로 조야의 지식인들 역시 강경한 반청의식과는 달리 새로운 역법을 수입하고자 하는 정부의 입장에 대해서 별반 이견을 제시하지 않았다.

　조선 정부는 대외관계의 부침과는 상관없다 싶을 정도로 개국 당시부터 정확한 역법의 이정에 몰두하였다. 이러한 일은 조선후기에 이르기까지 제왕가의 가장 중요한 책무로서 면면히 계승되었다. 전통사회에 있어서 주요한 생산력의 토대가 농경이었다는 점을 고려할 때 정확한 농시의 입정과 반포는 현실적인 측면에서도 매우 중요시될 수밖에 없었다. 그런데 조선 정부가 명이나 청과 같은 상국으로부터 역법을 하사받는 것에 그치지 않고, 스스로의 현실에 맞는 역법을 확립하기 위해 노력했다는 점에서 조선 정부의 역법 이정 노력에는 철학적인 측면이 좀더 강하게 뒷받침되고 있었다고 보인다.

　역법에 대한 중시는 조선의 개창과 함께 시작되었다. 태조는 즉위하자마자 단행한 문무백관의 관제 마련에서 천문역산을 맡은 서운관書雲觀을 정3품 아문의 고급 부서로 편제한다.[164] 그 후 서운관의 천문 담당자들은 정부로부터 많은 혜택을 누렸다. 서운관 천문 담당자는 대궐 입직을 면제해 주고 본관(서운관)에 숙직하여 천변을 즉시 아뢰게 한다든지,[165] 천문생天文生의 원액을 증액한 일,[166] 서운관 천문학의 참외체아직을 양 도목 때 서용하기로 한다든지,[167] 천문풍수학의 참상을 양 도목으로 서용하여서 승진하고 천직하는 길을 넓히게 한 것,[168] 성종이 천문학원 이지영李枝榮에게 명주저고리 1령을 하사한 것 등이 그것이다.[169]

　반대로 업무가 태만한 천문 담당자들에게는 혹독한 치죄가 뒤따랐다. 유성의 변화를 살피지 않은 서운관 관리에게 장 60대를 친 일[170] 등이 그 대표적인 경우이다. 다음의 표 1은 조선전기의 역대 국왕들이 정확한 역법 산정을 매우 중시했으며, 이를 어긴 역관은 엄중한 문책을 받았음을 잘 보여주고 있다.

표 1

연도	기사
태종10/04/06	역일曆日을 잘못 산정한 서운관승書雲觀丞 유당생柳塘生을 영주寧州로 귀양 보냄
세종02/07/19	상왕이 시간을 알리는 누수가 틀려 유당柳塘을 의금부에 가둠
세종03/06/10	예조에서 역상曆象은 천시天時를 지시하는 국가의 중대 임무라는 점을 밝히고, 서운관의 여러 기술記述하는 관직에 한산관閑散官을 쓰는 것은 부당하며, 금후부터 역서를 기술하는 자는 인재를 시험하여 뽑는 법에 구애하지 말고 모두 관직을 주라고 청하자 이를 윤허함
세종14/11/01	역법을 맡은 자는 특진시키고 웬만한 허물도 덮어줌
성종05/06/06	조선과 중국 달력을 차이가 나게 한 관상감 관리를 사헌부에 전지傳旨하여 추국하게 함
성종09/12/27	칠정력七政曆을 정조사正朝使가 갈 때마다 사 와서 우리 나라의 칠정력과 서로 맞추어 쓰게 함
중종02/09/07	영의정 유순柳洵 등이 측후를 소홀히 한 관상감을 금부에서 추문토록 아뢰고, 상이 허락함
선조16/02/16	역서에 착오된 점이 많다 하여 그것을 수술修述한 관원들을 조옥詔獄에서 추고함

조선 정부가 개국 초부터 역법의 이정에 진력한 이유는 무엇 때문이었을까? 그 답은 제왕의 임무를 담은 경서로서 경연에서도 자주 강서과목으로 이용되었던 『서경書經』「요전堯典」의 맨 처음에 명시되어 있다. 역법을 제정하여 백성들에게 정확한 농시를 제공하는 것이 제왕의 가장 중요한 일이라는 것이다.[171]

『서경』의 이 가르침은 중국의 역대 제왕들에게도 큰 영향을 미쳤음은 물론이다. 명 신종神宗(1572~1620) 때 중국에 들어온 마테오 리치의 신역법이 크게 주목받은 것도 동양 전통의 제왕학에 대한 인식이 널리 확산되어 있었기 때문이다.[172] 명말 중국에 도착한 서양 선교사들이 중국인들에게 인정을 받고 급기야 청조에 들어서서는 흠천감을 완전히 그들의 손아귀에 장악할 수 있었던 것도 천문역법의 우수성을 인정받았기 때문에 가능한 일이었다. 그러나 이 일을 전후하여 전통적인 방법으로 흠천감을 지키고 있던 보수파 인물들의 반발로 인해 서양 선교사들은 약간의 고초를 겪어야만 했다. 청나라가 들어선 후 여러 차례에 걸쳐 실시한 일식의 추산에서 중국의 전통역법(대통력과 회회력)보다 서양역법에 의한 추산이 적중하자, 순치제順治帝(1644~1661)가 서양역산西洋曆算을 중심으로 한 시헌력을 제정하고(1645, 순치 2), 그 위에 '의서양신법依西洋新法'이란 다섯 글자를 덧붙이도록 한 파격적인 사건이 발생하였다. 이는 보수파의 반동으로 선교사 측과 보수파 양측에 사상자를 내는 '흠천감교난欽天監敎難'을 유발시켰다. 보수파이며, 흠천감欽天監 감정監正이었던 양광선楊光先이

> 시헌력에다 감히 '의서양신법依西洋新法'의 다섯 자를 쓴 것은, 정삭正朔의 권위를 몰래 훔쳐 서양을 높이는 것으로, 대大청나라가 서양의 정삭을 받듦을 천하에 명백히 드러내는 일

이라고 강하게 반발했던 것이다. 그리하여 양광선은 「청주사교장請誅邪敎狀」을 올려(1664), 아담 샬이 역법을 빙자하여 금문(대궐)에 몸을 숨기고 몰래 조정의 기밀을 엿보아 불궤지사不軌之事(모반)를 꾸

미고 있다고 모함하여 흠천감교난을 일으켰다.[173] 청나라 황실이 서양과학의 우수성을 수용하던 무렵의 해프닝이라 할 수 있다.

유교를 통치이념으로 내세운 조선왕조에 있어서도 『서경』「요전」의 가르침은 단순한 추상적 관념의 수준에만 더물지 않았다.[174] 조선의 과학기술을 홍기시킨 세종이 직접

　일력의 계산하는 법은 예로부터 이를 신중히 여기지 않는 제왕이 없었다.

고 천명한 것이 좋은 예이다.[175] 세종은 천문을 관측하는 흠경각을 완성한 후,

　역수를 밝혀 절후를 알려주는 것이 제왕의 급무

라는 점을 재천명함으로써 『서경』「요전」의 내용이 제왕가의 급무로 인식되고 있었음을 증명하고 있다.[176] 동부승지 이순지李純之(1406~1465)의 『제가역상집諸家曆象集』 발문에

　제왕의 정치는 역법과 천문으로 때를 맞추는 겻보다 더 큰 것이 없다.

고 씌어 있는 것[177]도 같은 맥락이었던 것이다.

실제 조선이 건국될 당시에는 한대漢代 이후 재이설과 결합된 천인합일설이 강조되면서 조선의 역대 국왕들은 천문역법의 이정에 대해서 대단한 관심을 경주하였다. 천문을 관측하는 관천대의 건설

은 그 자체가 왕조의 길흉을 점치는 잣대로 여겨질 정도였다.[178] 전제군주로 널리 알려진 세조조차 왕위에 등극하자마자 성균관에 거둥하여 「하도河圖」와 「낙서洛書」를 강론케 했다. 이 자리에서 건괘(군왕의 도)를 몸받으려면 마땅히 천도를 몸받아야 한다는 논의가 제기된 것은 엄연한 천인합일의 논리가 군왕들의 통치 근간으로 자리잡고 있었음을 잘 보여준다.[179]

천인합일설이란, 『서경』의 천명설天命說에서부터 연원하는 것으로, 그 논리적 기반을 제공한 사람은 전한 시대의 동중서董仲舒(B.C. 179~104)였다. 동중서는 하늘과 공자 사상의 대표 개념인 인仁을 결부시킴으로써 하늘을 인, 곧 최고의 도덕 근거로 규정하였다. 천자는 하늘로부터 명命을 받고 태어났으므로 곧 하늘로부터 인을 취하여 어질게 되려고 노력해야 한다는 것이다. 천인합일설은 천명과 인심이 하나로 소통한다는 점을 강조하였다. 따라서 천자의 정사에 따라 하늘이 응분의 감응을 한다고 보았는데, 이것을 천인감응설이라고 한다. 그러므로 기근이나 한발과 같은 자연재해의 발생은 반드시 천자의 잘못된 정사와 상관관계가 있다고 본 것이다.

천인합일설은 조선조에 들어와서 국가를 경영하는 군주의 역량과 정비례해서 매우 중요하게 평가되었다. 군주의 역량 중에서도 심성 수양의 문제가 가장 중시되었다. 군주의 심성을 수양하려면, 개인적인 노력과 더불어 성리철학으로 고양된 유신들에 의해서 반드시 보좌를 받아야 한다고 여겨졌다. 그리하여 국왕을 훈도하는 경연제도가 조선조에 확립되었는데, 이는 언관제도의 확립과 함께 왕권의 견제장치가 강화된 조선 관료정치의 특징으로 자리잡았다. 따라서 천인합일설은 제왕이 가장 중시해야 될 지상 목표이기도 했지만, 한편으로는 신권이 왕권을 견제하기 위한 정치적 명분론으로서의 성격이 매우 강했다.[180] 이와 같이 양자의 지향과 이해가 맞물려 역법의 이정 문제는 정부적 차원에서 매우 중요시된 사안 중 하나가 되었다.

역법의 이정이 제왕가의 급무라는 인식은 조선후기에 들어서서도 변함이 없었다. 영조대에 사헌부에서는

이라고 하여 『서경』「요전」의 가르침을 재차 천명하고 이 일을 잘 수행하지 못한 관상감정에게 죄줄 것을 청하기도 하였다.[181] 이와 같이 정확한 천문 관측을 통한 역법의 이정은 왕도정치를 표방한 조선의 군왕들이 가장 중시한 과업 중 하나였음을 알 수 있다. 폭군 연산군대(1476~1506)에 이르러 국왕의 명으로 천문과 역법의 이정을 말하는 것이 금지되었다는 사실은 역설적으로 역법의 이정이 실제 경세의 차원에서뿐만 아니라, 천명을 받은 것으로 인식되던 국왕의 도덕성을 천명하는 일과도 매우 밀접한 연관이 있었음을 잘 보여준다.

연산군은 동왕 12년에 신하들에게 천문의 재변을 상달하지 말게 하였고(1506. 7. 10), 동년 7월 25일에는 관상감을 혁파한 글을 짓게 하달한다. 연산군이 천문의 재변을 상달하지 말도록 한 것은 역대 선왕들이 경계하여 떠받들던 천인합일설을 사실상 폐기하였음을 의미한다. 이는 곧 국왕에게 요구되었던 도덕적 규범틀이 공식적으로 파기되었음을 말하는 것으로, 조선의 국시가 근본에서부터 부정되었다는 충격은 신료들에게 매우 심각한 우려를 자아내게 했을 것이

다. 이는 그해에 발생한 중종반정中宗反正에 매우 중요한 빌미를 제
공하였을 것으로 추정된다.

그런데 사실 조선시대는 반삭頒朔(책력 반포)의 예가 지극히 엄하
여 번방이 책력을 사사로이 발간하는 것은 감히 할 수 없는 일로 여
겨지던 때였다. 이러한 인식은 국왕을 포함한 모든 사람들이 알고
있던 상식적인 일에 속하였다.[182] 그럼에도 불구하고 역대 조선의
국왕들은 조선 나름의 역법을 갖기 위해서 부단히 노력하였다. 왜
그랬을까? 조선의 제왕가에서 천문역법의 이정을 중시할 수밖에 없
었던 또 다른 이유를 밝혀주는 글이 있어 주목된다. 태종 16년에 천
제를 지내야 한다는 경승부윤 변계량卞季良(1369~1430)의 상서문上
書文에서 우리는 매우 중요한 사실을 발견할 수 있다.

우리 동방은 단군이 시조인데, 대개 하늘에서 내려왔고 천자가 분봉分
封한 나라가 아닙니다. 단군이 내려온 것이 당요唐堯(도당씨陶唐氏 요임금)
의 무진년에 있었으니, 오늘에 이르기까지 3,000여 년이 됩니다. 하늘에
제사하는 예가 어느 시대에 시작하였는지를 알지 못하겠습니다만, 그러
나 또한 1,000여 년이 되도록 이를 고친 적이 아직 없습니다.[183]

태종 16년 6월에 심각한 가뭄이 들자, 조정에서 기우제를 지내면
서 하늘에 제사를 지내야 하는지 어떤지를 갖고 물의를 일으킨 것이
다. 이는 대개 천자만이 천지에 제사 지내고 제후는 산천에 제사 지
내는 것이 상례라는 인식 때문이었다. 이때 변계량이 나서서 조선은
단군 이래 중국에 번속된 적이 없는 자주국이었고 천제의 유래가 최
소한 1,000년 이상을 이어져왔다는 점을 들어 태종이 직접 천제를

지낼 것을 주장한 것이다. 태종은 이를 옳게 여겨 곧 육조판서와 대신들의 견해를 물었는데, 이들 또한 변계량의 견해에 찬동하여 결국 변계량으로 하여금 제천문祭天文을 짓게 하고 또 그 대가로 구마廐馬 1필을 하사하였다.

즉 조선의 역대 왕들에게 있어서 천문역법의 이정은 『서경』「요전」에서 말한 왕도정치의 근본을 수행한다는 의미뿐만이 아니라, 조선이 내치를 자주하는 자주국임을 스스로 확인하는 의미를 담고 있었던 것이다. 그렇지만 조선의 자주성을 천제와 결부시키려는 변계량의 견해는 당시에도 많은 성리학자들에 의해 심한 비난을 받은 것 같다. 그리고 존주대의가 국시가 되는 조선후기에 가면 변계량의 주장과 같은 자주성의 문제는 일절 수면 위로 그 모습을 드러낼 수 없게 되었다.

그 대신 한대 동중서로부터 제기되어 온 재이설을 바탕으로 왕의 수신 여부가 곧 천명의 이행과 깊은 관련이 있다는 천인합일의 관점이 일관되게 통용되었다. 그리고 이것은 도학정치를 추구하던 사림파들의 입장과도 일치하므로 별다른 반발을 불러일으키지 않았던 것으로 보인다. 인조 3년 관상감정 맹윤상孟胤商이 하늘의 견책을 경계하고 왕의 수양을 요청한 것이 그런 일면을 대변해 준다.[184] 중종 때 영사 심정沈貞(1471~1531)이 천문을 전문으로 하는 인재 양성의 도리를 건의하여 왕도정치를 보완하려고 했던 점도[185] 같은 맥락에서 이해될 수 있다.

따라서 중국을 통해 들어오는 서양의 발달한 천문역법에 대한 거부감은 애초부터 별로 없었던 것으로 보인다. 인조 9년(1631) 정두원鄭斗源(1581~?)이 명에서 천문관측에 필요한 천리경 등을 입수하였지만, 여기에 대한 조야의 거부반응은 별로 없었다. 특히 이것이 서양사람 로드리게스(Jerónimo Rodriquez, 육약한陸若漢)에게서 받아 왔다는 것이 주지의 사실이었음에도 말이다.

3. 병자호란 이후 서양역법의 수용과 북학론의 전개

역법 입수와 관련하여 조선 정부가 취한 종래의 태도는 병자호란을 겪은 뒤에도 전혀 변하지 않았다. 마땅히 전란 후에 고조된 반청 인식에 부합되게 청으로부터 들어오는 어떤 문화적 교류에 대해서도 반발이 예상되었지만, 실제 역법 수용에 임하는 조선 정부의 입장을 보면 전혀 그러한 기미를 엿볼 수가 없다. 오히려 병자호란이 끝난 3년 뒤인 1639년(인조 17) 10월, 청나라가 신력 100부를 반사하였음에도 불구하고, 조선 정부는 이에 만족하지 않고 스스로 새로운 책력의 산법을 터득하기 위한 노력을 경주한다. 이는 역법의 이정에 관해서 조선 정부가 수동적인 입장이 아니라, 매우 적극적인 입장에 서 있었음을 보여주는 것이다.

제왕학으로서의 전통적 역법관에 기반하면서 조선후기 최초로 서양역법의 도입을 주장한 사람은 한흥일韓興一(1587~1651)이었다. 그것은 청조의 시헌력 수용 결정과 동시에 벌어진 일이었다. 인조대에 봉림대군鳳林大君 호행재신護行宰臣으로 연경에 체류 중이던 행호군 한흥일이 차자를 올려

달력을 반포하여 백성들에게 농사철을 알려주는 일은 제왕으로서 가

임을 주장하고, 아담 샬의 역서에 의거하여 역법 개수를 건의한 것[186]
은 실제 『서경』 「요전」의 가르침이 제왕가의 가장 큰 통치 덕목의 하
나로 자리하고 있었음을 다시 한 번 보여준다. 이에 따라 관상감 제
조 김육金堉(1580~1658)은 앞으로 부경사행 때마다 일관日官을 대동
케 하고, 역관으로 하여금 흠천감에서 시헌력을 탐문케 하는 한편,
관계 서적을 입수하여 이를 연구케 할 것을 주장하였다.[187]

인조 23년(1645) 무렵 한흥일이 연경에서 아담 샬이 쓴 『신력효식
新曆曉式』이라는 책자를 입수한 것은 우리에게 여러 가지 사실을 암
시한다. 첫째는 청이 비록 원수의 나라이지만, 왕도정치를 구현하기
위한 선진문물을 수용하는 유일한 통로라는 점을 왕조적 차원에서
인식하고 있었다는 점이다. 둘째 선진문물의 수용대상으로서, 청나
라에서 입수하고자 했던 바는 서양의 발전된 천문역법이라는 점을
분명히 하고 있었던 점이다. 당시의 지식인들조차도 서양의 천문역
법은 성인의 유제를 간직하고 있는 것으로 파악하였을 뿐만 아니라,
반서학론자도 서양역법의 우수성을 인정하고 있었다.[188]

병자호란 이후에 조선 정부에서 보여준 신역법 수용의 과정을 대
략 정리하면 다음과 같다.

표 2

연도	기사	비고
인조17/10/11	청나라가 신력 100부를 반사함	1639
인조23/12/18	관상감 제조 김육金堉이 새 책력 만드는 일에 대해 논하다 시헌력 채용을 제의함	1645
인조23/12/18	관상감이 산술에 능한 자를 보내 시헌력을 배워 올 것을 아룀	1645
인조26/03/19	천문학정 송인룡宋仁龍을 청에 파견, 서양역법을 배우게 함	1648
인조26/09/20	일관 송인룡을 청에 보내 시헌력 산법을 배워 오게 함	1648
인조27/02/05	송인룡이 아담 샬을 한 번 만나 역법을 버움	1649
효종00/11/23	승지 심지원沈之源이 서양역법에 착오를 일으킨 전수자를 추고하도록 함	1649
효종01/07/19	관상감이 서양역법을 배워 쓰도록 청하니 윤허함	1650
효종03/03/11	중국의 시헌역법을 익혀 새로운 책력을 간행할 것을 아룀	1652
효종03/09/04	관상감의 건의로 동지사절 중에 일관을 보내 시헌력을 배우게 함	1652
효종04/01/06	관상감의 건의로 시헌력의 추산법을 터득한 일관 김상범金尙范을 가자하고 역관 이점李點에게 물품을 하사함	1653 시헌력 시행
효종06/01/16	관상감에서 역법에 정통한 자를 사신으로 보내 서양역법을 배워 오도록 청함	1655
현종대	시헌력 대신 대통력을 다시 쓰자는 약간의 논란이 있었음. 관상감에서 동지 및 성절사가 부연할 때 인재를 붙여 청의 칠정추보七政推步의 방법을 배울 수 있게 해달라고 하여 윤허함	
숙종32/10/27	관상감에서 신법의 칠정을 해마다 고쳐 역서 만들기를 건의	1706
숙종41/04/18	관상감 관원 허원許遠에게 연경에 가서 각종 역서와 자명종을 수입케 함	1715

경종03/10/09	서양 문신종問辰鍾(앉은시계)을 관상감에 내려 새로 만들게 함. 사시사철 주야 관계없이 사용할 수 있는 점에 감탄함	1723
영조04/10/24	관상감에서 연경에 역관을 보내 어정역법을 배워 오도록 함	1728
영조05/05/20	관상감에서 청향력淸鄕曆의 폐단을 말하고, 시헌력의 완벽한 터득을 위해 관상감원 1인을 청에 파견할 것을 요청하자 윤허함	1729
영조06/07/14	역법에 청나라 연호를 쓰지 않은 것에 대해 청나라를 무마할 대책을 약방제조 윤순尹淳과 의논함	1730
영조06/10/04	동지겸사은부사 윤유尹游가 『역상고성』의 역법은 착오가 있으니, 다시 감관監官을 파견하여 역법을 알아오게 할 것 등을 아룀	1730
영조08/02/10	관상감의 이세징李世澄이 청에서 개정한 만년력萬年曆을 사 왔기에 한 자급을 더함	1732
정조02/02/14	승문원 정자 이가환李家煥과 함께 서양역법의 정밀함을 논함	1778
정조04/11/24	이조와 병조의 당상에게 나라의 중대한 일인 역서 반포를 서리의 손에 맡겨둔 잘못을 힐난하고, 역서의 초계招啓를 수정하여 초기草記를 올리도록 함	1780
정조13/04/11	관상감에서 간지의 정정을 알리자 담당관을 추고하게 함	1789
정조15/10/11	관상감제조 서호수가 『역상고성』의 신법에 따라 역서를 만드는 일로 아룀. 왕이 승낙하고 전교하여 연경에 가는 사신 행차에 의기를 사오도록 명함	1791
정조15/10/27	관상감에서 삼학三學(天文·地理·命課)에 대해 개정한 절목을 올림. 이미 시헌력의 신법을 쓰기로 했으면서도 대통역법大統曆法을 익히는 관청을 존치시키는 모순을 시정토록 청함	1791
정조19/11/29	관상감이 조선과 중국의 책력을 비교한 시각의 차이에 대해 아룀	1795

정조19/11/30	관상감이 현弦과 망望의 시각이 서로 틀린 일로 해당 역관의 처벌을 청함	1795
정조24/01/12	관상감이 청력과 어긋나는 것을 조선 역서에 따라 시행할 것을 건의함	1800
순조29/10/03	관상감에서 시헌역법 중 문제점에 대하여 역관을 흠천감에 보내 묻게 함	1829

위에서 보는 바와 같이 병자호란 이후에도 조선의 국왕들은 끊임없이 서양역법의 진수를 터득하기 위해 청나라에 역관을 파견하고 있었음을 알 수 있다. 다만, 현종대에 대통력을 다시 쓰자는 논의가 제기되었던 것은 시헌력의 결함 때문이기보다는 청조에서 보수파 양광선이 흠천감교난을 일으켜 흠천감에서 서양 선교사들을 축출하자, 조선 정부에서도 그에 상응하는 조치를 취했던 것에 불과하다. 그리고 그 사건이 서양역법의 우세로 결말이 나면서 조선 정부에서는 다시 계속해서 시헌력의 완전한 터득을 위해 노력을 지속하였다.

이를 통해 볼 때 조선 정부에 의한 청문물 수용의 적극적인 자세는 효종대 북벌론의 허구성이 노정되고 그에 따라 청과의 관계를 새로이 정립해야 한다는 인식이 점차 확산됨으로써 양국관계가 급속히 화해 국면으로 접어들었기 때문이 아니라,[18] 당초부터 견지되어 오던 조선 정부의 역법 이정 노력의 연장선상으로 이해하면 어떨까 한다. 그것은 청을 통한 서양역법 수용의 의지와는 별도로 끝까지 각종 공문서에서 명의 연호를 사용하거나, 국왕이 공식적으로 명을 위한 망궐례를 지속시켜 나간 일 등에서 더욱 뒷받침되고 있다. 이는 청과의 화해 국면이 조선 조야인사들의 진정성을 담보한 내면적 변화가 아니라 표피적인 현상에 불과한 것이었다는 점을 보여준다.

17세기 국가대의로 제창된 북벌론의 실현 가능성이 희박해지고, 그 기치하에 국민적 단합을 이룩하였던 국민정신이 해이해지면서 '복수설치'라는 대청복수론이 약화되기는 하였다. 그렇지만 그 대안으로서 내수외양을 위한 대명의리론이 강조되면서 존주론이 성립되었고, 구체적 장치로서 나타난 조처가 대보단이었음을 감안하면,[190] 조선 정부의 서양역법 입수 노력은 청과의 화해국면의 조성 때문으로 보기에는 무리가 따른다. 비록 대보단의 설치에 정계에서의 주도권을 유지하려는 노론 정파의 정치적 이해관계가 결부되어 있었다고 해도, 대명의리론을 강조하는 존주론에 대해서는 소론도 기본적으로 동의를 하고 있었던 점을 고려해야 할 것이다.

병자호란 후 항복 당시, 정축년(1637) 정월부터 명과 절연할 것을 서약했던 청과의 약속과는 달리 평안·함경·황해·관상감·역서 등 청인의 눈에 잘 띄는 곳을 제외하고는 충청·강원·전라·경상도와 부산·왜관 등 남부지방 및 각종 제향축사, 일본과의 외교문서에는 의연히 명의 연호 혹은 간지만을 사용했던[191] 전례가 전혀 수정되고 있지 않았던 것은 조선후기 사회에 대명의리론이 일관되게 관통하고 있었음을 보여준다.

그렇지만, 역법 수용에 대해서는 예외가 인정되어 18세기에 들어서도 서양역법을 터득하기 위한 연행사행원들의 노력은 멈춰지지 않았다. 조선 정부는 아예 사행에 수행한 관상감 관원들로 하여금 그간 방문이 쉽지 않았던 천주당을 찾아가 서양인들과의 접촉을 본격화하고 역법에 대해서 문의하는 일을 정식화하기에 이른다. 18세기 연행사행원들의 천주당 방문 및 서양인과의 교류 관계는 대략 다음과 같다.[192]

연도	인물	신분	교류 내용
1712	김창업	군관	천주당 방문
1720	이이명	정사	쾨글러 · 사우레즈와 천주학, 역수 등에 대해 토론
1729	김순협	군관	천주당 방문 서양인과 접촉
1729	김유문	역관	흠천감의 서양인 방문
1731	이일제	서장관	천주당 방문
1732	이의현	정사	천주당 방문 『삼산논학기三山論學記』와 『주제군징』을 받아옴
1735	이당	정사	천주당 방문 비사費師와 대화
1741	변중화	역관	천주당 방문 쾨글러 · 뻬레이라와 접촉
1743	안국빈	일관	천주당 방문 쾨글러와 접촉
1744	김태서	일관	쾨글러와 주법籌法 등에 대해 논의
1747	이덕성	일관	천주당을 방문하여 역주曆籌제법에 대해 질문
1753	이동량	일관	서양인과 접촉하여 『항성표恒星表』 등을 얻어옴
1755	이린	정사	천주당 방문 할러슈타인과 접촉
1765	홍대용	군관	천주당 방문 할러슈타인 · 고가이슬 접촉
1769	서명응	정사	천주당 방문 할러슈타인에게 성차星差에 대해 질문
1774	엄수	서장관	천주당 방문
1778	이덕무	군관	천주당 방문
1780	박지원	군관	천주당 방문
1784	이승훈	군관	천주당 방문, 그라몽 신부에게 세례를 받음
1787	조환부	사천	천주당 방문
1790	윤유일	천주교인	천주당 방문, 구베아 주교에게 서간 전달
1790	윤유일	천주교인	천주당 재차 방문, 구베아 주교에게 서간 전달
1794	홍양호	정사	천주당 방문
1799	치형	미상	천주당 방문

위 표 3에서 드러나는 서양인명과 도서목록을 통해서, 조선 정부

가 역관들로 하여금 서양인들과 접촉케 함으로써 서양역법의 진수를 터득하기 위해 부단히 노력했던 것을 알 수 있다. 상기 표에서 보여지는 예수회 신부 쾨글러(Ignatius Kögler, 대진현戴進賢: 1680～1746)는 독일 태생으로 1725년부터 1746년 연경에서 죽을 때까지 청 황실의 천문관측기관인 흠천감 감정鑑正으로 역정에 종사하였다. 포루투갈 태생인 사우레즈(Joseph Saurez, 소림蘇霖)도 1680년 예수회 신부로서 중국에 도착한 후 1736년에 연경에서 사망할 때까지 흠천감에서 근무하였다. 뻬레이라(Andres Pereira, 서무덕徐懋德: 1690～1743)도 영국계 포르투갈인 예수회원이 되어 1724년 연경에 와서 활동하였다. 그들의 뒤를 이어 할러슈타인(Augusto von Hallerstein, 유송령劉松齡)과 고가이슬(Antonius Gogeisel, 포우관鮑友管)도 각각 흠천감정과 부정副正으로 활동한 인물들이다.

17세기에 흠천감과 천주당에서 종사하는 서양인들과의 접촉이 주로 조선 정부의 특명을 받은 역관들만의 전유물이었다면, 18세기에 들어서부터는 정사에서부터 말단 군관에 이르기까지 그 범위가 점차 확대되고 있음을 확인할 수 있다. 특히 할러슈타인과 고가이슬은 흠천감을 방문한 홍대용의 예방을 받고 그와 필담을 나눈 것으로도 유명하다.[193]

1765년(영조 41)에 연경을 방문하여 서양 선교사들과 자주 만나고 자명종·풍금 등과 같은 서양 과학기재를 많이 보고 돌아온 홍대용은 「의산문답醫山問答」이라는 글을 썼다. 이 글은 총 1만 2,000자 분량으로 19세기 이전에 쓰인 과학에 관한 한국인의 글 중에서 가장 긴 것이다. 그는 「의산문답」 속에서 지구설·지전설·무한우주설·다세계설 등 서양의 자연과학지식을 널리 소개하고 있다.[194]

서양의 과학사상을 담은 「의산문답」은 홍대용이 연경여행을 통해 서양의 과학지식을 접하고 나서 그동안 자신을 비롯한 조선의 지식인들이 얼마나 편협한 지적 세계에 안주해 왔나를 풍자한 것이다. 조선의 학자 허자虛子와 의무려산醫巫閭山에 숨어 사는 실옹實翁의 대화체로 쓰인 이 글은 사실상 홍대용 자신이 연행을 통해서 배우고 느낀 바를 정리한 자문자답의 글이다. 허자라는 사람이 은거하면서 30년 동안 독서하여 천지의 조화와 생명의 깊은 이치를 궁구하고 오행과 유·불·선 3교의 진리를 통달한 다음, 세상에 나와 사람들에게 이야기했으나 아무도 믿는 자가 없었다. 이에 그는 연경에 들어가 60여 일간 있었으나 역시 여기에도 함께 말할 만한 사람을 만나지 못했다. 허자가 할 수 없이 행장을 챙겨 귀국길에 의무려산을 지나 몇십 리쯤 가니 실거지문實居之門이라고 쓴 석문이 있었다. 허자가 여기에 은거하고 있던 실옹을 만나 함께 여러 가지 이치를 서로 문답했다는 내용이다.

조선 정부의 청나라를 통한 서기의 수용 노력이 단지 역법에만 국한되던 것에서 벗어나, 그 수용의 범위가 확대되고 본격화된 것은 정조대에 들어서면서부터였다. 정조의 서양역법에 대한 인식은 앞선 국왕들의 전통을 계승하고 있었다. 정조는 서양역법에 대해 매우 높은 평가를 내리고 있었는데, 이가환李家煥(1742~1801)이 서양의 역법도 완전한 것이 아니라는 사실을 말해 주기 전까지는 마테오 리치가 만든 서양역법 체계가 매우 정교하여 완전무결한 것으로 이해하고 있었다. 그렇지만, 이가환의 설명이 서양 과학기술에 대한 정조의 신뢰를 무너뜨린 것은 아니었다. 정조는 천주교 서적의 국내 유입은 철저히 금지시키고 있었지만 서기 관계 서적에 대해서는 계속 수입을 추진하였다. 이것은 정조가 즉위하자마자 서호수를 시켜서 당시 10분의 1밖에 간인되지 않은 『사고전서四庫全書』의 저본인 『고금도서집성』 5,022권을 구입해 오게 했던 조처의 연장선상에서 행해진 일이었다.[195)

그러한 시도는 조선 지식인들의 학문 태도를 변화시키려는 정조의 의도와 밀접하게 관련되어 있었다. 1789년에 내린 「천문책天文策」에서 정조는 조선 지식인들이 역상曆象에 대해서는 전혀 무지하다는 점을 들어 지식인들의 편협한 학문 태도를 비판하였다. 하지만 정조의 서기 수용 노력은 연이어 발생하는 천주교 관련 사건, 특히 진산사건으로 인해 벽에 부딪칠 수밖에 없었다. 정조는 천주교 문제가 정치적으로 이용되지 못하도록 홍문관에 소장되어 있던 서양서를 모두 불태웠는데, 천문역상서인 『치력연기治曆緣起』가 소각 대상에서 제외된 것은 천주교 서적만 소각하라고 한 정조의 밀명이 있었을 개연성을 높여준다.[196)

정조대에 이르면 역법을 포함한 광범위한 서기의 수용이 본격화되고 그것은 당대 지식인들의 시무개혁 의지와 맞물려 북학의 기운을 고조시켰다. 정약용이 그의 실학사상의 태반이 내각에 비치된 『고금도서집성』의 섭렵이었음을 토로한 것은 그 대표적인 경우라 할 수 있다.[197) 수레와 벽돌 등 중국에서 사용되고 있는 이용후생지물에 대한 전폭적인 수용을 주장한 홍양호洪良浩(1724~1802)의 상소가 이때 나온 것도 정조의 개방적인 통치 형태를 잘 보여준다.[198)

1603년 한역서학서와 세계지도가 처음으로 조선에 건너온[199) 이래 조선 정부에 의해서 역법의 측면에만 한정되어 오던 서기 수용의 풍조는 호학의 군주 정조대에 접어들면서 본격화되어 북학의 풍조

를 만개시켰다. 정약용을 실학자의 길로 인도한 이익은 일찍부터

> 시헌력은 탕약망(아담 샬)이 만든 바로, 이것은 역법의 극치이며 일월
> 교식日月交蝕에 착오가 없으니 성인이 다시 태어나도 반드시 이를 따를
> 것이다.[200)

라고 하여 조선 정부의 서기 수용 노력을 적극 지지하였다.

열렬한 북학론자였던 홍대홍은 연경에 사행하여 발전한 청나라의 실상을 목격하였을 뿐만 아니라, 천주당을 방문하여 서양 성직자들과 필담을 교환하고 뒷날 북학에 대한 확신을 얻고 돌아오게 되었다. 홍대용은 연행의 경험을 통해 실제 서양의 문물을 접해본 끝에

> 그들(서양인들)이 주수籌數에 밝고 기기奇器가 공교하고 측후함이 귀
> 신 같고 역상에 묘함은 한 · 당 이래로 아직 그러한 일이 있은 바 없다.

고 감탄하였다.[201) 연행의 경험이 있는 박지원도 연경에 들어가 청나라의 석학과 교류하고 서양 성직자와 접촉하였다. 그도 또한 서구 문명에 비상한 관심을 보이며

> 참으로 백성에 이롭고 나라에 도움이 된다면 비록 그 법이 혹 이적에
> 서 나온 것이라 하여도 그것을 취하여야 한다.[202)

는 적극적인 서기 수용의 입장을 피력하였다.

박제가도 청나라 흠천감의 서양 성직자들이 기하幾何에 밝고 이용

후생의 방법에 정통하므로 그들을 초청하여 천문 · 역산 · 농상 · 의
약 · 조벽造甓 · 건축 · 채광 · 조선 등의 과학기술을 배우자고 할 정
도로 서양과학 유입에 적극적이었다.[203]

실학의 집대성자인 정약용도 연경에 사신을 보내어 비싼 값을 치
르더라도 선진 기술과 기기를 도입하는 것이 당면한 급무라고 주장
했을 정도로 북학의 수용에 적극적이었다.[204] 그는 처음 이벽李檗
(1754~1786)의 소개로 서학에 대해 눈을 뜬 후, 이미 망한 명나라 만
력(신종의 연호) 연간에 서양인 마테오 리치 등이 중국에 와서 방물을
황제에게 진헌했으며, 명 황제인 신종은 물론 서광계徐光啓(1562~
1633)와 같은 대신들에게 극진한 대접을 받았다는 사실을 잘 알고
있었다. 그리고 그가 저술한 책으로는 '역상수리지서曆象數理之書'와
'농정수리지학農政水利之學'과 같은 것으로, 대개 중국이 아직 개발
하지 못한 바가 많았다는 점과 아울러 진주사 정두원에 의해 서양서
가 수입된 이래 조정에 비밀리에 간직되어 왔다는 점도 소상히 알고
있었다.[205] 이와 같이 17세기 후반부터 무르익기 시작한 실학의 풍
조는 정조의 암묵적인 후원에 힘입어 좀더 광범위하고도 본격적인
서구문물의 수용을 주장하는 북학론으로 확대되어 갔다.

정조의 개방적 태도는 기본적으로 학문을 존중하는 그의 호학적
태도에 근거한 것이었다. 그렇지만 명나라를 생각하는 존주대의론
의 기조도 그대로 유지되었다. 정조는 청나라와의 약속에 의하여 금
지된 명나라에 대한 망배례의 거행을 전교하였고,[206] 망배례를 행한
후에는 3학사 자손들을 특채하도록 하였다.[207] 이듬해에도 다시 황
단 망배례를 열천문冽泉門에서 거행하였다.[208] 비록 정조대에 서기
수용에 대한 개방적 분위기가 확대되었다고는 하나 존주론과 관련

된 명분론이 동시에 공존하는 시대였다.

그러던 것이 정조 9년(1785) 을사추조적발사건乙巳秋曹摘發事件이 발생하면서 서학에 대한 개방적 풍조가 급속하게 경직되었다. 역관譯官 김범우金範禹(?~1786)의 집에서 행해지던 천주교 비밀 종교집회가 당국에 의해 적발됨으로써 비로소 조선 교회의 존재가 세상에 드러나게 되었다. 이를 계기로 당국의 설득과 집안의 배교 강요로 이승훈·이벽 등 초기 교회 지도자들이 교회활동을 멀리하게 되었다. 추조적발사건에 대한 정부대책은 이벽·이승훈·정약전丁若銓(1758~1816)·정약용·정약종丁若鍾(1760~1801)·권일신權日身(?~1791) 등 양반 출신들은 성명을 밝히지 않은 채 방면하고, 집회장소를 제공한 김범우를 유배하는 데 그치는 미온적인 것이었다. 단양으로 유배된 김범우는 결국 1년 뒤 그곳에서 고문 후유증으로 사망하였다. 조선 최초의 순교자가 된 것이다.

그 후 얼마 지나지 않아 서학에 대한 반감을 증폭시켜 위정척사의 의론으로 조야를 들끓게 한 사건이 발생하게 된다. 1791년 신해 진산사건이었다. 이 사건으로 조선사회의 개방적 풍조는 표면상 완전히 경직되었다. 1791년(정조 15) 전라도 진산군의 선비 윤지충尹持忠(1759~1791)과 그의 외사촌 동생인 권상연權尙然(1751~1791) 두 사람이 윤지충의 모친상을 당하여 신주를 불사르고 천주교식 제례를 지냈다는 소문이 중앙에 전해지면서 조정에서는 논쟁이 벌어졌다. 공자와 맹자의 가르침을 숭봉해야 할 사림에 속한 사람으로서 정치와 제도의 위신을 손상시켰다는 것이 큰 문제였다. 조정에서는 진산군수 신사원申史源을 시켜 두 사람을 체포하여 심문하였다. 그리고 두 사람은 사회도덕을 문란케 하고 무부무군無父無君의 사상을 신봉

하였다는 죄명으로 결국 사형에 처해졌다. 이 사건을 계기로 '좌도불경左道不經' 한 천주교 서적의 수입을 금해야 한다는 척사론자들의 여론이 일어나 마침내 비변사가 금서조치를 취했다.[209]

정부 당국은 연경으로부터의 한역서학서의 도입을 금지하고 정부 소유의 천주교서를 불태워버리는 조치를 취하였다.[210] 그리고 정조는 홍문관 소장의 서학서를 모조리 불사르는 것과 아울러 정조 20년(1796)에는 『존주휘편』을 간행하여 척사의리를 천명하기에 이른다. 화이론의 의리정신을 고양시키려는 것이었다. 시계를 거꾸로 돌리는 듯한 경직된 사회적 분위기 속에서, 승지 정약용이 한때 서양 서적을 탐닉한 적이 있음을 고백하고 이제 서학과 절연했음을 천명한 「자명소自明疏」를 올린 것도 이 무렵(1797)의 일이었다. 당시 정약용이 올린 「자명소」의 내용은 대략 이러하다.[211]

신이 이 책(서학서)을 얻어 본 것은 대개 약관의 초기였습니다. 이때는 원래 일종의 풍기가 있었는데, 천문·역상 분야, 농정·수리에 관한 기구, 측량하고 실험하는 방법 등에 대하여 잘 말하는 자가 있었으며 유속에서 서로 전하면서 해박하다고 했으므로 신이 어린 나이에 이를 마음속으로 사모했사옵니다. ……그런데 불행하게도 신해년의 변고가 발생하였으니, 신은 이때부터 화가 나고 서글퍼 마음속으로 맹서하여 미워하기를 원수처럼 하였으며, 성토하기를 흉악한 역적같이 하였습니다. …… 애당초 그것에 물이 들었던 것은 아이들 장난과 같은 일이었으며 지식이 조금 성장해서는 문득 적이나 원수로 여겨, 알기를 이미 분명하게 하고 분변하기를 더욱 엄중히 하여 심장을 쪼개고 창자를 뒤져도 실로 남은 찌꺼기가 없습니다. 그런데 위로는 군부에게 의심을 받고 아래로는 당세에 나무람을 당하여 입신한 것이 한번 무너짐에 모든 일이 기왓장처럼 깨졌으니, 살아서는 무엇을 하겠으며 죽어서는 장차 어디로 돌아가겠습니까? 신의 직임을 체임하시고 이어서 내쫓으소서.

정조는 정약용의 체직상소에 대해서,

선善의 싹이 봄바람에 만물이 싹트듯하고 종이에 가득 열거한 말은 듣는 사람을 감동시키기에 충분하다. 사직하지 말라.

는 관대한 비답을 내려 정약용의 사직을 만류하였다. 그러나 노론 벽파는 조직적으로, 이 상소가 정약용이 천주고 신자라는 점을 입증하는 물증이라고 호도하면서, 보수적 여론을 확대시켜 나가고자 하였다. 이에 따라 정약용은 자신을 아끼는 국왕과 조선의 부강을 열망하는 개혁세력들의 안전을 위해서 스스로 관직에서 물러나지 않으면 안 되었다. 정약용의 「자명소」에서 보여지듯, 신해 진산사건을 계기로 비단 서교를 믿는 신자가 아니더라도 서학의 이용후생지물에 대해 언급하는 것조차 조야의 의심과 배척의 대상이 될 정도로 조선의 반서학적 분위기는 고조되고 있었다.

5
박학론의 형성과 도기분리론의 정립

1. 부연서에 나타난 존명배청론의 기조

존명배청의 의리론이 의연히 존재하는 사회 분위기 속에서 청으로부터 이용후생지물의 수용에 적극성을 보였던 북학론자들도 존주론적 명분론에서 결코 자유로울 수 없었다. 그것은 조선후기 당시 지식인들의 전반적인 대청관이었던 것으로 보인다. 여기서 조선후기 지식인들의 대청인식을 직접적으로 살펴볼 수 있는 「부연서赴燕序」와 『연행록燕行錄』의 검토를 통해서 그 당시 지식인들의 대청인식을 가늠해 보기로 하자.

조선후기에 연행을 떠나는 연행사절은 그들의 주변 인물들로부터 연행에 부치는 시詩나 서序를 받는 것이 관례였다. 이 부연시나 서序를 잘 분석해 보면 조선후기 지식인들이 연행에 걸었던 기대와 그들이 품었던 청나라에 대한 인식을 살펴볼 수 있다. 특히 시가 추상적이었던 반면 서는 좀더 구체성을 띠고 있다는 점에서 훨씬 효과적이다. 이 장에서는 주로 부연서의 분석을 통해 조선후기 지식인들의 대청인식을 살펴보고자 한다.

한양에서 평양－의주－압록강－봉황성鳳凰城－연산관連山關－요동－광령廣寧－사하沙河－산해관－통주通州를 거쳐 연경에 이르는 대표적인 사행길은 총 3,100리에 약 40일간의 거리였으나 실제로는

50~60일, 돌아올 때에는 50일 내외가 소요되었으며, 조선의 사신 일행이 연경에서 머무르는 기간은 대개 60일 정도였다. 이 60일은 명대의 40일로 제한되었던 때에 비해 긴 기간이었고, 또한 명대에는 사행원들의 공적 사적 활동도 여러 가지 제한이 있었던 것에 비해 활동이 약간은 자유로웠다.[212]

18세기에 조선과 청나라의 관계가 안정기로 접어들면서 명대에 비해 사행원들의 활동이 다소 자유로워졌다고는 하나, 먼 길을 떠나는 사행원이나 그 친지들이 겪었을 감회는 남달랐을 것이다. 송시열의 적전제자嫡傳弟子인 권상하는,

세모歲暮의 풍상 속에 여행 깃발 움직여 계수나무 연경구름 만 리 길을 떠나누나…… 천금처럼 귀중한 몸 무사히 다녀오소.[213]

라거나,

무엇보다 몸의 강건 별다른 법이 없거니, 부디 시름에 이끌려 술잔 자주 들지 마소.[214]

라는 시로써 사행원의 안녕을 비는 간절한 마음을 표현했다.

사행원의 건강에 대한 염려와 함께, 역시 권상하의 부연시에서 보이는 것처럼,

평소의 충직과 성실 이 걸음에 시험하리.[215]

라거나,

> 그대 『시경詩經』 삼 백 편을 익히 외움 알거니 어느 곳에 사신 간들 순
> 탄하지 않겠는가.[216)

라는 구절에서는 사행원들이 사신으로서의 임무를 충실히 완수할 수
있도록 격려하고 있다. 허목許穆(1595~1682)이 1671년(현종 12) 문
안사問安使로 임명된 낭선군朗善君 이우李俁(1637~1693)에게 준 부
연서[217)에서, 사신으로서 지켜야 할 예절을 강조한 것도 같은 맥락으
로 이해된다. 19세기의 위정척사파 인물인 기정진奇正鎭(1798~1879)
도 서장관書狀官으로서 연행길에 오른 윤육尹堉에게

> 독경篤敬 · 염정廉正하여 사명使命의 체통을 욕보이지 말 것[218)

을 당부하였다.

사신으로서의 임무를 잘 수행하기를 비는 마음은 사행원을 떠나
보내는 입장에서 가졌던 기본적인 기대였던 것 같다. 정약용은 사신
의 막중한 임무에 대해 다음과 같이 말하였다.

> 옛날에 대부大夫로서 다른 나라에 사신 가는 자는 하나의 작은 일을
> 보고서도 그 나라의 예의가 돈독한가 그렇지 못한가를 알며, 한 가지 미
> 미한 사물을 보고서도 그 나라의 법 기강이 해이한지 확립되었는지를 알
> 아서 (그 나라의) 성쇠를 점치고 흥망을 결단하였으니 이를 일러 그 나라
> 를 엿본다(점국覘國)는 것이다. '점국'은 명민함과 예지가 뛰어나지 않은

자는 불가능한 것이다.[219)

라고 하여 사신으로서의 자격을 갖출 것과 그에 부여된 책무의 완수를 기대하였다. 윤휴尹鑴(1617~1680)가 지은 부연서에서도 '점국'하는 일이 사신의 중요한 직분임을 강조하였다.[220)

사행의 안녕과 사명의 완수를 기원함과 아울러 부연서를 통해서 가장 두드러지게 나타나는 특징은, 화이관을 바탕으로 한 청에 대한 멸시감을 나타냄과 동시에 복수설치를 강조하는 부분이다. 소론의 영도자 박세채朴世采(1631~1695)는 학사 김구金久에게 주는 부연서에서 다음과 같이 말하였다.

> 우리나라의 금일의 근심은 이(주자朱子가 하루도 금인金人에 대한 복수를 잊지 않았다는 고사)로 말미암아 볼진대, 비록 갑자기 군사를 일으켜 굶주린 호랑이의 길목을 지킬 수는 없더라도 어찌 기쁜 마음으로 섬길 수 있겠는가. 끝내 큰 치욕을 갚고 깊은 원망을 씻을 방법을 생각하지 않고 스스로 이르기를 그것은 당연한 것이다라고 한다면, 그 근심은 힘이 작고 병사가 피곤한 데 있는 것이 아니라 춘추春秋의 뜻을 모르는 데 있는 것이다. 진실로 마땅히 우리 군신부자를 위하는 자는 서로 더불어 이로써 뜻을 삼아 복수의 뜻과 인륜과 천리의 지극함을 깊이 새겨야 하니, 이는 하루도 잊을 수 없는 것이다. 또 적을 토벌하는 일은 스스로를 다스림에서 시작되어 존왕양이尊王攘夷에서 끝나는 것이니 이것이 복수의 공功을 완성하는 방법이다.[221)

라고 하여, 청에 대한 복수의 공을 실현하여 춘추대의春秋大義의 법을 세워야 함을 당면 과제로서 제시하였다. 박세채의 문인으로 형조와 호조의 참판을 지낸 송징은宋徵殷(1652~1720)도 유득일兪得一(1650~1712)에게 주는 부연서에서 명이 망한 이후에 오랑캐의 땅으로 변한 '상국上國'의 현실을 한탄하였다.[222]

노론 정치가 김창협은 조선이 홀로 의관예악衣冠禮樂의 옛법을 고치지 않고 소중화로서 자거自居하고 있음을 자부하였고, 지금의 중국을 젖비린내와 누린내가 나는 곳으로 폄하하였다. 그러나 옛법을 상고할 만한 문헌이 없음을 안타까워하여, 황흠黃欽에게 중국에 가면 특히 산림강도지사山林講道之士의 저술을 널리 구해다 줄 것을 부탁하기도 하였다.[223] 요컨대 김창협의 대청관은 비록 현재의 청나라가 야만의 나라이기는 하지만 중화문명의 진수를 비장秘藏하고 있다는 점을 인정하였던 것으로, 이러한 생각은 이후에 등장하는 북학파의 주장과 그대로 연결되는 일면이라고 볼 수 있다.

1668년 서장관으로서 연행한 경험이 있는 소론 박세당朴世堂(1629~1703)도 최석정崔錫鼎(1646~1715)에게 주는 부연서에서,

선비가 변방에서 태어나 중국의 광대함을 구경하는 것은 다행스런 일이라 할 수 있지만, 불행하게도 지금은 청의 치세에 있어 옛 의관제도가 변한 지 오래되었고, 볼 만한 문물도 모두 없어져 구국고도舊國故都(명나라의 옛 도읍)를 한탄할 뿐이니, 그대(최석정)가 이번 연행에서 얻을 것은 다만 이 한스러움을 새기는 일일 뿐[224]

이라고 하여 사라진 명나라를 그리워하면서 청나라를 멸시하는 감정을 그대로 드러내었다.

김창집의 『연행훈지록(燕行塤箎綠)』 서문

소론으로 영의정을 지낸 최규서
崔奎瑞(1650~1735)는 학사 홍수주
洪受疇(1642~1704)에게 주는 부연
서에서 조선이 청에게 신복臣服하
고 있는 치욕을 사람들이 시간이
갈수록 망각하고 있는 것이 아닌가
걱정하였으며, 홍수주로 하여금 이
번 연행을 통해서 청나라의 내정을
탐지하여 우리가 오랑캐를 물리칠
수 있는 방책을 닦을 수 있도록 하
는 데 일조하기를 부탁하였다.[225]

노론 학자인 김창흡은 「연행훈
지록서燕行塤箎錄序」를 지어 춘추양이春秋攘夷의 의로움을 보이고자
했다.[226] 김창흡이 「연행훈지록서」를 지은 경위는 다음과 같다. 임진
년(1712, 숙종 38)에 그의 백형 김창집金昌集(1648~1722)이 어명을 받
들어 사은겸동지사謝恩兼冬至使로서 부연길에 나서게 되자 그의 사제
四弟 김창업金昌業(1658~1722)이 연로한 몸을 이끌로 동행을 자청하
였다. 이때 국왕 숙종은 정사 김창집·부사 윤지尹趾·서장관 노세
하盧世夏를 부연시에 인견引見하여 술과 물건을 하사하고 「동지사절
구冬至使絶句」 양수兩首를 지어, 김창집·김창업 형제의 우애를 칭찬
하였다. 아울러 이 해가 임진왜란을 겪은 지 두 주갑周甲이 되는 해
임을 상기하며 아픈 심정을 표현하였다.[227] 숙종의 이 어제시御製詩
는 당시에는 공개되지 않았다가 숙종이 승하한 해인 경자년(1720)에
공개되었다. 이때 이를 본 김창흡이 다시 주갑으로 따져서 '재조지

세再造之歲'가 되었음을 상기하고 아울러 효종이 와신상담하던 뜻(영릉신담지지寧陵薪膽之志)을 잊지 말고 춘추양이의 의義를 보이도록 하기 위해서 이 편을 지었던 것이다.[228] 이로 미루어 볼 때 김창흡은, 임진년에 조선을 '구원'해 준 명나라에 대해서 고마움을 느끼고 있었던 반면 명나라를 멸망시킨 청나라야말로 춘추의 의로써 언젠가는 토벌해야 할 오랑캐로 인식하고 있었음을 알 수 있다.

송시열의 문인으로서 병조참판을 지낸 김진규金鎭圭(1658~1716) 또한 조선이 오랑캐인 청에게 굴복한 치욕을 청나라 사신으로 가는 사람이나 보내는 사람 모두 점차 잊고 있는 것은 아닌지 염려하였고 그에 대한 경각심을 부연서를 통해서 표현하였다.[229]

역시 송시열의 문인이며 정철鄭澈(1536~1593)의 현손으로서 영조 때에 재상을 역임한 정호鄭澔(1648~1736)도 지평持平 신석申晳에게 주는 부연서에서 임란 때에 조선을 구원해 준 명나라 신종의 '자소지은字小之恩'(큰 나라가 작은 나라를 감싸주는 은혜)에 대한 감사를 표하고, 이와는 반대로 청에 대한 복수를 통해서 춘추대의를 세우려던 효종의 꿈이 무산된 데 대한 애통함을 표명하였다. 그는 신석이 청나라에 들어가면 틀림없이 명조의 유맹遺氓(남은 백성)을 만날 것이며, 그들에게 신석이 바로 임진왜란 때 명군과 힘을 합쳐 왜군과 싸운 상촌공象村公(신흠申欽, 1566~1628)의 후예라는 것을 알린다면 그들은 필시 신석의 손을 잡고 눈물을 흘리며 마치 헤어졌던 아저씨를 만난 듯 기뻐할 것이라고 기대하였다.[230]

노론의 핵심이었던 이이명李頤命(1658~1722)도 신석에게 주는 부연서에서, 이전의 예악문물이 청의 치하에서 오랑캐의 것으로 변한 것을 한탄하였고, 지난날을 회복할 수 있기를 은근히 기대하였다.[231]

이이명은 1720년 고부주청사告訃奏請使로서 연행하여 흠천감에서 근무하는 예수회 선교사 쾨글러와 사우레즈를 만나 역상지술曆象之術에 관한 대화를 나누기도 하였다.[232] 이것은 1730년(정조 4)에 입연하였던 박지원이 마테오 리치의 분묘(이마두총利瑪竇塚)와 서천주당을 방문한 것보다 반세기나 앞선 일이었다.

이이명과 쾨글러 신부의 접촉 사실이 지닌 의미는 조선의 역서 작성에 있어 비약적인 진보가 이들의 만남 이후부터 있었다는 점에 있다. 쾨글러 신부는 이후 조선의 서양역법 도입과 역서 개정에 꾸준한 영향을 주었다.[233] 요컨대 이이명은 오랑캐 나라인 청에서 수준 높은 천문역법을 운용하고 있는 이면에는 25년간이나 흠천감정欽天監正의 직책을 맡고 있는 쾨글러와 같은 서양인들의 공헌이 크다는 점을 인식하였던 것이다.

19세기에 이원조李源祚(1792~1871)가 동지정사冬至正使에게 부친 부연서에도 종전의 대청인식이 바뀌고 있지 않음을 확인할 수 있다. 그도 여전히 명나라가 망하고 대신 청나라의 세상으로 시대가 바뀐 울분을 토로하였지만, 그럼에도 불구하고 주자학의 적통이 우리 동방에 있다는 사실을 자부하였다.[234]

조선후기에 사행을 떠나는 사람들에게는 그 친지나 지인들이 연행에 부치는 시나 서를 써 주었던 것이 관례였다. 이 부연시나 부연서에는 기본적으로 사행을 떠나는 사람의 건강을 기원하고, 사행의 임무를 잘 마칠 수 있기를 바라는 염원을 담았던 것이다.

그런데 부연서를 통해서 살펴본 바에 따르면, 조선후기 지식인들의 대청인식은 사라진 명나라에 대한 향수와 함께 청에 대한 멸시감이 두드러지게 표현되었다. 이것은 임란 때에 조선을 구원해 준 명나라 신종의 '자소지은'에 대해 감사하는 마음을 표하는 것과는 반대로 청에 대한 복수를 통해 춘추대의를 세우려던 효종의 꿈이 무산된 데 대한 애통함을 드러내는 것에서 상징적으로 표현되고 있다. 대부분의 조선후기의 지식인들은 명나라의 멸망을 아쉬워하며 청에 대해서 신복하는 오늘의 치욕을 잊지 말 것을 상기하였다. 그리고 비록 실현 가능성이 희박하기는 하였지만, 청에 대한 복수설치의 꿈을 잃지 않고 있었다.

2. 연행 당사자들의 대청인식

부연서를 통해서 조선후기 지식인들이 가지그 있었던 대청인식을 살펴보았다. 그렇다면 실제로 연행을 통해서 청나라의 문물제도를 직접 살필 수 있었던 연행 당사자들은 어떤 대청인식을 갖고 있었는지 이들의 대청인식을 『연행록』을 통해서 살펴보고자 한다.

인평대군 요濬(1622~1658)는 인조의 3남이자 효종의 동생이다. 그는 1640년에 인질로 심양에 갔다가 이듬해어 돌아왔고 1650년부터는 네 차례에 걸쳐 사은사로 청나라에 다녀왔다. 그가 남긴 『연도기행燕途紀行』은 1656년(효종 7)에 사은사로 청에 다녀오면서 기록한 것이다. 그는 중국사람들이 조선사람의 의관을 보고 눈물을 머금지 않는 이가 없으니, 그 정경이 매우 측은했다고 소감을 밝히고 있다. 소국에서 보던 안목으로 대국에 와서 보니, 천자의 위의가 실로 성대하다고 하겠으나 명나라의 문물을 바라보지 못하는 것이 한스러워 부질없이 감개한 회포가 더해질 뿐이라[235) 하였다.

최덕중崔德中은 현감을 지낸 인물로서 1712년(숙종 38)에 청나라에 파견된 사은부사 윤지인尹趾仁의 편비編裨(보좌관)로서 수행하여 『연행록』을 남겼다. 그는 『연행록』의 서두를 병자년(1636, 인조 12)의 치욕과 갑신년(1644, 인조 22)의 명나라 멸망을 상기하는 것부터 시

작할 만큼 반청의식이 투철하였음을 보여주었다. 그는 청나라 황제가 만들었다는 조선관朝鮮館의 양벽에

신하의 절개는 무겁기가 산 같고, 임금의 은덕은 깊기가 바다 같다(臣節重如山 君恩深似海).

는 글귀가 붙어 있는 것을 보고 통한스러웠다고[236] 적었다. 한편, 지금의 풍속이 비록 변해서 상하의 분별이 없고, 황제가 비록 황음荒淫해서 법도가 없으나 백성을 특별히 부리는 일이 없고 궁궐도 명나라 때의 궁궐을 꾸민 것이 없는 것을 보면, 그 백성을 편안케 하고 군사를 훈련하는 데 전념하고 있음을 알 수 있다고[237] 하여 청나라가 군비확충에 전념하고 있음을 염려하기도 하였다.

노론 문인 김창업은 1712년(숙종 38) 동지사겸사은사冬至使兼謝恩使 김창집의 타각打角(자벽군관自辟軍官)으로 연경에 다녀온 뒤, 연행록의 전형이 된 유명한 『가재연행록稼齋燕行錄』(『노가재연행일기老稼齋燕行日記』)를 저술하였다. 이 책은 원숙한 문장가요 화가였던 저자가 그린 흥미진진한 유람 기록인데, 이 안에서 그가 한 '호인胡人' 소년과 나눈 문답을 통해 그의 대청인식을 살필 수 있다.

김창업은 연행 도중에 청나라 소년 한 명을 만나 그에게 귀마개의 일종인 이엄을 씌워주고 그 집 사람들에게 보여주게 하여 그 반응을 떠보았다. 김창업은 그 소년을 숙소로 데리고 와서 이엄에 대한 집안 식구들의 반응을 물은 후에,

"너의 조상의 의관제도는 어떠했느냐?"

"머리를 깎는 것이 네 뜻엔 즐거우냐? 왜 조선사람처럼 머리를 기

김창업의 『노가재연행일기(老稼齋燕行日記)』 내용 일부

르지 않느냐?"

"우리 고려 역시 동이東夷인데, 네가 우리들을 볼 때 역시 달자㺚子
(서북변의 오랑캐)와 한 가지로 보느냐?"

"달자들도 머리를 깎으며 너희들도 머리를 깎는데, 무엇으로써 중
국과 이적을 가리느냐?" 등의 질문을 던진 후, 스스로 "고려는 비록
동이라고 불리고 있지만 의관문물이 모두 중극을 모방하기 때문에
소중화라는 칭호가 있다. 지금의 이 문답이 누설되면 좋지 않으니
비밀로 해야 된다"[238]는 말로 끝을 맺음으로써, 조선이 소중화로서
중화의 의관제도를 지키고 있다는 자부심과 함께 청나라에 대한 의
구심을 드러냈다.

이의현李宜顯(1669~1745)은 김창협의 문인으로서 1720년(숙종
46) 동지사겸정조성절진하冬至使兼正朝聖節進賀의 정사로서 연행한

후에 『경자연행잡지庚子燕行雜識』를 남겼다. 그 12년 뒤에 다시 사은 사로 연행한 이후에는 『임자연행잡지壬子燕行雜識』를 남겼다. 이의현이 청나라에 대해 갖고 있던 인식은 대단히 부정적이었던 것으로 판단된다. 그는 '호인'들은 개를 가장 소중히 여겨서 사람과 개가 한 방에서 자고 심지어는 함께 이불을 덮고 눕기도 한다고 적었다. 또 조선사행이 상을 받던 날 개와 '호인'이 서로 반열 속에 섞여 있었으니 더욱 해괴하였다고 하여 청나라 사람들은 조선인들과 같은 반열에 설 수 없는 야만의 오랑캐임을 부각시켰다. 또 청나라 사람들은 대개 몸이 살지고 큰데 그중에는 얼굴이 몹시 가증스러운 자도 있고 누린내가 많아 이를 사람에게 풍기며 언사와 행동이 전혀 공손한 기상이 없다고 비하하였다. 이에 반해 한인漢人은 자못 몸을 단속하고 외모도 역시 단정하다고 평하였다.[239]

한편, 청나라의 소위 수재라는 자도 글을 잘해 더불어 말할 만한 자는 전혀 없고, 비루하고 무식하기가 조선 하향遐鄕의 상놈(상한常漢)들만도 못하다고 혹평하였다. 호인이 비록 중원에 들어가 주인이 되었지만, 그 땅은 곧 사방으로 통하는 큰 도회로서 요봉堯封(요가 다스리던 영토) 이후로 대대로 옛 성왕의 교화와 혜택을 모두 입었는데도 지금 무식하기가 이와 같으니, 이는 중국의 문물이 모두 오랑캐의 풍속으로 들어갔기 때문으로 참으로 슬픈 일[240]이라고 한탄하였다. 한편 그는 천주당에서 『삼산논학기三山論學記』와 『주제군징』 각 1책과 채색종이 4장, 백색종이 10장, 크고 작은 그림 15폭, 흡독석吸毒石 1개, 고과苦果 6개를 보내와 이에 약간의 물건으로 답례했음을 기록했다.[241]

이압李坤은 이조판서로서 1777년(정조 1) 진하사은진주겸동지사행進賀謝恩陳奏兼冬至使行에 부사로 참여하였고 이때의 기행을 기록한 것이 『연행기사燕行記事』이다. 이압은 연경의 지세를 소개하고 참으로 패왕伯王의 도읍지라고 평가하였다. 그러나 이적夷狄과 중화華夏의 경계가 그다지 서로 멀지 않아서 북으로 거용관居庸關을 접하고 서로는 자형관紫荊關에 가까우며, 몽고·달자와 지경을 연하고 있어서 가까우면 100리가 되고 멀어도 300리에 불과해 융적戎狄이 중국에 들어와 주인이 된 것은 바로 지역이 가깝기 때문이라고[242] 하였다. 여진족이 중원을 차지한 것은 실력에 의한 것이 아니라 지세 때문이었음을 강조한 것이다.

그는 또, 지금은 청나라를 한편으로는 상국으로 섬기고 한편으로는 오랑캐로 대접하여 비록 봉명전대奉命專對하고 있지만 한번 연관燕館에 들어가면 곧 그 문을 잠그고 제독提督이 엄하게 지키고 통관通官이 꾸짖어 금하기 때문에 한 사람도 서로 접하지 못하고 한 걸음도 자유롭게 다니지 못하는 실상을 토로하였다. 무릇 주선하고 응대하는 것을 한결같이 통역에게 맡기고 비록 문자로 사정을 통하고자 하더라도 반드시 제독에게 간청해 예부禮部에 품해 그 허락을 얻은 뒤에야 비로소 하게 되니, 곧 나무로 만든 장승과 같아서 하나도 손을 놀릴 곳이 없다[243] 하여 조선의 사신이 청나라로부터 심

燕行記事
丁酉七月十一日政冬至無謝恩副使首擬受　點
七月二十六日與正使河恩君㴑書狀官李在學行
會同坐於惠民署
九月二十日討逆奏文順付節使事領相金尚喆陳
遠定棄蓋前後討送皆有陳奏之例廟議初欲差遣
別使矣節行在近不必疊送故乃以順付為定有此
延　票蒙　　兄使名定以進賀謝恩陳奏無冬至使
十月十六日赴戶曹歲幣封裹
二十四日早朝詣議政府叅方物封裹仍行查對

이압의 『연행기사(燕行記事)』 내용 일부

한 감시를 받고 있음을 한탄하였다.

예조판서로 있던 서호수는 1790년(정조 14) 건륭황제의 만수절에 사은부사로 청에 다녀왔고, 『연행록』을 지었다. 그는 규장각 직제학과 관상감 제조를 지냈으며, 1799년에는 『홍재전서弘齋全書』를 편집하였다. 서호수는 관상감 제조를 지낸 인물답게 역법에 관한 관심을 많이 표명하여 그가 손수 지은 「혼개도설집전渾蓋圖說集箋」을 청나라 각학閣學 옹방강翁方綱(1733~1818)에게 보내어 교정을 부탁하였던 적도 있었다. 이때 그는 옹방강에게 보내는 서신을 통해서,

> 서양의 새 역법은 옛 법과는 아주 다른 것이고, 이것은 땅이 둥글다는 것을 나타낸 이치[244]

라고 하여 새 역법이 기존의 역법과는 판이하게 다른 것임을 소개함과 아울러 그의 박학함을 과시하였다.

그러나 옹방강으로부터 「혼개도설집전」의 발어跋語를 받은 서호수는,

> 그가 새로운 역법을 이해하지 못하는 것이 아닌가 의심하였더니, 이제 그의 발어를 보니 그 공소空疎함을 징험하겠다.

고 하여 실망을 금치 못하였다. 그리고 이를 기화로 해서,

> 대체로 중국의 사대부들은 한갓 성률聲律과 서화書畵로써 명예를 낚고 승진昇進을 매개하는 계제를 삼을 뿐, 예악禮樂과 도수度數와 같은 '실학

實學'에 힘쓰는 자가 매우 적다.[245)

고 하여 완전히 청나라의 학자들은 실학의 근본을 모르는 하찮은 존재들로서 폄하하였다. 여기에서 주목되는 것은 서호수가 청조 고증학의 말폐를 지적하면서, 예악과 도수지학度數之學을 모두 실학의 범주로 포괄하고 있는 점이다. 이는 종전까지만 해도 불교나 도교와 구별하기 위해서 성리학만을 가리켜 '실학'이라고 하던 좁은 개념에서 벗어나, 고유한 유교적 문물제도와 이용후생지물을 모두 아우르는 개념으로 확대되어 있음을 보여준다. 얼핏 보면 '내성외왕內聖外王'을 중시하는 보편적인 유학적 경세론을 함축하고 있는 것이라고 보아 넘길 수 있지만, 도덕적 성리철학만을 절대시하지 않고 이용후생지물에 대한 관심이 고조되고 있다는 점에 주목해야 할 것이다. 특히 서호수가 도수지학을 강조하는 배경이 된 것이 서양의 새 역법과 지구설이었다는 점을 고려한다면, 조선 정부와 지식인들의 줄기찬 서양역법에 대한 관심이 실학사조의 흥기에 대단히 큰 결정적 배경이 되었음을 짐작케 한다.

한편 서호수는 무영전武英殿에서 신간한 『황청개국방략皇淸開國方略』에 병자호란 때의 일이 자세히 써 있다는 말을 듣고 구입하려고 했으나 엄금이 심해 구하지 못함을 안타까워하였다. 마침 박제가가 유리창서사琉璃廠書肆에 갔다가 장정하지 않은 한 질이 책공冊工에게 있는 것을 보고 두어 줄을 등사하여 왔는데, 그 내용은 주로 3학사가 의를 지킨 사적이었다. 서호수는 이를 보고

배신陪臣의 목숨을 버려 종주宗主의 나라를 높긴 일은 가히 일월과 더

불어 빛을 다툴 만한 일[246]

이라고 찬양하였다.

서유문徐有聞(1762~?)은 1798년(정조 22) 10월 19일 삼절연공겸사은사행三節年貢兼謝恩使行에 서장관으로 참가하였다. 그가 이듬해 4월 2일 복명復命하기까지의 노정을 기록한 것이 『무오연행록戊午燕行錄』이다. 우선 그는 중국의 거대함에 놀라움을 표시했다. 그는 연행 로상의 최초의 대도시 심양에 들러 각 시정市井의 전방廛房 앞에 세운 5~6장 되는 주기朱旗며, 또 현판이며, 쌓아둔 물화의 폭주함에 황홀하여 눈으로 바로 보지 못하고 입으로 표현하지 못했다. 그러나 그는 광막한 들판을 달리는 태평거太平車 안에 앉아 거제車制를 생각하고 관왕묘關王廟와 그 밖의 규모에서 장려함을 생각하면서도 예제禮制 면에서는 조선이 화華의 정통을 이어받았고, 청나라는 오랑캐라는 논리를 견지하였다. 중국문명에 대한 심취에 가까운 경앙景仰과 현재의 지배자가 호족胡族이라는 면에서 그의 대문명관은 호胡·한漢을 분리하려는 경향이 농후했다.[247]

유득공柳得恭(1749~?)은 1790년(정조 14) 처음으로 연경에 다녀왔고, 그 후 11년 뒤인 1801년에 재차 연경에 파견되었는데 이

유득공의 『연대재유록(燕臺再遊錄)』 내용 일부

때 기록한 것이 『연대재유록燕臺再遊錄』이다. 1801년 조선 조정에서는 정조의 승하 사실을 알리고, 시호를 청하는 한편 새 왕으로 등극한 순조의 승습을 청하는 고부겸청시청승습사告訃兼請諡請承襲使로서 정사 능성위綾城尉 구민화具敏和, 부사 예조판서 정대용鄭大容을 청나라에 파견하였다. 당시에 유득공은 풍천부사로 있다가 1월 22일 파직하고 돌아와 있었는데 내각으로부터 고부겸청시청승습사행과 함께 연경에 가서 주자학 선본善本을 구해 오라는 명을 받고 정사 일행보다 3일 늦게 출발하였다. 조선의 국왕 정조는 자신의 학문적 기반을 주자학에 두고 주자의 모든 저술을 '일통지서一統之書'로 집대성하려는 야심을 가지고 있었으며,[248] 유득공의 파견은 그 유지를 이은 것이었다.

유득공은 연경에 들어간 다음 날 상서尙書 기윤紀昀(1724~1805)을 방문하여 『주자전서朱子全書』를 구입하러 왔음을 말하고 도움을 청했으나, 서사書肆에서는 좋은 판본을 볼 수도 없거니와 기윤이 이미 강남에서 구해보겠다고 했던 것*도 소득이 없었다고 하였다. 유득공은 기윤과의 대화를 통해서, 요즈음의 시류가 「이아爾雅」·「설문說文」일파로 치닫고 있고 정주程朱의 서적은 강론하지 않은 지가 이미 오래임을 알아차리고 중국 학술이 이와 같으니 진실로 한탄스러운 일[249]이라고 개탄하였다.

박사호朴思浩는 1828년(순조 28) 사은겸동지정사謝恩兼冬至正使 홍기섭洪起燮의 막비幕裨로 연경에 다녀왔고, 연행 기록으로 『심전고心

---

* 正祖의 명을 받은 徐瀅修가 1799년 연경에 도착하여 당시 『四庫全書』 편찬의 실무를 맡고 있던 紀昀에게 朱子書 구입을 부탁했던 일.

田稿』를 남겼다. 그는 점국(나라를 엿봄)에는 눈으로 살피고 마음으로 비추어 보는 방법이 있는데, 문인과 운사와 술꾼과 풍류쟁이들이 술을 먹다가 문득 강개하여 눈물을 흘리고, 옷깃을 여미고 앉아서 우물우물 말을 못하고 감정이 격하여 멀거니 마주 보다가, 손으로 조선사람을 가리키면서 "의관이 좋다, 의관이 좋다" 하는 것을 보면, 곧 중국 인심의 원한을 알 수 있다고[250] 하였다.

연행길에 올랐던 조선의 지식인들은 지위고하를 막론하고 19세기까지도 조선만이 주자를 높이며 옛날의 의관제도를 고수하고 있다는 사실에 대단한 자부심을 가지고 있었다. 한편, 청나라에 대해서는 힘으로는 마지못해 복종하고 있지만, 내심으로는 오랑캐로서 멸시하는 감정이 강했음을 알 수 있다. 소중화로서의 자부심과 청에 대한 멸시관은 조선후기 지식인들의 지배적인 대청관이었다.

3. 도기분리론의 정립

18세기 후반의 사회적 인식에서 볼 때, 충량가忠良家의 후예들이 연행하는 것은 여전히 비판의 대상이었다.[251] 전 대사간 김한동金翰東(1740~1811)이 현도상소縣道上疏하여

근년 세폐歲幣의 사행使行에 충량가의 자손이 간혹 사명을 받은 자가 있어, 그곳에 가서는 청나라 조정에 절을 하고, 들어와서는 또 대보단大報壇 향사에 참여를 하고 있으니, 속으로 반성해 보면 스스로도 가책이 될뿐더러 자기 조상을 욕되게 함을 면치 못하는 일이 아니겠습니까.[252]

라고 주장한 것이다. 그런데 이런 문제 제기는 비단 충량가, 즉 척화신斥和臣의 자손들에게만 해당하는 것은 아니었다. 병자호란을 겪은 뒤 조선 지식인들이 슬기롭게 해결해야 할 시대적 과제였다.

그렇지만 조야의 반청의식은 19세기에 접어들어서도 쉽게 가라앉지 않았다. 1855년(철종 6)에 연행사행의 종사관이었던 서경순徐慶淳(1804~?)이 청나라 예부에 자문咨文을 바칠 때 세 명의 사신이 함께 삼궤구고두三跪九叩頭를 함에도 불구하고 자신은 꿇어앉아 머리를 조아릴 수 없다고 버티는 심각한 사태가 발생했던 것이다.[253]

종래의 지리적·종족적 화이관을 탈피하여 '화이일야華夷一也'의 대범한 세계관을 피력한 북학론자들조차도 실상 존주대의론을 완전히 벗어나지는 못하였다. 북학파들은 단순히 지리적·종족적으로 중국땅이나 한족이 아니더라도 중화의 진수를 간직한 곳이면 어디든지 중화가 될 수 있다는 문화적 화이관으로 진보하였지만, 그럼에도 성인이 남긴 유제의 핵심은 명이 멸망한 후 의연히 조선에 남아 있다는 자부심을 견지하였다.

북학파의 종장 홍대용도 연행길에 오르면서(1762, 영조 38) 그의 부친 홍력洪櫟으로부터 전별시 일곱 수를 받았는데, 그 내용은 다음과 같다. ①연경같이 먼 곳을 돌아보는 것은 남아의 품은 뜻을 위해서 좋은 일이니 아비의 늙었음을 걱정하지 말고 견문을 넓히는 데 신경 쓸 것 ②자제군관으로서 호위함에 충성과 공경을 다해 데려가는 뜻을 저버리지 말 것, ③요동 들판에 사나운 눈이 날리니 중도에서 병이 들지 않도록 조심할 것 ④지금 '황조皇朝(중국)'는 오랑캐의 굴혈에 빠져 있으니 열사烈士로서 대보단大報壇과 만동사萬東祠를 세운 의리를 잊지 말 것 ⑤오랑캐와 한인漢人이 섞여 있을 것이나 변발함을 부끄러이 여겨 세속에 몸을 숨기고 비분강개하는 선비가 있을 것이니 필히 찾을 것 ⑥스스

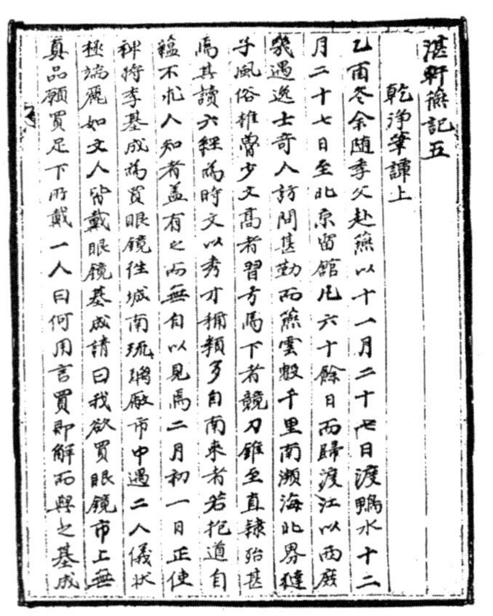

홍대용의 『담헌연기(湛軒燕記)』 내용 일부

로를 경계하여 방탕하지 말 것 ⑦ 질병과 기거를 조심하여 평안하다는 편지를 띄울 것[254] 등이었다.

여기에는 여느 인사들과 마찬가지로 사행의 안녕과 견문의 확장을 바라는 부모의 심정이 잘 담겨져 있다. 그런데 주목을 끄는 것은 ④와 ⑤이다. 이는 명나라에 대한 의리를 결코 잊지 말라는 당부라고 볼 수 있는데, 홍대용 또한 그의 부친의 기대에 부응하기 위해 노력하였던 것으로 보인다. 홍대용은 연행 내내 김창업이 지은 『가재연행록』을 연행의 안내서로 사용하였는데, 이는 김창업의 강한 소중화의식이 영향을 주었을 것이라는 점을 시사한다.

홍대용은 청나라의 발전상에 심한 충격을 받았다. 그는 조선의 예악문물이 비록 소중화로 일컬으나 족히 중국 한 고을을 당해내지 못한다고 하여 청나라가 매우 번화하다는 사실을 인정하지 않을 수 없었다. 홍대용은

> 연경의 번성함은 전일에 익히 들었고, 『가재연행록』을 보아도 거의 짐작할 듯했지만, 진실로 귀에 들음이 눈으로 봄만 같지 못한지라. 이 지경에 이를 줄은 어찌 생각하였겠는가.[255]

라고 감탄했다. 홍대용은 또,

> 청나라가 비록 더러운 오랑캐이나 중국에 웅거하여 100여 년 태평을 누리니 그 규모와 기상을 한번 봄직하지 않은가. 만일 이적夷狄의 땅은 군자의 바랄 바가 아니요, 호복胡服한 인물은 족히 더불어 말을 못하리라 하면, 이는 고체固滯한 소견이요, 인자仁者의 마음이 아니다.[256]

라고 생각하였다. 이것은 홍대용이 문화적 화이관의 입장에 서서 지리적·종족적 화이관을 극복했다고 볼 수 있는 대목이다. 홍대용의 논리는 이제 화華의 문화를 실현하기만 하면 어느 종족이고 화華가 될 수 있다[257]는 화이관념의 내용상 변화를 보여준다.

그러나 중국은 천하의 종국宗國이고 교화敎化의 근본으로 의관제도와 시서문헌詩書文獻이 사방의 준칙이 되는 곳인데도 불구하고 청의 입관으로 성현의 자손들이 다 머리털을 베이고 호복을 무릅써 예악문물이 다시 상고할 곳이 없게 되었다[258]고 한탄함으로써 여전히 일말의 아쉬움을 감추지는 못하였다.

홍대용은 부친의 당부대로 한인들을 만나 그들로부터 옛 제도를 듣기 위해 노력하였다. 한인의 후예들이 머리를 깎아 오랑캐의 제도를 좇음을 보고 마음이 참연해지기도 하였다.[259] 그리고 조선만이 중화의 적통을 간직하고 있다는 자부심에 도리어 그들에게 머리를 깎지 말고 조선의 의관제도를 좇도록 권유하기도 하였다.[260]

부사副使가 홍대용에게 조참朝參하는 것이 큰 구경거리이니 '호정胡庭(오랑캐 대궐)'에 같이 들어가자고 권했으나 홍대용은 『가재일기』를 보니 가재稼齋(김창업)는 들어가지 않았다는 핑계로 거절하였다. 그러나 그 본뜻은 삼촌인 서장관 홍억洪檍은 벼슬이 있어 나라 명을 받고 왔으므로 청조에 무릎을 꿇는 심한 일이라도 사양치 못하겠지만 자신은 벼슬도 없고 나라의 명도 없으므로 한때의 구경을 위해 스스로 몸을 욕되게 할 수는 없다는 이유 때문이었다.[261]

몸을 욕되게 할 수 없다는 이유로 청나라 조정에 들어가는 대신 홍대용은 연경에 있는 천주당을 방문하여 서양 선교사들과 대화를 나누려고 많은 노력을 기울였다. 홍대용이 서양 선교사들을 만나려

애쓴 것은 그들과 서양과학에 대해 토론해 보려는 뜻이었다.[262] 그 결과 홍대용이 지리적 화이관을 극복할 수 있었던 서양의 천문지리학의 실체를 몸소 확인해 볼 수 있었다.[263]

홍대용은 연행 전에 이미 조선에 수입된 한역서학서를 통해서 서양의 과학이 발달할 수 있었던 것은 수학과 관측기구의 사용 때문이었다는 것을 알고 있었다. 그리하여 이를 모방한 농수각籠水閣을 집 안에 설치하고 여러 가지 관측기구를 직접 만들어 여기에 보관하였다. 홍대용이 1766년 연경에서 한 일은 바로 그가 가지고 있던 이런 생각을 몸소 확인하는 작업이었던 것이다.[264] 이는 홍대용이 인물균人物均의 심성론心性論을 정립하여 물성연구, 즉 자연과학에 관심을 지니게 된 것이[265] 아니라, 늘 관심을 갖고 있던 서양천문학의 영향으로 기존의 비실증적이고 가치중심적인 성리학적 세계관에서 실증적이고 과학적인 세계관을 형성하여 인물균이라는 몰가치적 심성론으로 나아갔음을[266] 보여준다. 그의 과학사상에 대한 본격적인 저술이 연행 이후에 이루어지는 것도 이러한 점을 뒷받침한다.

박지원의 대청인식 또한 소중화의식에 바탕을 둔 조선후기 사회의 전반적인 인식에 기초하고 있었다. 그는 중국인들에게 조선만이

이덕무의 『입연기(入然記)』 내용 일부

河日記序

爲後三庚子記行程陰晴將年以係月日也爲稱
崇禎紀元後也昌三庚子崇禎紀元後三周庚子稱
也昌不稱崇禎將渡江故諱之也昌諱之江以外淸
人也天下皆奉淸正朔故不敢稱崇禎昌私稱崇
禎皇明中華也吾初受命之上國也崇禎十七年
毅宗皇帝殉社稷明室已于今百四十餘年矣
至今稱之淸人入主中國而爲國獨守先王之制度優而爲胡
環東土數千里畫江而爲國獨守先王之制度是
明室猶存於鴨水以東芑雖力不足以攘除戎狄

박지원의 『열하일기(熱河日記)』 서문

주자가례와 유교를 숭상하고 있음을 자랑하였다.[267] 그리고 청나라에서 행하고 있는 변발에 대한 거부감과 함께[268] 명이 망하자 그 의관제도가 오히려 배우들의 잡극 속에나 남아 있음을 탄식하였다.[269]

그런데 박지원도 역시 중화의 적통이 조선에 남아 있다는 자부심을 견지하면서도 청의 제도를 규모 있고 범절 있는 것으로 보고 이를 본받아 이용후생에 힘쓸 것을 역설하였다.[270] 박지원은 청나라를 복수설치해야 할 오랑캐로 간주하면서도[271] 그들의 제도가 이용후생에 유리한 것이 있다면 이를 수용해야 한다는 유연성을 견지했다. 따라서 그는 이용후생의 법은 중국사람들만 할 수 있는 것이 아니라 오랑캐의 임금으로 중국을 정복한 자도 모두 이 법도를 계승하고 있으므로, 이러한 점을 배워야 한다고 생각했다.[272]

박지원이 이용후생을 강조하게 된 데에는 연행을 통해서 번화한 청나라의 현실을 목도하며 조선의 현실을 반추해 볼 수 있었던 것이 결정적인 계기로 작용하였다. 이와 더불어 조선사회에 풍미하고 있던 서학에 대한 관심이 그를 문화적 충격으로 이끌었다. 그는 이미 서양인의 세계일주 사실 등을 알고 있었는데[273] 이런 와중에 청나라

에서 만난 곡정鵠汀과의 대담을 통해서,

> 서양기술이 중국으로 들어온 후로는 중국의 천문기계는 아주 멍텅구리가 되어버렸다.[274)

는 곡정의 고백을 듣고서는 서양기술의 위력을 새삼 절감했을 것이다. 그리하여 박지원은 곡정에게 연경에 머물고 있는 서양인을 만나게 해달라고 부탁까지 하였던 것이다.[275)

실학사상의 집대성자인 정약용도 청나라가 이미 번성하다는 사실을 알고 있었지만 중화의 진수는 조선만이 유일하게 간직하고 있다는 자부심을 갖고 있었다. 그는 지금의 중국이란 성인의 치治와 성인의 학學이 조선으로 이미 옮겨왔기 때문에 달리 먼 곳에서 구할 것이 없다고 단언하였다.[276)

이와 같은 소중화의식이 의연하게 북학파들에게 강조된 것은 북학을 위한 명분론에 불과하다는 해석도 가능하지만, 좀더 엄밀하게 말하면, 이와 같은 이중적 태도는 당시 지식인들의 일반적 특징이었다고 보는 것이 옳을 것이다. 즉 개방적인 서학정책을 표방하면서도 주자학의 정통을 확립하겠다던 정조의 입장에서 보여지는 것처럼, 조선사회는 전체적으로 명분론과 현실주의가 공존하고 있던 것이 당시의 실정이었다고 보는 것에는 무리가 없을 것 같다.[277)

그렇지만, 1791년의 신해 진산사건을 계기로 서학에 대한 개방적 분위기가 급속도로 경색되면서 청나라로부터 이용후생지물의 적극적인 도입을 주장한 북학론자들에게는 그들의 주장을 뒷받침할 만한 좀더 그럴듯한 명분이 필요하게 되었다. 진산사건 이후 정약용이 스스로 서학과 절연하였음을 밝히는 「자명소」를 올리지 않을 수 없었던 냉랭한 사회적 분위기 속에서 북학론자들의 주장을 실현시킬 수 있는 타당한 논리가 요구되었던 것이다.

그것은 다음과 같은 것이었다. 첫째로 이용후생지물의 중시야말로 전통 유학의 본지라는 점을 강조함으로써 이용후생의 강조가 결코 유학적 본지를 넘어서지 않는다는 점을 밝힌 것이다. 박지원의 경우를 보면, 나라를 망치는 것은 유학 그 자체가 아니라 유학의 찌꺼기만을 숭상하는 비루한 유생들이 문제라는 점을 지적하였다.[278] 그러므로 이용후생을 등한시한 조선은 유교의 형식만 남은 곳이라고 진단하기에 이른다.[279] 이러한 입장은 실학자들이 성리학을 비판하면서 원초 유학에 주목하는 경향과 연결된다. 최한기가 주희朱熹보다는 주공周公이나 공자孔子를 강조하면서 유학의 본지는 실용과 실리라고 한 주장은 이러한 맥락에서 제기한 것으로 보인다.*

둘째는 이용후생지물의 적극적인 수용이 결국에는 조선의 현실적인 힘을 키워 명나라의 복수를 완성한다는 존주론의 강조임을 주장하였다. 박지원이 이용후생을 강조하고 조선의 현실을 비판한 논리는 '명의 복수를 한다면서 실용보다는 헛된 예의나 차린다'[280]는 것이었다. '헛된 예의나 차린다'는 대목에서 우리는 그가 '유학의 찌꺼기만을 숭상하는 비루한 유생들'로 지목한 인사들이 결국 성리학

---

* 최한기는 주공과 공자의 학문은 實理를 위한 학문이라고 전제하고, 실용에 도움이 되면 비록 나무하는 樵夫의 말이라도 취해 쓰는 것이 당연하지만, 만약 주공과 공자의 도에 도움이 없는 것이라면 아무리 교묘하고 번지르르한 말이라 하여도 취하여 쓸 수 없다는 점을 강조하였다.(崔漢綺, 『氣測體義』 序文)

자들이라는 점을 어렵지 않게 짐작할 수 있다. 결국 박지원의 북학론은 청을 복수설치해야 할 오랑캐로 간주한 뒤에, 이들을 극복하기 위해서는 진짜 유학, 즉 이용후생을 배우는 데에 주력해야 한다는 것이었다.

이런 논리는 박제가의 「존주론尊周論」에서 더욱 명백하게 드러난다. 박제가는

> 지금 청은 진실로 호족이며, 빼앗긴 것은 중국이고, 명나라를 위해 원수를 갚으려면 먼저 힘써 중국을 배워야만 한다.

고 주장하였다.[281] 이들 북학론은 바로 중국 문화의 정수와 오랑캐인 청을 구분하는 것이었고 따라서 조선후기의 전통적인 대청인식의 기조에 근거한 것이라고 볼 수 있다. 그러나 이들은 청을 극복하는 방안으로 존주론이라는 대의명분론에만 안주하는 대신에 이용후생을 강조함으로써 국력을 신장시킬 수 있는 현실적인 방안을 적극 주장했던 것이다. 그러므로 북학론자들이 이용후생지물을 중시한 것은 종래의 심성론과 예학 위주의 사상적 분의기와는 분명히 차별성을 갖는 것이다. 요컨대 정약용이 연행사로 떠나는 이기양에게 부연서를 지어 주면서, 지금까지 연경에 가서 이용후생지물을 얻어 돌아온 이가 한 사람도 없음을 한탄하고 오로지 이에 힘쓸 것을 당부한 것은[282] 북학론자들의 절박한 목표가 이용후생에 있던 것임을 잘 보여준다.

이와 같은 절박한 시대적 과제를 위해서 북학론자들은 청구문명淸歐文明의 수용이 결코 조선 사대부가 지향해야 할 목표를 잃은 것이

아니라, 그 목표를 달성하기 위한 수단에 지나지 않음을 존주론의 강조를 통해서 정확하게 명시하였다. 즉 유교의 도는 조선에 있으니 청나라로부터 들여올 것은 국가를 부강케 할 이용후생지물이라는 점을 밝힌 것이다. 이와 같은 태도를 도기분리론道器分離論의 정립으로 보고자 한다.[283) 도기분리론의 성격은 정약용의 다음과 같은 언명에서 더욱 명백하게 제시되고 있다.

> 중국이란 무엇을 이름인가? 요堯 · 순舜 · 우禹 · 탕湯의 치治와 공孔 · 안顔 · 사思 · 맹孟의 학이 있으면 중국이라 한다. 지금의 이른바 중국이란 곳에는 무엇이 있는가? 성인의 치治와 성인의 학學은 동국東國(조선)이 습득하여 옮겨다 놓았기 때문에 다시 먼 곳에서 하필 구할 것이 있겠는가? 오직 농사 짓는 데 편리한 법이 있으면 오곡을 무성히 자라게 할 수 있으니 이는 옛 양리良吏가 남긴 은혜이다. 예술 방면에 박아博雅한 재능이 있으면 비속함을 면하게 할 수 있으니 이는 옛 명사가 남긴 여운이다. 지금 중국으로부터 이익을 취할 바는 이것일 뿐이다.[284)

요컨대 정약용은 조선이야말로 성인의 도가 온전히 보전된 곳이기 때문에 중국에서 취할 바는 오직 농법農法 · 문사文司 · 예술藝術과 같은 실용적 말기末技임을 강조한 것이다.

그런데 실제 도 · 기의 분리가 논리적으로 가능한가에 대해서는 의문의 여지가 있다. 기적인 부분을 도적인 부분과 분리하여 선택적으로 수용할 수 있다는 주장은 하나의 이상에 불과했다. 정약용의 말대로 청으로부터 수용하고자 하는 말기가 성인의 도를 보완해 주기 위한 동양 고대의 유풍이라면 별 문제가 없었지만 실제로 조선 정부는 인조대부터 서양역법을 입수하기 위해서 노력하였고, 북학론자들도 서양역법을 위시한 실용기계 등의 입수를 주장했던 만큼 서양의 기가 전혀 이질적인 것이 아니라는 사전 작업이 요청되었다. 정약용의 천문지리에 대한 중국원류설 주장은 바로 그와 같은 논리적 맥락에서 파생한 것으로 보인다. 지체가 둥글어 공같이 생겼다는 말은 이미 중국의 성현들이 오래전에 밝혀놓은 말이라는 것이다.[285]

천원지방天圓地方, 즉 '하늘은 둥글고 땅은 네모나다'고 보는 것은 전통적인 동양의 천체관이었다. 전통적인 천인합일설에서는 하늘과 인간의 일체성을 강조하였기에 인간의 두원족방頭圓足方, 즉 사람의 머리가 둥글고 발이 네모진 것도 모두 천지의 닮은 꼴이기 때문에 그러한 것이라고 설명해 오지 않았던가. 그러다가 지구가 둥근 것이라는 서구의 근대적 과학지식을 접한 일군의 지식인들에 의해서 종래의 중국 중심의 지리적 화이관이 극복되고 '화이일야華夷一也'·'만방균시萬邦均是'의 새로운 주장이 제기되었던 것이다. 그 실학적 인식의 중심에 정약용이 있었던 것은 주지의 사실이다.

정조의 조처에 의해서 내각에 비장된 『고금도서집성』의 섭렵뿐만이 아니라, 이미 23세 때 이벽의 소개로 서교에 관심을 갖게 된 후 4~5년 동안을 서학서에 심취함으로써[286] 누구보다도 당시 조선에 수입되었던 서학서의 내용에 정통하였을 정약용이 이와 같이 중국원류설을 주장한 것은 다분히 모종의 의도가 내포된 것으로 보아야 할 것이다.

18세기 후반 소론 학자 서명응에 의해 서기 수용의 논리로 처음 채용되었던 '중국원류설'은 18세기 후반의 지식인들 사이에 널리 퍼졌다. 이는 반서학론자들도 서양의 천문·역학이 중국에 원류를 두고 있다는 인식하에서 그 정확성을 예외적으로 인정하였던 점에서도 확인된다. 예를 들어 안정복은 "서양인들에게서 취할 만한 것은 상위象緯와 구고句股의 술법뿐"이라고 밝히고 있다. 남인으로 반서학론을 주도하였던 척사론자 이헌경 또한 서양의 '추보지학推步之學'까지도 배척해야 하느냐는 질문에 서양의 천문·역학은 요순의 옛 법을 부연해서 설명한 것이므로 그렇지 않다고 대답하였다.[287]

중국기원설은 서구의 문명을 모두 배척한 위정척사파들의 입장에서도 자연스럽게 받아들여졌다. 이른바 왕도정치의 근간이 되는 역법은 이미 중국에서 완성된 것이라는 입장으로, 반청인식의 경화 속에서도 청으로부터 신역법 수용을 위해 노력했던 전통적인 조선 정부의 입장을 합리화하고 있는 것으로 해석된다.[288]

역법의 이정이 왕도정치의 완성이라는 현실 인식에서 비롯된 조선 정부의 서양역법 수용 노력은, 중국원류설에 바탕한 북학론자들의 도기분리론으로 그 서기 수용의 논리적 근거를 마련하였다고 할 수 있다. 그리고 서기의 적극적인 수용은 운화기의 바른 체현을 도모하려는 최한기의 현실적 관점으로까지 확대되기에 이른다. 최한기는 옛날에 밝혀지지 않았다가 후대에 와서 더욱 밝아진 역리曆理와 물리物理를 가지고 옛날에 이미 밝혀졌다가 후세에 도리어 어두워진 상도와 중도를 회복할 것을 주장하였다.[289] 여기에서 최한기는 서양천문학이 인지의 발전에 따라 최근에 발전한 것이라는 현실을 있는 그대로 받아들이는 입장으로 한 발짝 더 나아감으로써 중국기원설에서 벗어나 있음을 보여준다.* 이와 같이 서양 천문역법의 우수성이 국내외적으로 입증된 가운데, 사람이 지켜야 될 도리를 천경天經(역법曆法)과 인경人經(성경聖經)으로 구분하고 다같은 유자儒者라도 천경에 얻음이 있는 사람이 성경을 체득할 수 있음을 주장한 최한기의 의론은[290] 역설적으로 조선 정부가 척화의 대의명분을 뒤로한 채 왜 청나라를 통한 서양역법의 입수에 주력하였던가를 보여주는 좋은 예가 된다 할 것이다.

---

* 최한기는 여러 세대의 경험을 통해서 뚜렷이 드러난 것에 이르러서는 日曆의 이치와 지구구체설만큼 큰 것이 없다고 평가하였다.(崔漢綺,『神氣通』권1,「體通」, 古今人經歷不等)

6
최한기의 기학과 유교적 경세관

1. 최한기에 대한 기본적 관점

북학파의 명맥은 박제가를 통해서 마지막으로 김정희에게 이어졌다. 그렇지만 종래 북학파가 청구문명의 수용을 통한 이용후생을 강조했던 것과 달리, 김정희는 고증학에 치중함으로써 실학 발흥의 시대의식은 오히려 퇴색되어 갔다. 서구문물의 적극적인 수용은 그보다 조금 뒷 시기의 최한기에게서 활짝 꽃피우게 된다. 따라서 지금까지 이 책에서 진행시켜 온 서양역법의 수용과 그로 인한 북학론의 이론적 정립에 관한 논의의 총결론을 최한기를 통해 맺어볼까 한다. 최한기는 이전의 북학론자들이 북학 수용의 이론적 장치로 마련했던 중국기원설에서 벗어나 서구과학의 발전상황을 근대의 업적으로 평가하는 현실 감각을 보여준다. 그리하여 최한기는 실학과 개화사상의 가교자, 또는 개화사상가 등과 같은 근대지향적 인물로 평가를 받아왔다.

우선 최한기에 대한 기존의 평가를 살펴보면 다음과 같다. 최한기는 그의 독특한 기氣철학으로 실학이 개화사상으로 전환할 수 있는 논리적 토대를 마련하였으며, 서양의 근대과학기술을 연구하고 개국통상론을 주장한 선각적 개화사상가로 알려져 있다.[291] 최한기가 1850년대를 기점으로 개화사상으로 전환했다는 견해도 있다.[292] 일

각에서는 최한기를 현실개혁적이고 진보적이며 근대적인 민주사상
가로 규정하기도 한다.[293]

최한기에게는 분명히 경험주의적 인식론의 주장이나 서양과학의
체계적인 소개 등 주목되는 측면이 있는 것이 사실이다. 그렇지만
최한기가 당시의 사회적 모순이나 정치제도에 관해 어떤 입장을 취
하고 있었는지를 분명하게 규명한 연후에야 '현실개혁적이고 진보
적이며 근대적인 민주사상가'라는 평가의 타당성이 가려질 것이다.

그렇지만, 앞에서 살펴본 바와 같이 새롭게 밝혀진 천경을 통한
인경의 확립 등과 같은 그의 주장은 천인합일을 주장했던 전통적인
유학적 경세관의 범주에서 크게 벗어나지 않는 것으로 보인다. 물론
최한기가 무조건적인 과거로의 회귀를 주장한 것은 아닐지라도, 그
의 인식이 근대적인 인물로 평가받을 만한 수준으로 고양되어 있었
는가는 의문의 여지가 없지 않다.

서양과의 적극적인 통상은 북학론자들의 의론에서, 특히 박제가
와 같은 인물의 주장에서 이미 적극적으로 배태되어 있었던 것이다.
그런데 최한기가 세계와의 주통周通을 주장하던서도 오륜을 중심으
로 한 유교윤리를 강조한다든지, 중국이 세계의 중심이 되어야 한다
고 주장한 것 등을 보면, 우리는 그의 세계관을 다시 한 번 주의깊게
살펴보지 않을 수 없다. 그리고 그의 서양에 관한 지식의 대부분이
자신이 느낀 서양에 대한 인식론적 차원의 저술이 아니라, 이전부터
조선에 수입되어 들어오고 있던 서학서들의 체계적인 요약 정리의
수준에 머물고 있었던 점도 고려해야 할 대목이다.

또한 그가 평생을 공들여 진행해 온 저술활동의 과정이 서구과학
서 및 인문지리서의 요약 정리를 거쳐 궁극적으로 『인정人政』(1860,

58세)이라는 정치 관련 저술로 마무리되고 있다는 점에서 그의 궁극적인 귀결처는 경세관의 정립이라는 점에 모아진다고 하겠다. 그것이 이전의 성리학자들과는 달리 개방성과 진보주의를 기저로 한 유학적 경세관이었다고 볼 때 결국 최한기는 동도서기론자의 전형이될 뿐, 근대적 사상가로 적극적으로 평가할 수 있는지는 의문이라하지 않을 수 없다.

필자의 이러한 견해는 다른 일부 연구자들의 입장과도 일맥상통하는 측면이 있다. 유봉학은 최한기 주장의 핵심은 군주의 선출을 주장한 데 있는 것이 아니라, 유교정치 이념의 천명天命사상이나 민본民本사상, 그리고 현인정치론賢人政治論의 연장선상에서 공리적功利的 논리를 가지고 국왕 이하 지배 계층의 각성을 요구하였던 데 있다고 본다. 따라서 최한기는 당시 변화된 민民의 위상과 지방사회에서의 민의 동향을 충분히 반영하지 못한 채 서울을 중심으로 하는 중앙의 정치구조와 정치형태에 관심을 집중시켜 그 변통책을 강구했던 인물이었다는 것이다.[294] 게다가 중세사회에서 진보의 지표라고 할 수 있는 정치적 민권의식은 토지개혁사상과 밀접한 관련이 있음을 고려할 때, 이에 대한 최한기의 견해는 오히려 선행 실학자들에도 미치지 못하는 보수적인 것으로 평가되고 있다.[295]

더욱이 최한기가 제창한 득의의 개념으로 알려진 '신기神氣'가 근대적 물질개념으로 사용될 뿐만 아니라, 경우에 따라서는 사람의 영묘한 지각작용의 개념으로도 사용된다는 점에 주목할 필요가 있다. 이는 결국 동양 전래의 '물심이원론物心二元論'의 미분未分상태를 그대로 답습하고 있다는 증거다. 원래 중국에는 물질과 정신을 판연히 구별하는 물심이원론의 전통이 없었다. 인간의 정신까지도 구성하는 기는 처음부터 물질적인 성격을 지님과 동시에 정신적인 성격을 겸하여 지니고 있는 것으로 여겨졌다. 그러므로 기일원론은 최근 중국학계에서 유물론으로 인정되기도 하지만, 동시에 극단적인 유심론 철학으로 해석될 소지가 충분하다. 최한기가 견지한 물심일원의 입장은 스스로 논리의 모순을 드러냄으로써 결국 신기를 앞세운 그의 기철학이 근대적 사유방식을 제공하기에는 불완전한 것이 되는 결정적 요인이 된 것이다. 그리고 이것은 서양의 자연과학지식을 있는 그대로 수용하려고 했던 홍대용보다도 더 근대적이지 못한 태도로 지목되는 결정적 이유가 된다.

결국 이 책의 말미에서 최한기를 검토하는 것은 그가 근대의 기점이 아니라, 중세 유학사상의 말미에 위치해 있다는 점 때문이고, 조선 정부가 추진해 온 서양역법 수용의 정신이 최한기에 이르러 적극적으로 이론화되고 있다고 보여지기 때문이다. 요컨대 지금까지 논구해 온 조선후기의 장기지속적인 서양인식에 관한 대단원의 말미에 최한기가 놓여 있는 것이다.

최한기가 평생을 은거하면서 독서와 저술에만 몰두했던 이유는 세도정국이라는 당시의 상황과 깊은 관련이 있었다. 초기 저술인 『기측체의氣測體義』(1836) 단계에서 보여주었던 문벌의 폐해와 세도 정권에 대한 불신감은 노년에까지 이어지고 있다.[296] 세도정권에 기생하는 관료들에 대한 불신은 그가 벼슬에 나아가지 않은 이유가 되기도 했지만, 일찍부터 『강관론講官論』(1836)을 지어 임금을 보도輔導하는 강관의 중요성을 강조하고, 필생의 노작인 『인정』을 통해 치안治安을 위해서는 인재등용이 가장 중요함을 역설하게 된 근본적 배경이 되었던 것 같다. 최한기는 『인정』을 완성하는 데 무려 23년

(1838~1860)이라는 긴 시간과 노력을 기울였다.

최한기는 국가의 정사가 임금의 지휘 여하에 달려 있다고 보았으며,[297] 이는 임금의 일심을 바로잡기 위해서는 강관을 비롯한 유신들의 보도補導가 필요하다는 조선 전래의 사림파 정치인식에서 크게 벗어나지 않았다.

최한기가 유일遺逸의 선비일망정 치안에 도움이 될 만한 저술을 통해 백성들을 교화하는 것이 급무라고 생각한 것은 전형적인 사림 정치의 이상과 일치한다. 기학氣學을 천명하여 스스로 시대를 교화할 사표師表가 될 포부를 품은[298] 최한기는 백성을 교화하는 방법으로 저술을 통한 사도師道의 실현을 다짐했고, 이것은 그의 사회적인 처지와 더불어 그가 독서와 저술에만 몰두한 이유가 되었다.

이러한 생각을 바탕으로 해서 탄생하게 된 것이 그의 기학이다. 『기측제의』는 기학과 관련된 그의 첫 번째 야심작이라고 할 수 있다. 특히 『기측제의』를 저술하는 데에는 인조 9~10년(1631~1632) 사이에 조선에 수입된 『천학초함』이라는 총서에 의뢰한 바가 컸는데, 이는 조선후기 실학자들이 서학을 인식하는 데 가장 기본적으로 애독되던 서학 서적이다.

2. 최한기의 유교적 경세관

최한기는 천하에 통해야 할 일은 많지만 그 근본은 나의 신기와 상대방의 신기가 서로 통하는 것이라고 하고, 그중에서도 특히 윤강倫綱과 정교政敎, 인의예악人義禮樂, 역상曆象과 산수算數, 그리고 일용사물日用事物은 백성들이 살아가는 데 통하지 않으면 안 될 통이라는 점을 강조하였다. 최한기는 사람의 몸에 있는 신기가 하늘과 사람의 상도常道를 통하면 장차 현인이나 성인의 무리가 될 것이고, 자기 일신의 사사로운 음욕에만 통하여 천지의 상리常理를 해치면 장차 패란의 무리가 될 것이라고 하였다.[299] 전형적인 천인합일설의 연장이다.

신기를 통해야 하는 목적을 수신 제가 치국 평천하에 둔 최한기는 시야를 넓혀 세계가 하나로 통할 것을 희망하기도 하였다. 그런데 그는 세계 각국이 내면에 깊숙이 감추어진 신기를 자세히 통하기 위해서는 세계 문자를 중국 문자로 통일하자는 중화주의를 드러내었다.[300]

그리고 최한기는 추측의 궁극적인 목적으로, 반드시 '하늘과 사람의 바른 데(상도常道)'로 돌아가야 함을 강조하였다.[301] 최한기가 강조한 추측의 궁극적인 목적은 상도(삼강오륜)[302]의 깨달음이었다. 이를 통해 현인이나 성인의 무리가 될 것을 추구한 것이다. 최한기의 유교적 경세관은 『추측록推測錄』에서 더욱 구체적으로 파악된다. 최한기는 요순堯舜을 조술祖述하고 문무文武를 헌장憲章하는 것이 백세토록 바뀌지 않는 치도治道임과, 주공과 공자를 스승으로 높이는 것이 옛부터 내려온 학문의 경상經常임을 천명한다.[303] 그리하여 삼강오륜과 수기치인의 방도와 천시지기天時地氣의 조화는 모두 변할 수 없는 상도이지만 그 밖의 것은 모두 이단이라고 단정하였다.[304]

유교적 상도를 실현하기 위해 자연과학적 지식을 이용하려고 했던 것이 최한기 기학의 특징이다. 최한기는 기를 밝히는 데는 천문학이 가장 근본이 되는 것으로 생각했다. 대상大象(우주)은 하나의 기이기 때문에 천지와 일월이 서로 연관되어 이루어진 것을 알아야 기의 작용이 어떤 것인가를 알 수 있고, 기를 미루어 이를 헤아려야 이에 성실한 근거가 있어 공허한 것을 모색하는 폐단이 없을 것이라고 하였다.[305]

사실 유교적 상도를 실현하기 위해서 천문을 중시한 것은 유학자들의 보편적인 양태였다. 유학자들은 기본적으로 『서경』「요전」의 '기삼백주朞三百注'를 해득하면서 하늘의 이법과 인간 도리의 상관관계를 인식해 나갔다. 천문역산학과 전혀 어울릴 것 같지 않아 보이는 위정척사파의 거두 이항로가 나름대로 정밀하게 작성된 천문도를 항상 비치해 놓고 제자들과 강학활동을 벌인 것은 그러한 유교적 경세관의 맥락에서 이해해야 한다. 그러나 최한기가 남들과 달랐던 것은 종래 서학 수용의 전제 장치였던 중국원류설과 같은 주장을 과감히 떨쳐버리고, 한역서학서를 통해서 획득한 서양의 천문지식이 근래에 발견된 매우 정확한 지식이라는 점을 사실 그대로 인정하였다는 점이다. 그리고 그 새로 밝혀진 역리曆理를 가지고 주공과 공자의 도를 밝히는 데 적용해 보자는 대범한 주장을 했던 것이다.

최한기는 서양의 천문학을 통해 지구설과 몽기, 그리고 수학과 측험의 중요성에 대해서 배운 바가 많았다고 자부한다. 여기에서 최한기의 경험주의적 인식론의 태도가 한역서학서를 저술한 예수회 신부 페르비스트의 견해와 같다는 점도 주목을 끈다. 페르비스트는

온 세상 사람들이 눈으로 함께 보아서 추측해서 징험할 수 있는 것이 법이요, 추측해서 징험할 수 없는 것은 법이 아니다. 천문의 학은 세대가 오래될수록 그 강구講求한 것은 더욱 정밀해지기 마련이니 천백세 후에 역법이 자세히 갖추어졌을 때에 태어난 것이 다행이다.[306]

라고 하였는데, 이는 최한기가 말끝마다 강조하는 기학의 기본 근거로 애용되었다.

형체가 있는 것을 학문의 대상으로 삼아야 할 것을 강조한 최한기는 복희伏羲와 요순, 그리고 주공과 공자가 그들의 성지聖智로 말한다면 우열을 가릴 수 없지만, 그 경험으로 말하면 뚜렷이 앞사람과 뒷사람이 다르다고 하여 경험이 중요함을 강조하였다. 그리고 특히 천문의 이치는 후대에 더욱 밝아진 바가 있음을 역설하였다.[307] 최한기는 역법이 점차 실측을 취하여 옛날에 밝히지 못한 것을 밝힌 것 중에서 지구만 한 것이 없는데 뒤늦게 태어나 지구에 대한 설을 알게 되어 행복을 느낀다고 하였다.[308]

최한기는 여러 세대의 경험을 통하여 뚜렷이 드러난 것에 이르러서는 일력日曆의 이치와 지구만큼 큰 것이 없다고 보았다. 그는 천지

의 이치가 점점 밝아지면 사람의 사리도 이에 따라 밝아지는 것이니 바로 이것이 하늘과 사람의 신기라고 하였다. 하늘과 땅과 사람과 물건은 바로 한 신기의 조화이므로 천지의 이치가 점차 밝아지고 기설이 차츰 천명되면서부터 하늘과 땅과 사람과 물건에는 더욱 증험하고 시행할 방법이 생겼다고 생각했다.[309] 하늘과 땅과 사람과 물건이 바로 한 신기의 조화라는 대목에서 우리는 최한기의 경세관이 천인합일설에 기초하고 있음을 확신하게 된다.

서양의 천문학을 통해서 알게 된 지구설이야말로 천 년의 몽매를 깨우친 것이라고 극찬한 최한기는 역법을 인사의 준칙으로 보았다. 최한기는 몽기설의 영향으로 형질과 기의 공용을 강조하는 그의 기학을 형성시킬 수 있었다. 그는 '역리는 하늘과 사람의 큰 근본'[310] 이라는 생각을 갖고 있었을 만큼 천문학을 중시하였다. 특히 서양의 천문학을 중요하게 생각했다. 역리는 실로 인사의 준칙이 되는 것인데, 고법은 두정饋飣(문사의 수식만 하고 실제 내용이 빈약하다는 뜻)이 많으므로 재상災祥의 말이 지금까지 유전되고 있음에 비해 신법(서양 역법)은 실측이 많으므로 추측과 실험이 쌓이고 쌓여 점차로 밝아지는 바가 있으므로 서양법이 중국력과 다른 점을 들어서 시종본말을 궁구하여 밝히면 방술의 재앙이니 상서니 하는 따위는 제거되기를 기약하지 않아도 자연 제거될 것이라고 전망하였다.[311] 역리는 인사의 준칙이 되는 것이라는 최한기의 말에 주목하기 바란다.

최한기는 천지의 이치가 점점 밝아지면 사람의 도리도 이에 따라 밝아지는 것으로 보았다.[312] 지금까지 필자는 최한기의 모든 논의가 천문학에 귀결되고, 천문학을 강조하는 뜻은 결국 그의 유교적 경세관과 연결되고 있음을 논증하였다. 최한기는 제왕의 정치는 역曆을 다스려 세공歲功(한 해의 농사일)을 정하는 것이고, 역을 다스리는 방법은 의기를 가지고 준적을 삼는다.[313]

고 하였는데, 이것은 지금까지 언급한 『서경』의 요지와 동일한 것이다. 『서경』은 제왕帝王의 길을 가르치는 유교정치의 지침서로서, 첫머리에서부터 천문역법의 중요성에 관해서 언급하고 있는 것은 의미심장하다.[314] 역법의 정확성 여부는 제왕의 권위와 직결되는 것이기 때문이다. 정조(1776~1800)의 명으로 편찬된 『경의문답經義問答』에서, 정조도 역법을 제정하여 민사를 바로잡아야 한다는 『서경』 「요전」의 내용이야말로 '왕도정치의 급선무'이며 천공天工(천을 대신해서 만물을 섭리하는 것, 곧 임금의 직분)의 대단大端으로 생각하고 있었음을 확인할 수 있다.[315]

후대에 와서 더욱 밝혀진 역리와 물리를 가지고 옛날에 이미 밝혀졌다가 후세에 도리어 어두워진 상도와 중도의 회복을 주장한[316] 최한기의 태도는 전통적인 유교적 이상을 실현시키기 위해 서양학문을 이용하고자 했던 '동도서기론'의 한 형태였다고 생각된다. 이와 같이 서양의 자연과학에 의해서 왕도정치를 보완하고자 했던 최한기의 기학은 한마디로 과학과 철학의 소통을 지향했던 것이다. 그러나 동도와 서기의 어설픈 결합은 논리적으로나 현실적으로 실현 가능한 일이 아니었다. 따라서 그의 기학은 그가 구상했던 신기운화神氣運化의 원대한 구상과는 달리 현실에 적용될 수 없는 미완의 철학체계로 남고 말았다.

최한기와 테렌쯔의 생활개량기 비교

최한기의 『심기도설(心器圖說)』은 이용후생과 관련된 각종 기기의 제작법과 사용법의 도해를
수록하고 있다. 이 기기들의 도해는 테렌쯔의 『기기도설(奇器圖說)』을 그대로 전재한 것이다.
(左: 최한기의 『심기도설』에 수록된 그림, 右: 테렌쯔의 『기기도설』에 수록된 그림)

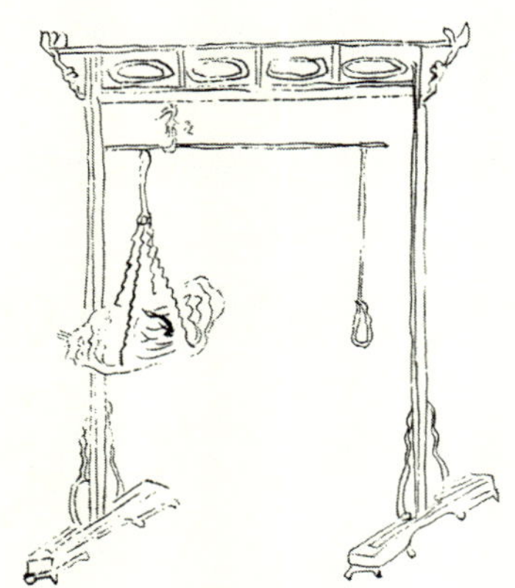

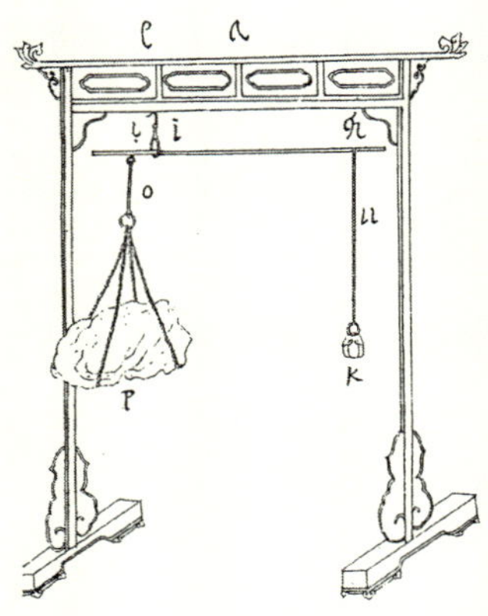

기중기(起重機) 1

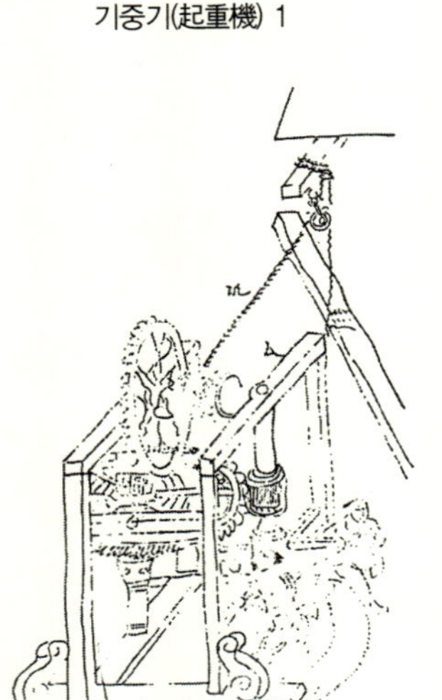

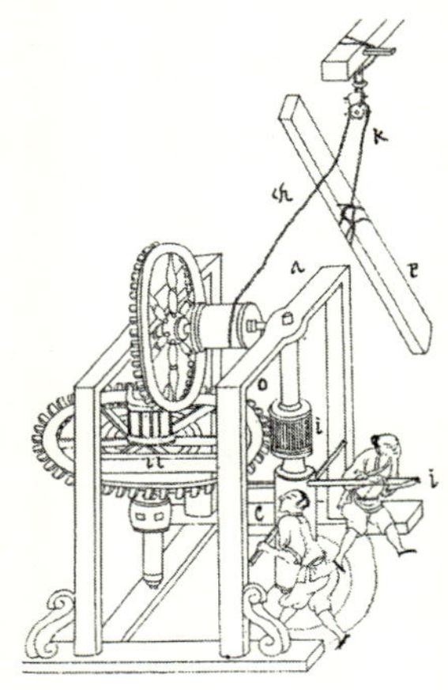

기중기(起重機) 2

기중기(起重機) 3

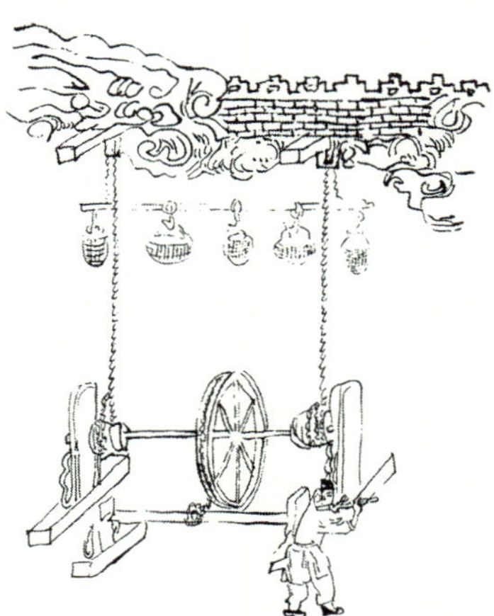

기중기(起重機) 4

기중기(起重機) 5

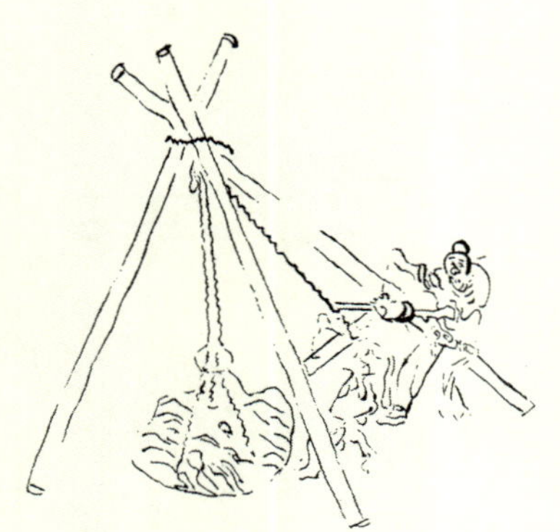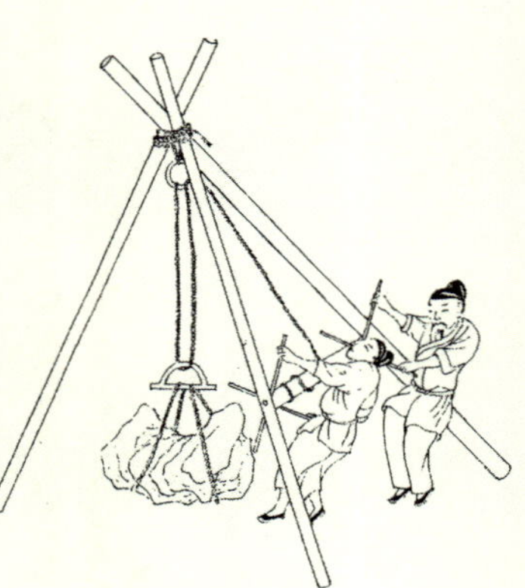

기중기(起重機) 6

인중기(引重機) 1

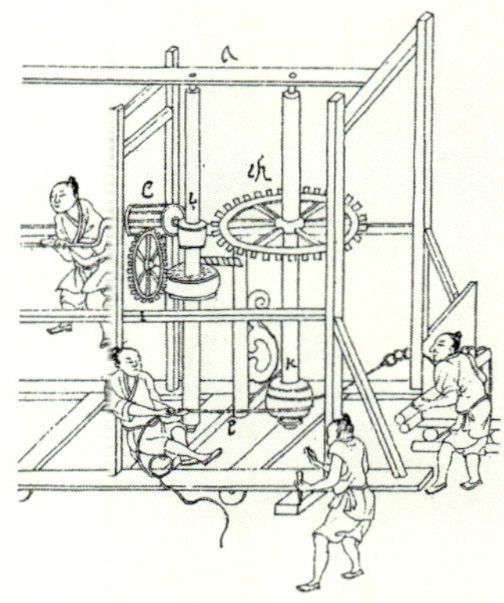

인중기(引重機) 2

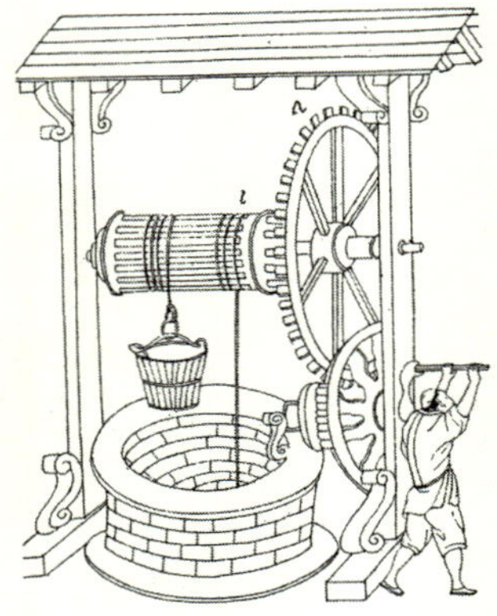

거중기(擧重機) 1

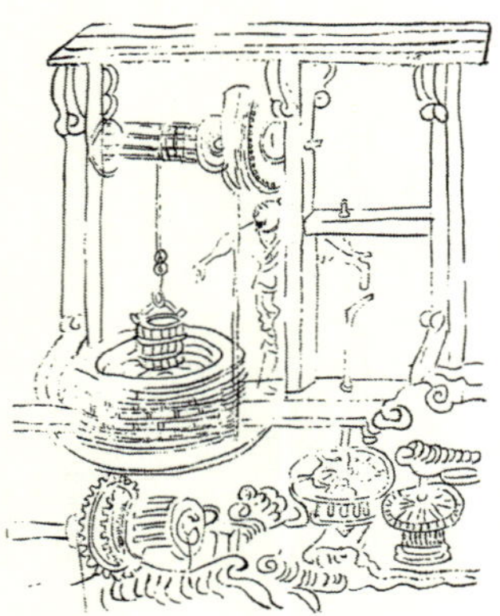

거중기(擧重機) 2

취수기(取水機) 1

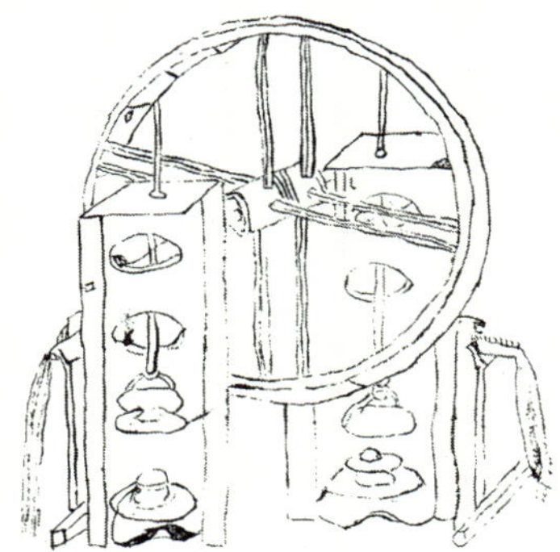 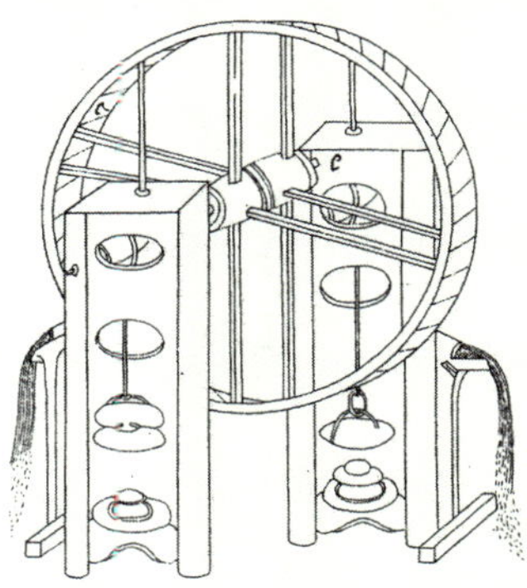

취수기(取水機) 2

취수기(取水機) 3

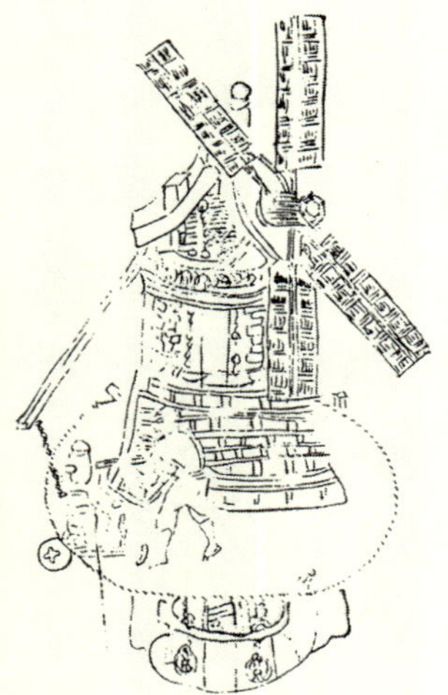
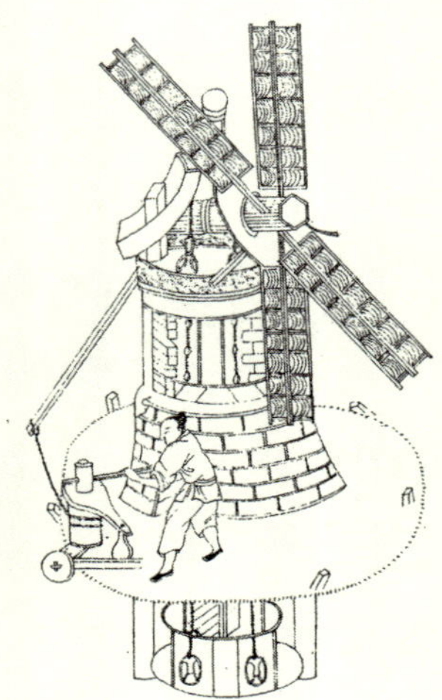

취수기(取水機) 4

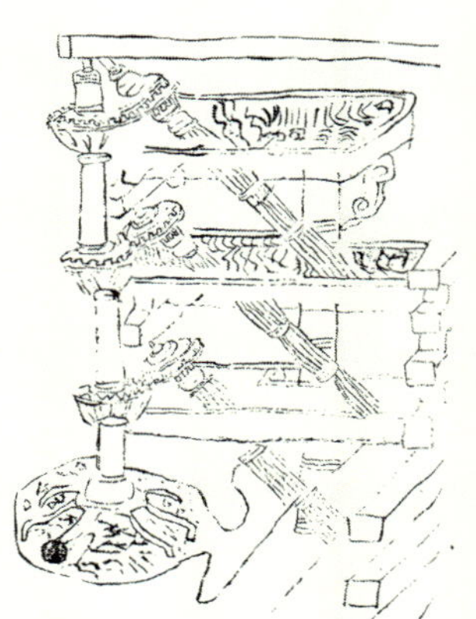

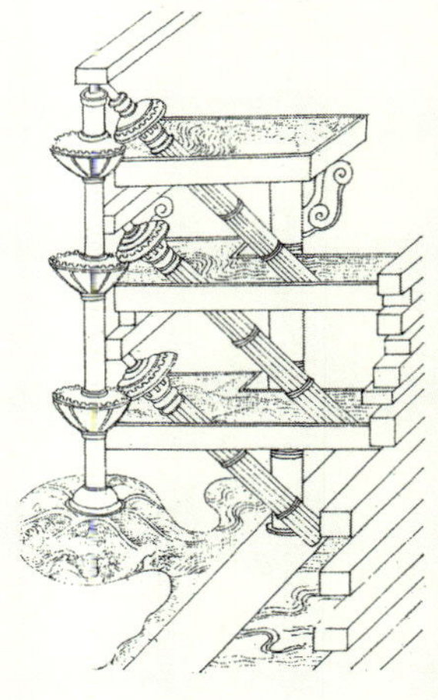

취수기(取水機) 5

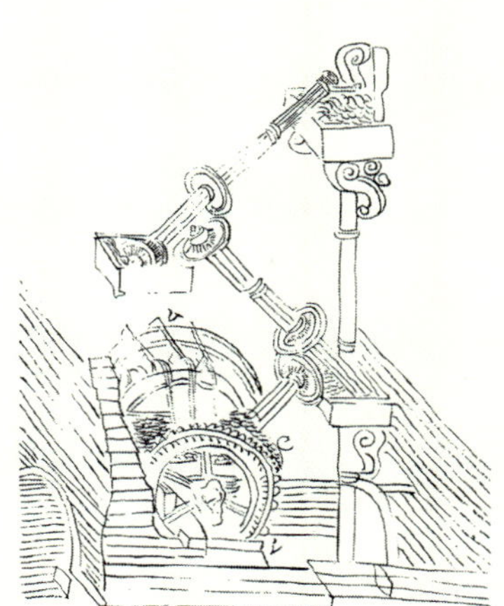

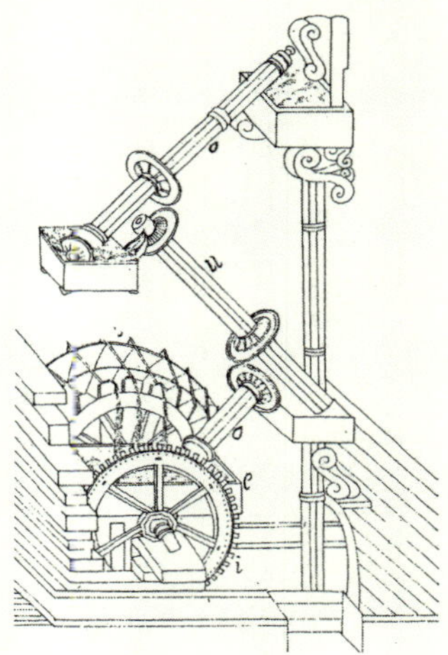

취수기(取水機) 6

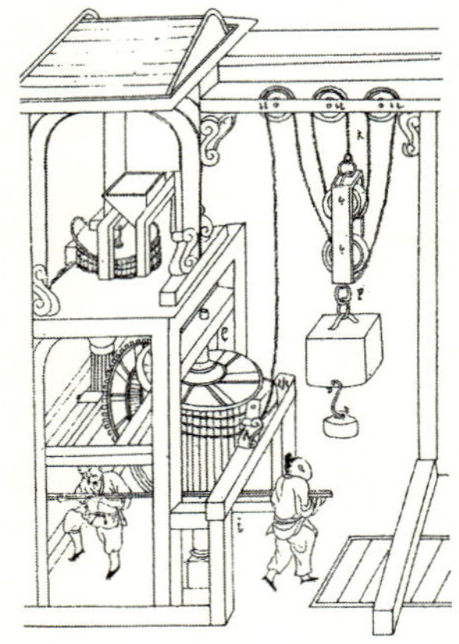

회전 숫돌(분쇄기) 1

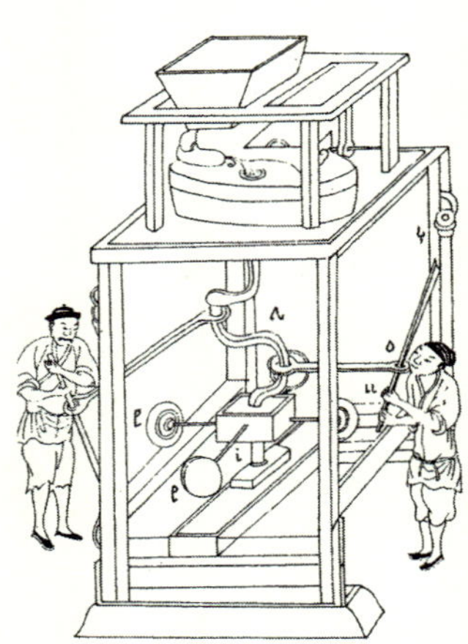

회전 숫돌(분쇄기) 2

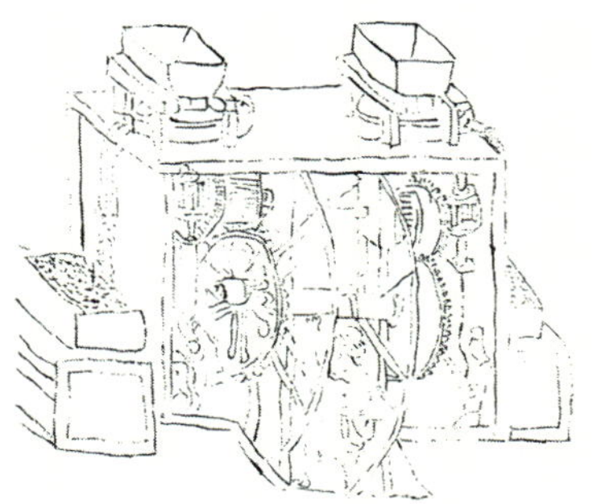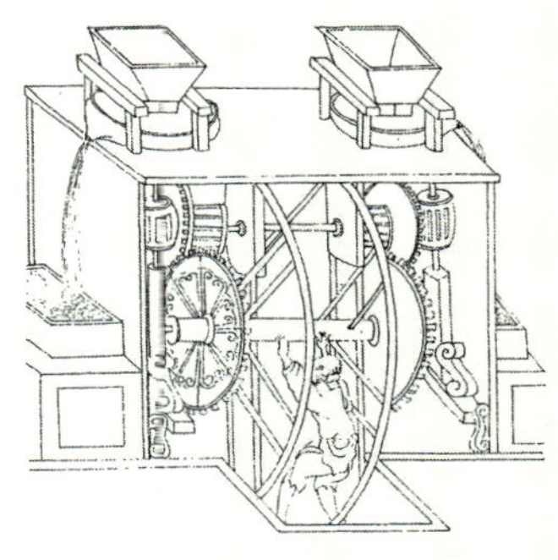

회전 숫돌(분쇄기) 3

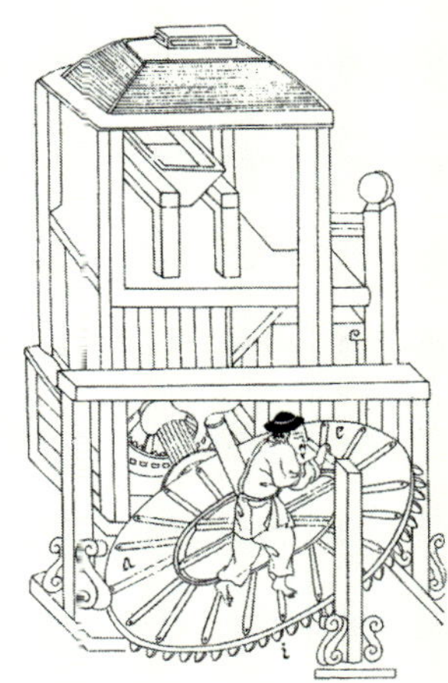

회전 숫돌(분쇄기) 4

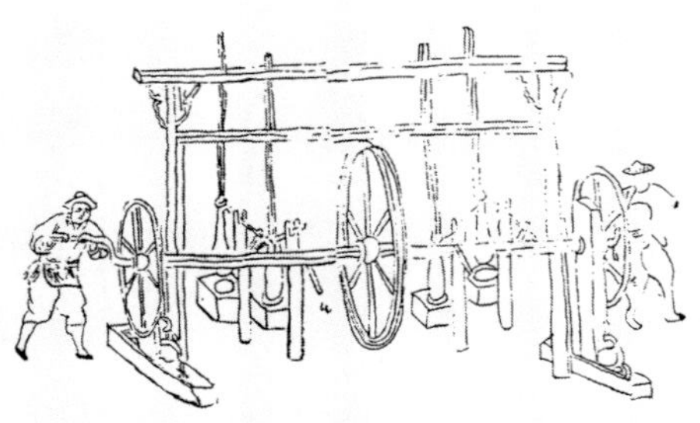
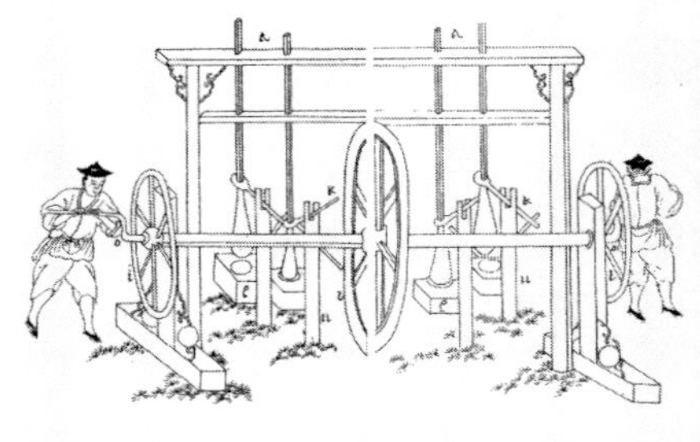

회전 방아

밭 가는 기계

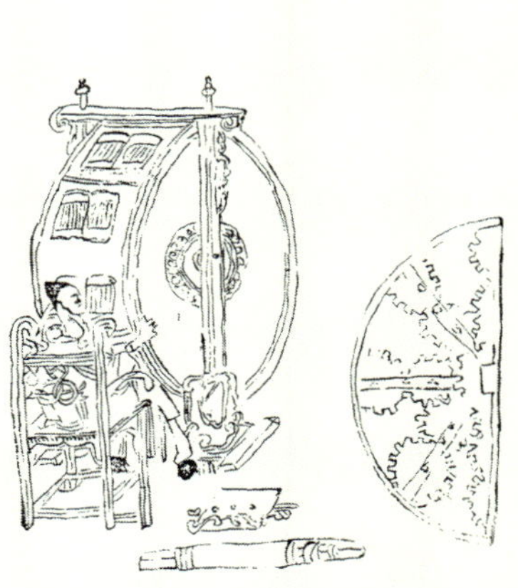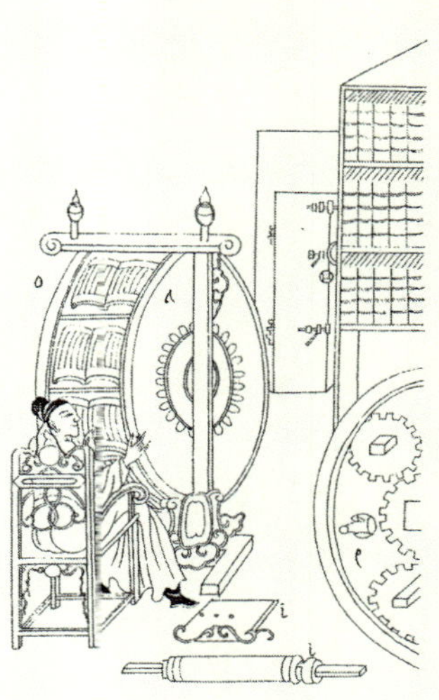

회전식 서가(書架)

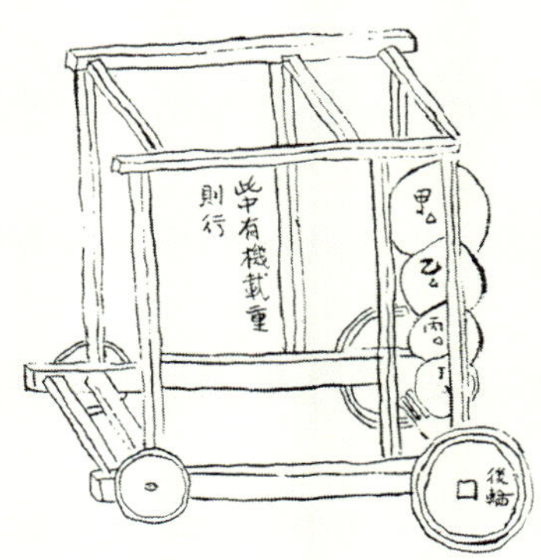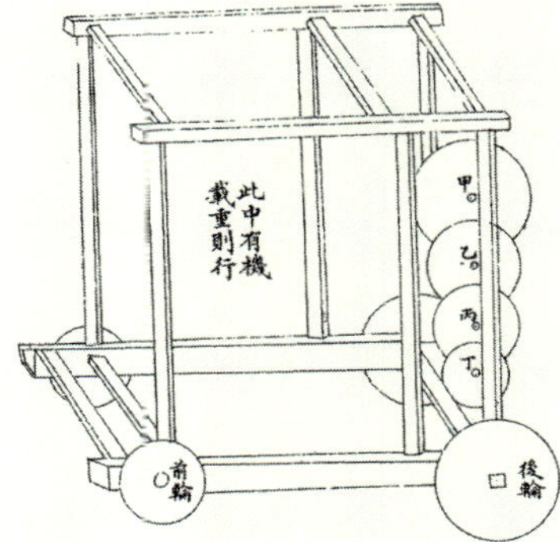

자동차[自行車] 설계도

7

총결

종래의 조선후기 대청인식에 관한 연구는 대개 병자호란 후 17세기에는 불편했던 양국관계가 18세기에 들어 점차 안정적인 기조를 유지하면서 18세기 후반에는 북학론의 수용으로 대청관계가 새롭게 조정되어 갔다고 보는 것이 일반적인 시각었다. 이와 같은 관점에서 18세기 후반에 고조된 북학 논의는 허구화된 북벌의 대의명분에서 벗어나 조선사회를 새로운 도약의 단계로 유도했다는 점에서 대단히 긍정적인 평가를 받았다.

그리하여 '화이일야華夷一也'의 세계관을 표방했던 북학론자들의 입장은 종래의 화이관념을 불식시킨 근대적 성격의 새로운 사유관념이라고 크게 부각되어 왔다. 그런데 북학론이 과연 18세기 후반 조선사회를 대표하는 시대정신이었는가 하는 문제부터 시작해 좀더 본질적으로 북학론자들이 과연 존주대의의 명분론에서 완전히 벗어난 것이었는가에 대해서는 의문의 여지가 없지 않았다.

이토록 북학 논의 자체를 근대적 성격과 연관지어 대단히 긍정적으로 평가한 적극적인 자세는, 조선후기 사회에서 북학사상만을 부각시키는 부조적 수법에 의해 조성되어 온 감이 있다. 그와 같은 선행연구들이 거두어들인 나름대로의 성과를 고려하는 바탕 위에서 좀더 전체적인 시야로 북학사상의 위치를 자리매김해 보려 하였다.

먼저 필자가 고민한 것은 청구문명淸歐文明의 이기를 적극적으로 도입하려 했던 북학론자들의 입장이 평지돌출한 것이었는가였다. 이에 대해서는 종래 낙학의 심성론으로부터 북학사상의 논리적 근거가 마련되었다고 보는 학설사적 견해와 북학론자들의 연행을 통한 지견의 확대가 북학사상 형성에 크게 기여했다는 점들이 제시되어 왔다.

그런데 검토 결과 조선후기 사회에서는 북학사상을 고조케 할 수 있었던 장기 지속적인 역사가 선재先在했음을 확인하였다. 그것은 인조대부터 조선 정부가 중심이 되어 꾸준히 추진한 청을 통한 서양역법 수용의 역사였다. 조선 정부의 서양역법, 즉 시헌력 수용 노력은 병자호란 이후 척화의식이 격화되는 사회 분위기 속에서도 간단없이 지속되었다. 따라서 이 책에서는 이를 척화의식에 상응하는 또 하나의 대청인식이라고 보고 이를 청에 대한 경분론과 현실인식의 공존, 즉 두 갈래의 대청인식이라고 파악하였다.

병자호란 이후 조선 정부가 사회 전반의 척화 분위기에도 불구하고 원수인 청으로부터 서양역법을 수용하려 했던 것은 왕도정치의 구현이라는 제왕가의 현실적인 입장 때문이었다. 『서경』「요전」에 의하면, 바른 역법을 제정하여 백성들에게 정확한 농시를 알려주는 것이야말로 제왕의 급무라고 설파하고 있는데, 조선왕조는 건국 당시부터 이를 매우 중시하였다. 조선 창업기의 결정인 세종대에는 천문관측기관과 기기들이 완비되었고 이를 바탕으로 부강한 과학입국으로서의 면모를 과시하였다. 이와 반대로 군주의 도덕성을 유지케 하는 천인합일설을 배격한 연산군은 급기야 천문 재변에 대한 상달을 금지시키고 관상감을 혁파함으로써 그 자신이 도리어 반정의 제물이 되는 비극을 면치 못했다.

이와 같은 교훈적 전통 아래 병자호란 이후에 조선 정부는 청나라를 통한 서양역법의 입수에 부단한 노력을 기울였다. 조선은 청으로부터 달력을 하사받는 위치에 있었으나, 이에 만족하지 않고 스스로 시헌력의 연구에 몰두하여 10여 년 후인 효종 4년(1653)에 드디어 시헌력을 정식 시행하게 되었다. 그 후에도 조선 정부에서는 계속해서 서양역법의 탐구를 늦추지 않았고, 18세기 초반부터는 아예 사행에 수행한 관상감 관원들의 방문이 쉽지 않았던 천주당을 방문하여 서양인들과의 접촉을 본격화하고 역법에 대해서 문의하는 일이 정식화되기에 이르렀다.

이에 따라 조선의 지식인 사회에는 서양문물의 우수성이 상당히 넓게 확산되었다. 더욱이 호란 이후의 대표적 명분론이었던 북벌과 척화의 허구성이 노정되면서 이용후생에 대한 관심은 날로 고조되어 갔다. 그리고 개방군주 정조의 치세에 들어서면서 국왕의 후원에 힘입은 서양문물 입수는 그 폭이 좀더 확대되었다. 북학론은 이러한 여러 가지 배경하에서 고조될 수 있었다.

그렇지만, 이 시기 한송절충론漢宋折衷論의 유행에서 대표되듯이 이용후생을 중시하는 현실주의의 고조가 주목할 만한 시대적 특징이었음은 물론이지만 이에 못지않게 존주론적 명분론의 입장도 만만치 않았다. 사실 시대인식의 대세로 보자면 후자 쪽이 더 우세했다고 보는 편이 무난할 것이다. 더욱이 1791년에 발생한 신해 진산 사건으로 말미암아 그동안 서양문물의 수용에 있어 개방적이던 사회 분위기가 크게 경색되었다. 이에 따라 서기의 적극적인 도입을 주장하던 북학론자들에게는 그들의 입장을 실현시킬 수 있는 몇 가지 타당한 논리가 요구되었다. 그것은 첫째, 이용후생의 중시야말로 유학의 본지라는 점을 밝힌 것이다. 둘째, 이용후생지물의 적극적인 수용은 결국 조선의 현실적인 힘을 키워 명나라를 위한 복수를 완성시키기 위한 것이라는 존주론의 강조였다.

요컨대 청구문명의 수용이 결코 조선의 사대부가 지향해야 할 목표를 상실한 것이 아니라, 오히려 그 목표를 달성하기 위한 수단에 지나지 않음을 정확하게 명시한 것이다. 이와 같은 태도를 이 책에서는 도기분기론의 정립으로 파악하였다. 한편, 도기분리론이 아무런 문제없이 수용되기 위해서는 서양의 기술이 전혀 이질적인 것이 아니라는 점이 요구되었는데, 이러한 점은 정약용 등의 중국원류설에 의해서 보강되었다. 당시 개방론자나 척사론자를 막론하고 공유하고 있었던 중국원류설은 최한기 단계에서 극복되어진다. 그러나 후대에 더욱 정확해진 천경, 즉 역법의 이치에 밝아야 인경, 즉 성인의 도리를 체득할 수 있다고 한 최한기의 의론에서 우리는 조선 정부가 왜 그토록 원수의 나라 청을 통해 서양의 신역법 터득에 노력을 기울였는지 그 부단했던 자기 쇄신의 의미를 감지할 수 있다. 그리고 이것은 조선 유학사상이 서양과학을 만나는 중요한 특징 중 하나였다고 볼 수 있다.

그러나 이와 같은 도기분리론, 더 나아가 동도서기론적 입장이 논리적으로 타당하며 현실적으로 실현가능한 것이었는가에 대해서는 좀더 깊은 성찰을 요구한다. 최한기가 기학을 통해서 완성하려고 했던 어설픈 과학의 철학화, 철학의 과학화가 오히려 서양의 학문을 있는 그대로 받아들이는 데 장애요인이 되지는 않았는지 되돌아볼 일이다. 지금까지 언급한 것처럼, 북학론자들의 자연과학적 지식에 대한 각성을 유교철학의 심성론에서만 해명하려는 개념의 착종현상을 그대로 방치하는 한 한국사는 단순히 전통을 미화하는 수구지향의 학문에 머물 수밖에 없을 것이다. 그렇기 때문에 지금 필요한 것은 서양의 자연과학이론이 우리 유교철학에도 내재하고 있었다는, 어찌 보면 전통시대 지식인들과 별반 차이가 없는, 중국원류설적 입장의 재확인이 아니다. 보다 절실한 것은 조선후기의 지식인들이 유교적 입장에서 서구의 자연과학적 지식을 받아들였을 때 보여준 그 수용방법론에 대한 냉정한 검토와 평가라고 하겠다. 이것이야말로 오늘의 우리가 나아가야 할 방향성을 근원에서부터 재점검하는 매우 귀중한 역사의 거울이 될 것이라고 믿어 의심치 않는다.

부록

1. 『사고전서』에 수록된 한역서학서

청조는 건륭乾隆 37년(1772)부터 연경에 사고전서관을 설치하고 약 10여 년의 세월 동안 막대한 인력과 물력을 들여 하나의 방대한 총서를 완성하였다. 이것을 『사고전서四庫全書』(건륭46, 1781년 완성, 3,458부 7만 9,589권)라고 한다. 찬수纂修 기간 동안 『사고전서』에 채록한 서적과 채록하지 않은 약간의 서적을 모두 편사編寫 내용에 따라 제요提要로 나눈 후에, 이 제요를 가지고 편배編排를 분류하여 일서─書를 만들었다. 이것이 『사고전서총목』(『사고전서총목제요四庫全書總目提要』)이다. 건륭 47년(1782) 7월 『사고전서총목』의 초고가 완성되었다. 이후 『사고전서총목』의 내용은 『사고전서』의 부단한 보충과 추환抽換에 따라 몇 차례 증개增改를 거쳤다. 『사고전서』 중에서, 조선후기 실학자들이 가장 큰 영향을 받았던 '천문산법류天文算法類'는 다음과 같다.

『周髀算經』2권,『重修革象新書』2권,『七政推步』7권,『新儀象法要』3권,『六經天文編』2권,『原本革象新書』5권,『表度說』1권,『簡平儀說』1권,『天問略』1권,『新法算書』100권,『聖壽萬年歷』8권,『古今律歷考』72권,『乾坤體義』2권,『歷體略』3권,『御製曆象考成』42권,『測量法義』1권,『渾蓋通憲圖說』2권,『圜容較義』1권,『欽定儀象考成』33권,『御製曆象考成後編』10권,『曉菴新法』6권,『中星譜』1권,『天經或問前集』4권,『天步眞原』1권,『天學會通』1권,『歷算全書』60권,『大統歷志』8권,『勿菴歷算書記』1권,『中西經星同異考』1권,『數學』8권,『數學續』1권,『九章算術』9권,『孫子算經』3권,『數術記遺』1권,『海島算經』1권,『五曹算經』5권,『五經算術』2권,『張邱建算經』3권,『緝古算經』(無卷數),『數學九章』18권,『測圓海鏡』12권,『測圓海鏡分類釋術』10권,『益古演段』3권,『弧矢算術』1권,『同文算指前編』2권,『通編』8권,『幾何原本』6권,『御製數理正蘊』53권,『幾何論約』7권,『數學鑰』6권,『數度衍』24권,『句股引蒙』5권,『句股矩測解原』2권,『少廣補遺』1권,『莊氏算學』8권,『九章錄要』12권 등.

『사고전서』에 수록된 '천문산법류'의 특징은 천문과 수학이 독립된 분과학문으로 구별되지 않고, 같은 분류 안에 포함되어 있다는 점이다. 그것은 어째서일까?

수數는 육예六藝의 하나로 백 가지 헤아림도 ᄼ를 통해서 재량할 수 있는 것이다. 천하에 지극히 정밀한 것을 살피는 것으로 율려律呂(음악)와 추보推步(천체의 운행을 관측하여 달력을 만듦) 같은 것이 있는데, 모두 이로 말미암아 요묘要眇(아름다운 모양)를 궁구하면 측량술에 더욱 보탬이 될 것이다. 그러므로 천문은 산서算書에 근본하지 않음이 없다. 산서는 비록 천문을 말하지 않으나, 그 법이 또한 천문과 통하는 것이어서, 두 가지(천문과 산법)가 항상 서로 출입하니 대개 흐름은 다르지만 근원은 같다. 지금 소학小學(『사고전서』, 「경부經部」, '소학류小學類')에 들지 않고 천문의 뒤에 차례하는 것은 그 일이 커서 중한 바를 따름이요, 천문과 더불어 합하여 하나가 되지 않음은 그 쓰임이 넓고 또 한 가지에 제한되지 않기 때문이다.[317]

천문학과 수학을 함께 묶어놓은 이유는 "천문은 산서에 근본하지 않음이 없고, 산서는 비록 천문을 말하지 않으나, 그 법이 또한 천문과 통하는 것"이기 때문이라는 것이다. 중국에서 예수회 선교사들에 의해 서양과학이 전해지면서 수학은 이제 전통적인 상수학*적 개념에서 벗어나, 과학성을 담보하는 가장 중요한 기초학문으로 인식되어진다. 이러한 인식은 조선의 실학자들에게 그대로 전해졌다.

홍대용은,

지금 서양의 법은 산수를 기본으로 해서 의기儀器를 마련하고, 만형萬形을 헤아려서 만상을 살피며, 천하의 원근, 고심高深, 거세巨細, 경중을 모두 눈앞에 모아 손바닥 위에서 가려놓을 만큼 되었으니, 한당漢唐에 일찍이 없던 일이라 해도 망언이 아니다.[318]

라고 하여 서양의 수학을 높이 평가하고 있다.

---

* 『易』의 卦에 나타난 形象과 변화에 대한 학문.

박제가도 1786년에 정조에게 올리는 「병오소회丙午所懷」를 통해 해외통상론을 주장하면서,

> 신이 들으니, 중국 흠천감欽天監에서 역서를 만드는 서양사람들은 모두 기하학에 밝고 이용후생의 방법에 정통하다 합니다.[319]

라고 하여 서양의 수학이 정밀하여 실생활에 도움이 되는 것을 밝힌 다음, 한 걸음 더 나아가 관상감에서 쓰는 비용으로 서양사람들을 초빙하여, 나라 안의 자제들로 하여금 천문을 비롯한 실용과학기술을 배우게 할 것을 건의하였다.

이러한 점은 최한기에게도 그대로 영향을 미쳐 그로 하여금 수학을 가장 중요한 학문의 수단으로 인식하게끔 만든다. 최한기는 자신의 기를 수로 표현할 수 있다고 생각하기에 이른다.

> 기수氣數의 학문은 사물의 이치의 요묘要妙를 궁구하여 통하는 것이다. ……저 기수의 승제乘除하는 법칙은 조화造化에 참여하는 단서가 됨에라.[320]

라는 최한기의 말은 『사고전서』의 '산서算書'라는 단어를 '기수氣數'라는 말로 바꾸었을 뿐, 그 함축하는 의미는 동일한 것임을 알 수 있다.

최한기의 수학에 대한 신뢰가 『사고전서총독』에 수록된 '천문산법류'의 내용과 동일한 것이라는 것은 다음의 인용문에서도 살필 수가 있다.

대저 기의 이치를 통달하고자 하는 사람이 산수算數의 학문에 통하지 못하는 것은 도와주는 사람이 없는 소경과 같다고나 할까. 기에는 반드시 이치가 있고, 이치에는 반드시 상象이 있고, 상에는 반드시 수數가 있으며, 수를 따라 상을 통하고 상을 따라 이치를 통하고 이치를 따라 기를 통하는 것이라, 이와 같이 교차하여 발하고 상호 돕는 이익이 있는 것인데, 한갓 산학算學을 익히기만 하고 신기神氣를 통할 줄 모르는 것은 악공樂工이 악보만을 배우는 것과 비슷한 것일진저.[321]

이 이야기는 위에서 살펴본 바대로, 산법의 중요성과 함께, 산법을 통해서 천문을 밝힐 수 있다고 한 『사고전서총목』 '천문산법류'의 내용과 그 논리구조에 있어서 동일한 것이라고 할 수 있다. 여기서 다른 것이 있다면 『사고전서총목』에서는 산법이 천문을 밝히는 데 도움이 된다는 내용이었다면, 최한기의 글에서는 산법을 응용하여 기를 밝히는 데까지 나아가야 한다는 것으로 바뀐 것뿐이다.

그러나 다음의 인용문처럼 최한기가 말한 기가 우주의 법칙까지를 포함하고 있는 것이라는 점을 안다면[322] 결국 수학은 천문을 정밀하게 연구하는 수단이자, 일상적인 기의 운동을 측량하는 수단이 됨을 알 수 있다.

기의 운동에는 모두 일정한 법칙이 있으므로, 그 빠르고 느린 것이 자연히 차이가 있다. 큰 것으로는 오위五緯(金·木·水·火·土의 다섯 별, 28수宿는 왼쪽으로 돌아 경經이 되고, 오위는 오른쪽으로 돌아 위緯가 된다)의 궤도, 작은 것으로는 일상적인 일까지 모든 것이 실로 범연한 헤아림이나 억측으로는 다할 수 없는 것이다. 여기에서 기의 운동을 측량하는 산수의 학문이 있게 되며, 그 가운데 이가 있어 한 번 더하고 빼는 것이 이 아닌 것이 없다. 이치를 궁구함에 정밀함이 여기에서 더할 수 없고 사물을 마름하여 재는 것도 이것을 벗어나지 않는다.[323]

최한기는 기의 취산은 수가 아니면 그 상하를 소급해 알 수 없다고 하고, 또 수를 어떻게 활용하느냐에 따라 귀천의 차이가 있음을 역설한다.

기의 취산은 수가 아니면 그 상하를 소급해 알 수 없고 이치의 가감도 수가 아니면 승제까지 미루어나갈 수 없다. 처음 배우는 사람들이 마음을 가라앉혀 연구하면, 점점 분석해 보는 재미가 열려 이치를 탐구하는 것이 정밀하게 되니, 무엇인들 도움이 되지 않겠는가. 다만 사람이 그것을 활용하는 데는 자연히 귀천의 차이가 있다. 즉 일생 동안 힘을 들이는 것이 주산이나 주책籌策(계략)에서 떠나지 못하는 것은 서리들이 하는 일이요, 기의 운행을 미루어 차례를 잃지 않고 기의 화생化生을 미루어 사물을 가름하는 것이 세상을 다스리는 자가 숭상하는 바다.[324]

수학은 당시 중국에 전해졌던 서학이 중국인들로부터 그 과학성을 인정받게 되는 가장 기초가 되는 학문이었다. 한역서학서를 통해서 그 과학성을 깨달은 최한기는 기의 운화법칙이 바로 수학적이라고까지 생각했다. 최한기의 기철학이 가치론 중심이며 직관적인 방법에 의존하는 성리학적 사고에서 탈피하여 근대적인 사유방식으로 나아가는 과정에서 체계화된 의미 있는 사상처계라는 평가를 받는 것도 이 때문이다.[325]

여기에서 한 가지 짚고 넘어갈 것이 있다. 최한기가 『사고전서』의 '천문산법류'에 주목한 것은 사실이지만, 그렇다고 그가 『사고전서』의 '천문산법류'에 나오는 모든 책을 신뢰했던 것은 아니다.

> 서양의 역법을 가지고서 중국의 역법과 비교하면 그 우열과 이둔利鈍이 자연 명백하다. ……중국력은 당연한 운기만을 나타냈을 뿐이고, 서양법은 소이연所以然의 근원을 미루어 밝힌 것이다. 나아가 오성의 교점이 있고, 또 위행緯行이 있는 것과 일월의 행도行道가 타원분적橢圓分積이라는 것 및 몽기의 말 같은 것에 이르러서는 바로 중국력의 결함 중에서 가장 큰 것인데, 서양법을 얻어서 미비한 것을 보충해야 할 것이다.[326]

최한기가 『사고전서』를 통해 수용했던 것은, 중국 전통의 천문서가 아니라 서양의 천문과학기술 내용이 담긴 한역서학서였다. 한역서학서에 대한 이러한 믿음은 물론 최한기 혼자만의 독단이 아니었다. 한역서학서의 우수성은 중국인들 스스로가 인정하고 있던 터였다.

> 삼대三代의 제작制作은 후세가 미칠 바가 아니지만, 오직 천문산법天文算法은 밝혀지면 밝혀질수록 더욱 정밀해졌다. 이마두(마테오 리치) 이전에는 변화가 한결같지 않았는데, 서양이 뒤늦게 나타나니 자못 이전의 규범과 다름이 있었다. 분조分曹하여 측험測驗하니 모두 실제로 징험함이 있어서 끝내는 능히 북쪽을 가리켜 남쪽이라 할 수 없게 되었다. 어두움을 깨닫게 하니 신법을 공격하던 자들은 국초에 점차 사라져갔다.[327]

라고 하여 중국인들 스스로도 한역서학서의 과학성을 인정하고 있다.

『사고전서총목』을 보면 단적인 예로서,

서양인 이마두(마테오 리치)가 지은 『건곤체의乾坤體義』는 비록 편질이 많은 것은 아니지만, 그 말이 다 여러 실측을 경험한 것이고, 그 법은 다 변통함을 갖춘 것이라, 가히 말은 간략하나 뜻을 갖춘 것이라 할 만하다. 이 때문에 『어제수리정온御製數理正蘊』에서 그 설을 많이 채록하여 이용하였다.[328]

라고 한 반면에,

중국인 이문연李文淵이 지은 『진씨칠정전서秦氏七政全書』는 다만 서법西法의 조박(학문에 있어서 옛사람이 말하여 다 밝힌 찌꺼기의 비유)으로서, 천행으로써 살피건대 많은 것이 어긋나고 법도를 잃은 까닭에 채록함에 있어서도 쓸모가 없는 것이다.[329]

라고 폄하하였다.

이렇듯 천문역산에 있어서 중국인들이 인정한 서구과학의 우수성은 그대로 최한기에게 전달되었다.

대개 옛날에는 밝혀지지 않았다가 후대에 와서 점점 밝혀지는 것은 역리와 물리이고, 옛날에 이미 밝혀졌다가 후세에 도리어 어두워진 것은 상도와 중도이다. 후세에 더욱 밝아진 것으로 중도와 상도를 회복하여 천지인물天地人物의 경經을 서로 참고하여 발명하면, 한갓 지금이 옛날을 말미암아 밝아질 뿐 아니라, 또한 옛날도 지금을 말미암아 더욱 밝아지

게 된다.[330]

중국에서 들어온 한역서학서를 통해 그 정밀함을 알게 된 역리와 물리를 이용하여 후세에 도리어 어두워진 상도와 중도를 회복하는 것이 최한기 학문의 기본 목표였다. 오륜은 인륜상도의 조목이므로 비록 성인이 다시 이 세상에 태어난다 해도 이 도를 바꿀 수 없는 것이지만, 때에 따라 지킬 것은 지키고 고칠 것은 고쳐서 백성의 풍속이 변화하는 추세를 바로잡아 반드시 막힌 사람을 통달하도록 만들어야 한다는 것이 최한기가 생각하는 사도師道였다. 여기에 기용학器用學과 역산학曆算學은 천하가 동일한 것이고, 백성의 생활에 빼놓을 수 없는 것이므로, 이것을 오륜과 더불어 존경하는 스승의 대열에 참여시켜야 한다는[331] 것이 최한기의 기본 입장이었다.

2. 중국에 있어서 서학의 영향

『서경』「요전」에 '내명희화乃命羲和, 흠약호천欽若昊天, 역상일월성신曆象日月星辰, 경수민시敬授民時'라는 구절이 있다. 이것을 풀이하면 '요제堯帝는 희씨와 화씨에게 명하여 위대한 하늘에 흠종欽從하고 일월성신을 역상하여 백성에게 때를 경수敬授하라'는 뜻이 될 것이다. 따라서 중국의 제왕들은 대대로 천문을 관측 기록하여 '경수민시'하는 것을 자신의 신성한 임무로 생각하였으며, 조공국朝貢國의 제왕諸王들까지 이것을 봉행토록 하였다. 따라서 역서는 최고권력자로서의 제왕의 상징이며, 그의 정확성 여부는 제왕의 권위와 직결되었다.

이러한 배경하에서 예수회 선교사들은 마테오 리치 이래, 중국의 전통적인 천문학과 그 기초가 되는 수학에 대해 서양천문학과 수학의 우월성을 보임으로써 명明·청淸 왕조의 중추부에 파고 들어갈 수 있었다.[332]

천문·역산 분야에 있어서 새로운 차원의 변화를 몰고 온 예수회 선교사 마테오 리치의 등장을 『명사明史』에서는 다음과 같이 기록하고 있다.

> 천상天象은 비록 고금에 다른 것이 없지만, 하늘을 이야기하는 자와 하늘을 관측하는 기계가 왕왕 뒤에 것이 앞에 것보다 나음이 있었다. 「지志」에 기록해 두지 않아 일대一代의 제작의 뜻이 없어져 전하지 못하게 됐으니 이 또한 사법史法의 결루缺漏이다. 혜패비류彗孛飛流와 훈적배포暈適背抱에 이르기까지 하늘이 경계를 보이는 바에 것은 「본기本紀」 중에 다 실을 수 없으니 어찌 따로 「지」에 기록하지 않을 수 있겠는가. 명나라 신종 때에 서양인 이마두(마테오 리치) 등이 중국에 들어왔는데, 천문과 역산曆算의 학문에 정밀하여 은미한 것을 들춰내고 심오한 것을 천명하며, 산법을 이용하여 기계를 만들어냄이 전에는 이런 것이 일찍이 없었다. 이에 그 중요한 것을 간추려 「편篇」에 기록하였다. 실록에 기록한 천상성변天象星變에 대한 책은 너무 많아서 그중 특별히 특이한 것만을 골라 남겨두었다.[333]

마테오 리치는 중국의 고전과 서법을 연구하여 『천주실의』를 집필하였고, 1519년부터 4년간에 걸쳐 사서四書의 라틴어 역본을 완성하여 '서유西儒 이씨利氏'라는 명성을 높혔다. 그가 한문으로 쓴 역저서譯著書는 지금까지 알려진 바에 의하면 22종으로 되어 있는 데,[334] 이 책들은 그가 가지고 온 지도와 함께 당시 중국과 조선에 큰 영향을 미쳤다.[335] 마테오 리치가 연경에 들어갈 때 명나라 황제 신종을 위해 천주성상天主聖像, 천주성모상天主聖母像, 만국지도萬國地圖, 자명종自鳴鍾, 양금洋琴 등 여러 선물을 준비했는데, 신종은 자명종이 고장났을 때 수리할 수 있는 서양사람으로서 그에게 연경 거주를 허락하고, 선무문宣武門 안에 교회당을 건설할 수 있게 해주었다.[336] 1610년에 마테오 리치가 별세할 당시 천주교 신자의 수는 2,500명에 달하였으며, 그 속에는 명말 봉교사인奉教士人의 삼대주석三大柱石으로 알려지고 있는 서광계·이지조·양정균楊廷筠(1577~1627)과 같은 명사들이 포함되어 있었다. 그들은 예외없이 천주교를 보유론적인 '역불보유易佛補儒'의 교리로 이해하였다.[337]

마테오 리치 서거 후, 중국 전도사업의 총책임자가 된 롱고바르디(Nicolas Longobardi, 용화민龍華民)는 트리고(Nicolas Trigault, 금니각金尼閣)를 로마에 파견하여 중국전도에 관한 보고와 선교사의 증파를 요구하였다. 트리고는 1620년 7,000여 부의 서양서와 테렌쯔(Johann Terrenz, 등옥함鄧玉函: 1576~1630), 아담 샬을 데리고 연경에 들어갔는데, 7,000여 부의 서양서 중에는 역산서曆算書가 가장 많은 부분을 차지하였다.

1629년 6월에 일식이 있었는데, 중국에서 종래 사용하던 대통력과 회회력에 의한 추산이 오차가 생겼으나 서광계에 의한 추산이 적중하였다. 이를 계기로 예부는 역법개수曆法改修에 대한 상소를 올려 선무문 안에 역국曆局이 개설되고, 서광계는 역법개수의 총책임자로 임명되어 기상·측량·수리·음악·군사·재정·건축·물리·기계·여도輿圖·의학·계시計時의 기초적인 학문으로 특히 수학 연구에 힘쓸 것을 강조하였다. 그는 이지조·롱고바르디·테렌쯔·아담 샬·로오(Jacques Rho, 라아곡羅雅谷) 등을 기용하여 역법개수 작업을 진행하였으나 끝을 맺지 못하고, 1633년에 세상을 떠났다. 천주교 신자이며 산동참정山東參政으로 있던 이천경李天經이 서광계의 추천으로 그의 역법개수를 충실히 계승하여, 1634년(숭정 7년) 제5차에 걸쳐서 역찬譯撰한 역서를 진정하였는데, 이것이 서양역산서의 집대성인 『숭정역서崇禎曆書』이다.[338]

『숭정역서』는 청초에 아담 샬에 의해 『서양신법역서西洋新法曆書』로 개편되어 1645년(순치 2년)에 개력하였는데, 순치제는 이것을 '시헌력'이라 명명하고, '의서양신법(서양의 신법에 의존한 것)'이란 다섯 글자를 덧붙이도록 하였다. 중화사상을 스스로 포기하는 이러한 조치는 나중에 양광선 등에 의한 흠천감교난欽天監教難을 유발시킨다.[339]

1644년 8월 1일에는 일식에 대한 추산이 있었는데, 대통력은 이각, 회회력은 사각의 오차가 있었으나, 서법에 의한 아담 샬의 추산이 적중하여 역법을 둘러싼 신구의 경쟁에서 서양역법이 완전히 승리하게 되었다. 청조는 드디어 1644년 11월에 아담 샬에게 종래의 흠천감과 역국을 합친 흠천감의 인신印信을 관장하도록 하고, 1646년에 정식으로 그를 흠천감정으로 임명하였다 그 후에 중국에서 천주교에 대한 탄압과 박해가 있었음에도 불구하고, 서양 선교사들은 1838년까지 흠천감의 천문관측사업을 장악하게 되었다.

아담 샬을 신임하고 있던 순치제가 1661년에 서거하고 강희제康熙帝(1662~1722)가 7세의 어린 나이로 등극하자, 양광선은 반서교反西

敎·반서법反西法 세력을 배경으로, 1664년에「청주사교장」을 올려 서양 전도사들이 불궤不軌(역모)를 음모하고 있다고 고발하고 흠천감교난을 일으킨다. 그러나 순치제의 모친인 태황태후太皇太后도 선제先帝가 신임하던 아담 샬의 처형을 반대하였으므로, 아담 샬을 비롯한 네 명의 전도사들은 석방되었다. 그렇지만 1666년 아담 샬은 병사하고, 그의 후계자가 될 만한 우수한 중국인 수학자 이조백李祖白을 비롯한 다섯 명의 감원들은 참수되었다. 그리고 아담 샬을 대신해서 보수파인 양광선이 감정監正이 되고 오명훤吳明烜이 감부監副가 되어 대통역법大統曆法과 회회역법回回曆法이 회복되었다.

양광선은 1668년에 그 직무상 1669년도 역서曆書를 올리게 되었다. 강희제는 그들이 작성한 역서에 대하여 페르비스트의 의견을 묻자, 페르비스트는 거기에 대한 오류를 지적하였다. 양자간의 시비를 경쟁하는 실험의 결과 서법西法의 정확성이 실증되어서 1669년 6월에 페르비스트를 흠천감欽天監 감부監副(실질적인 책임자)에 임명하였다. 그러나 그가 성직자로서 세속적인 영화를 누릴 수 없다고 사퇴하자 '치리역법治理曆法'이란 명목으로, 실질적으로는 감정의 역할을 맡게 하였다. 아울러 이조백과 아담 샬의 명예도 회복되었다. 양광선과 페르비스트의 대결은 동서역법의 대결을 상징하는 사건이었는데, 양광선은 감정을 파직당한 후 고향인 산동성 덕주德州로 돌아가는 도중 병사했고, 오명훤은 장형을 받고 유형만은 면할 수 있었다. 이 흠천감교난을 계기로 강희제는 선교사들을 측근에 두고 서학연구에 열중하게 하였다.[340] 이러한 상황하에서 서양 선교사들이 지은 천문역산과 과학기술에 대한 많은 저술은 뒤에『사고전서』를 편찬할 때 수록되었던 것이다.

'천문산법류' 이외에도 최한기가 참고했던 한역서학서인 『태서수법泰西水法』과 『직방외기職方外記』가 『사고전서』에 수록되어 있고,[341] 『사고전서총목』 권134, 「자부子部」, '잡가류존목雜家類存目 11'에는 『천학초함天學初函』이 수록되어 있다. 『천학초함』은 이지조가 서교와 서양과학에 대한 내용을 이·기 두편으로 나누어 편집한 것인데,[342] 『사고전서』에는 「기편器編」만을 수록하고, 천주교 교리에 관한 것이라 할 수 있는 「이편理編」은 『직방외기』[343] 외에는 수록되지 못했다.[344]

「이편」에 수록된 책 중, 최한기가 참고했던 『직방외기』는 『사고전서총목』 권71, 「사부史部」, '지리류 4'에 있다. 『천학초함天學初函』 「기편」의 책으로 『사고전서총목』 권106, 「예부」, '천문산법류 1'에서 볼 수 있는 것으로는 『표도설表度說』·『간평의설簡平儀說』·『천문략天問略』·『측량법의測量法義』·『구고의句股義』·『혼개통헌도설渾蓋通憲圖說』·『환용교의圜容較義』가 있다. 권107, '천문산법류 2'에서 볼 수 있는 것은 『동문산지同文算指』·『기하원본幾何原本』이 있으며, 권102, '농가류農家類'에서 볼 수 있는 것은 『태서수법泰西水法』이 있다.

최한기의 『지구전요地毬典要』를 보면,

천학 제서諸書가 『사고전서(총목)』 '잡가존목雜家存目'에 수록되어 있는데 지금 대략 그 요점을 채록한다.[345]

하고는 『이십오언二十五言』·『천주실의天主實義』·『기인십편畸人十篇』·『교우론交友論』·『서학범西學凡』·『영언려작靈言蠡勺』·『공제격치空際格致』 등 『천학초함天學初函』의 「이편」에 관한 내용을 요약해

놓고 있다.[346) 특히

> 『이십오언』은 명나라 이마두(마테오 리치)가 찬撰한 것으로 서양교법西
> 洋敎法이 중국에 전해진 것은 이 25조條로부터 시작된 것인데, 대부분 대
> 지大旨는 석씨釋氏(불교)를 표절하여 문사文詞만 바꾼 것이고, 또 유서儒
> 書를 빌어다가 그 설을 꾸미고, 스스로 삼교三敎(유·불·도) 위에 우뚝
> 선 것이라 여겼다.[347)

라고 한 대목은, 서교를 비판했던 양광선의 견해와 동일한 것이며,
사료상 확인되는 바로는, 신후담의 『서학변』에서부터 박제형朴齊炯
의 『근세조선정감近世朝鮮政鑑(上)』(1883)에 이르기까지 일반적인 견
해였던 것 같다.

3. 실학자들의 서교관

성호 이익은 서교에서 말하는 천당지옥설을 부인하는 동시에, 서
교가 헛되고 그릇된 곳으로 돌아가는 것을 깨닫지 못하고 있다고 비
판한다.[348) 서교에서 받드는 천주란 곧 유가의 상제라는 인식을 견
지하는데,[349) 이는 예수회 선교사들이 중국에 들어오면서 중국인들
과 마찰을 피하기 위해 사용한 보유론적補儒論的 견해였다. 중국은
물론이고, 조선의 실학자들이 서교를 불교나 유교의 아류라고 보면
서도 보유론적 견해에 대해서 이러지도 저러지도 못하는 이매한 입
장을 취하게 되는데, 이것은 예수회 선교사들의 주도면밀한 적응주

의 전도방침이 효과적이었다는 것을 의미한다. 조선후기 사상사에 있어서 정약용은 '성리학을 지양하고 인간 이뢰의 모든 사물에 대해서 유물론적 관점을 견지하여, 존재론·인식른·윤리론의 측면에서 거의 탈형이상학일 만큼 진보적이며, 근대과학으로 접맥될 소지를 다분히 포함하고 있었으나, 그의 철학을 구성하는 실질 내용의 측면에서 보면 주요 결절점에서마다 전근대적 형이상학 내지 학문외적 신념으로서의 한계, 요컨대 정통기독교의 신앙적 요소로부터 영향 받은 인격신으로서의 상제를 중심으로 하는 그의 존재관은 과학 이전의 형이상학 중에서도 비교적 심한 유심론적 형이상학이며, 나아가 관념론적 형이상학의 선행형태 내지는 일탈형태인 종교적 신앙의 논리화'라는[350] 평가를 받는 데 비하여, 최한기는 이 보유론적 관점을 철저히 부정한다. 실질을 중시하는 최한기로서는 천지를 주재하는 인격성을 지닌 주재자를 인정할 수 없었고, 여기에 대한 대응논리로서 등장하는 것이 그의 신기神氣개념이다.[351] 결국 서구의 천문학과 실용기술적 측면만이 그의 우주관과 세계인식에 영향을 주었던 것이 아니라, 결국엔 서교까지도 그의 기학형성에 큰 영향을 주었다고 볼 수 있다.

아무튼 이익의 서교에 대한 견해는 그대로 그의 제자인 신후담과 안정복에게 계승된다. 신후담은,

> 서학에서 천당과 지옥이 있고 정령이 불멸한다고 하는데, 이것은 분명히 불교의 학설이고 지금까지 우리 유학의 글에서는 대체로 찾아볼 수 없다. 그러므로 무엇이 불교와 다르고 무엇이 우리 유교와 같은지 알 수 없다. 시시하게 불교의 여론을 주워 모아 도리어 불교를 물리친다고 내

세우니, 이 이마두(마테오 리치) 등의 일파는 한갓 우리 유가의 죄인일 뿐만 아니라 또한 불교의 반적이기도 하다.[352]

라고 하여 역시 불교의 아류라는 인식을 피력한다. 안정복도 서학을 불교의 아류라고 믿고 있었다.

> 내가 보기에는 서사西士의 말이 번거롭게 길고, 짜임새가 있고 내용이 넓기는 하나 모두 석씨의 조잡한 자취일 뿐이다. 그것은 선가禪家의 정밀한 이론에 반도 못 미친다. 차라리 달마나 혜능의 '마음을 알고 본성을 깨달으라' 는 말에 따를지언정, 어찌 밤낮 무당처럼 기도하는 서사의 거동에 따르겠는가.[353]

홍대용도 서양의 학은 유교의 상제의 이름을 도적질하여다가, 불교의 윤회라는 말로 치장을 하였으니 천박하고 좁은 것이며 가소롭다고 여겼다. 그리고 그렇게 비천하고 우스꽝스러운 것을 많은 중국인들이 숭봉하는 것에 대해 의문을 제기하기도 한다.[354]

박지원은 서교를 '불교의 찌꺼기 중 찌꺼기' 라 혹평하고,[355] 천주라는 말은 천황天皇씨니 반고盤古씨니 하는 말과 같다고 보았다. 그리고 그 학설은 하늘을 빙자하여 사람을 속이는 죄를 범하고 의리를 배반하여 윤리를 해치는 구렁으로 빠지고 있다고 비판한다.[356]

박제가 역시 천주교에 대해, 천당과 지옥을 독실하게 믿는다는 점에서는 불교와 다름없다고 하여 비판적이다.[357]

최한기도 서교에 대해서는 비판적이었다.

외도(예수교)가 하등의 사람을 권고하여 유혹하는 것이 또한 다만 죄악을 면하여 준다는 구실을 가지고 괴상한 참언을 간사하게 행하고 있으니, 여기에 속아 이끌리는 어리석은 지아비와 지어미를 책망할 수는 없거니와, 그것은 도리어 권하고 유혹하는 자들이 깊이 부끄러워해야 할 바가 되리라.[358]

라고 한 것을 보면, 서교가 민중을 속이고 있다고 걱정을 하고 있던 듯하다. 그런데,

서방의 교술은 불교가 변하여 회회교回回敎가 되고, 회회교가 변하여 서양교가 되었는데, 주재설主宰說로써 불교를 물리친 것은 잘 변한 것이나, 영괴靈怪의 설로 대중을 미혹하는 것은 잘못 변한 것이다.[359]

라고 한 인식은 그대로 조선후기 실학자들의 서교관을 대변하는 것이라고 할 수 있다. 요컨대, 서교는 불교와 유교의 아류라는 인식, 천당지옥설을 가지고 사람들을 미혹시킨다는 점, 그러나 주재설을 가지고 불교를 물리친 것은 잘한 일이라는 보유론적 관점은 당시 조선의 학계는 물론이고, 중국을 풍미했던 대서교관이었다.

서구의 기술은 수용하되 그 교를 배격하자는 논의는 천주교를 신앙으로 받아들였던 사람들을 제외한, 당시의 실학자들 사이에서는 일반적인 견해였다. 더욱이 그 비판의 내용이 양광선이 제기했던 문제들과 똑같은 것이었다는 점은 매우 흥미롭다. 추측건대 이것은 바로 중국에서 있었던 유교와 천주교와의 흥미진진한 이념대립이 그대로 조선에 전해졌음을 짐작케 한다.

중국에서 이론적으로 서학과 대결을 펼친 인물로는 양광선을 들수 있다. 1664년에 흠천감교난을 일으킬 때 올렸던 「청주사교장」을 비롯하여 「여허시어서與許侍御書」, 「벽사론闢邪論」(上·中·下), 「사교삼도설평邪敎三圖說評」, 「정국체정고正國體呈藁」, 「중성설中星說」, 「선택의選擇議」, 「적류십론摘謬十論」, 「부시신록서附始信錄序」, 「부존성학소附尊聖學疏」 등 서교와 서학을 비판하는 글을 모은 것이 양광선의 『부득이不得已』이다.

양광선의 『부득이』에 맞서 반론을 편 것이 예수회 선교사인 부글리오(S. Buglio, 이류사利類思)와 페르비스트가 각각 지은 『부득이변不得已辯』인데, 전술한 대로 페르비스트의 『부득이변』은 주로 천문역산에 관한 것을 다루었으므로, 이의 측면을 다룬 부글리오의 『부득이변』을 통해서, 천주교에 관한 논쟁을 간략하게 살펴보도록 하겠다.

問) 광선이 말하길, 천주가 비록 신이라 하나 실은 이기二氣 중의 일기一氣이다. 이기 중의 일기를 가지고 말하길 만유의 이기를 능히 만들어냈다고 하면, 이치에 통하겠는가.

– 지금 천주를 신에 속한다 하기도 하고, 또 기에 속한다고도 한다면 어디에서 말이 어긋나고 잘못됨이 나오겠는가. 대개 신은 영靈이 있고, 기는 영이 없다. 기를 천주라고 하는 것은 단지 천주를 모르는 것일 뿐만 아니라 아울러 기가 어떤 것인지도 모르는 것이다. 땅으로부터 하늘로 올라가면서 사원형四元形이 있으니, 토土 위에 수水요, 수 위에 기氣요, 기 위에 화火요, 화 위에 칠정열성七政列星의 천天이 있다. 화역火域에 이르러서는 기가 없다. 체體가 다시 화보다 맑으니, 소위 무성無聲·무취無臭하다는 것이 이것이다. 천주라는 것은 만유 중에 처음으로 있는 것이

다. 그것은 근원이 없으면서도 만유는 그것으로써 근원을 삼는다.

問) 광선이 말하길, 진실로 야소耶蘇가 천주라던, 천주는 한 사람의 인간이니 다시 천주라고 이름할 수 없다.

– 천주가 강생하여 사람이 된 일은 근원적으로 사람이 생각하고 논의할 수 있는 범위 밖에 있으니 어찌 한 마디 말로 밝히겠는가. 천주 강생은 다른 것이 아니다. 즉 천주 본성의 원체原體가 우리 사람의 성체性體의 한 분이신 야소에 결합한 것이니, 이 야소 한 분은 이성二性을 갖춘 것이라, 하나는 천주성天主性이요, 하나는 인성人性이다. 인성을 갖추었으니 사람이라 이르고, 천주성을 갖추었으니 천주라 하는 것이니, 야소를 천주라 하는 것이 어찌 불가하랴. 천주 강생은 성교聖敎의 가장 중요하고 깊은 뜻이 있다.

問) 광선이 말하길, 가령 하늘에 과연 천주가 있다고 한다면 지구의 사해만국이 하나가 아니니, 천주의 재제宰制를 받지 않는 곳은 반드시 홀로 주관할 수 없음이라. 여덕아如德亞(유대) 일국을 다스림은 일국一國만을 홀로 주관하는 것이니. 어찌 천주라 하겠는가.

– 누가 천주가 여덕아 일국만을 홀로 주관한다고 하는가.

問) 광선이 말하길, 천주가 아담〔亞當〕을 구하려고 했다면 어찌 천지를 만들던 시초에 하생하지 않고, 한漢나라 원수元壽 경신庚申(A.D. 1)에 하생하였는가.

– 천주가 행하는 바는 사람의 의량意量을 초월한 것이다. 천주가 만물을 만들 때에는 아울러 헤아린 바가 없었고, 세상을 구하는 일도 또한 그렇지 않음이 없었다. 강생은 사람의 죄를 구하여 속량하기 위해서다. 죄가 없다면 어찌 속량하겠는가. 병 없는 자에게 의사를 쓸 필요가 없는 것과 같다.

問) 광선이 말하길, 만약 천주가 곧 야소라면 누가 안아다가 마리아瑪利亞의 배에 넣었는가. 제해齊諧(괴담을 적은 책)가 뜻을 괴이한 데 둔다 하나, 이처럼 상고할 바가 없는 것은 없다. 남녀가 정을 맺어 만물이 화생化生함은 인도人道의 상경常經이다.

– 인사人事로써 천주의 일을 재려는 것은 땅을 가지고 하늘을 헤아리는 것과 같다.

問) 광선이 말하길, 천당 지옥은 석씨釋氏(불교)가 신도神道로써 가르침을 펴매 우부우부愚夫愚婦를 권하고 꾀기 위한 것이지 진실로 천당 지옥이 있는 것은 아니다.

– 천당 지옥은 상벌을 심히 밝힌 것이다. 현세의 상벌만 상벌로 보려 한다면 상벌의 대의를 잃는 것이다. 천당 지옥의 설은 경사經史에 실려 있다. 사적事蹟을 살펴보면 반반班班(명백한 모양)하게 상고할 수 있다. 어찌 석씨의 신도설교神道說教를 이르는 것이겠는가.

問) 광선이 말하길, 진실로 받드는 자는 천당에 올라가고, 받들지 않는 자는 지옥에 떨어진다고 한다면 천주는 곧 아첨하는 사람들만 맞아들이는 소인일 뿐이니, 어찌 천지를 주재하는 일을 감당하겠는가.

– 천주는 정당하게 천하를 주재하는 고로 특별히 천당 지옥을 두어 선한 자에게는 상을 주고, 악한 자에게는 벌을 주는 대권을 갖고 있는 것이다. 사마천司馬遷도 이르지 않았는가. 안회顔回가 요절하고 도척盜跖이 장수한 것은 사람들로 하여금 선악에 대한 보상이 없는가 의심하도록 만들었다고. 그런즉 천주가 후세에 응분의 보상을 두지 않았다면 어찌 주재主宰의 권한을 가지고 있다고 할 수 있겠는가.[360]

양광선이 지은 『부득이』와 부글리오·페르비스트가 지은 『부득이변」은 『천주교동전문헌속편天主教東傳文獻續編』과 『천주교동전문헌天主教東傳文獻』으로 편집되어 이미 조선에 유포되고 있었다. 다음 장에서 살펴보겠지만, 조선의 실학자들은 서학의 과학기술에 대해서는 극찬을 아끼지 않았으나, 서교에 관해서는 비판적인 인식을 갖고 있었다. 이러한 인식은 양광선의 서교에 대한 견해와 일치하는 것임을 알 수 있다. 최한기도 이러한 분위기 속에서 서교에 대해서 부인하는 입장을 취했다. 그러나 그의 신기 개념은 서교의 영혼설과 주재설을 부인하는 과정에서 그에 대한 대체개념으로 고안된 것으로 보인다.

4. 실학자들의 서양 천문역법의 수용

조선후기 사상계의 또 다른 특징은 당연히 서양 천문역법과의 만남을 통해서 조선후기 실학자들이 새로운 우주관에 눈뜨게 되었다는 사실이다. 연경에 사행했던 이광정이 마테오 리치가 제작한 세계지도(「곤여만국전도坤輿萬國全圖」)를 가지고 들어온 것이 1603년이다. 마테오 리치의 세계지도는 지구가 구체라는 것을 인식시켜 전통적인 천원지방설天圓地方說을 뒤흔들었고, 지구는 엄청나게 광대한 오대주로 되어 있다는 것을 인식시킴으로써 화이적 세계관에 결정적인 충격을 주었다. 마테오 리치의 세계지도는 아시아에서는 처음 보는 과학적인 방법과 의기儀器로 실지측량實地測量하여 작성한 지도로서, 마테오 리치가 이 지도에 기입한 중국의 8개 주요 도시의 경위도는 오늘날의 것과 비교해도 거의 오차가 없다고 한다.[361]

　그러나 조선의 유학자들은 새로운 세계지리설을 수용하지 못하고 천원지방설에 의거한 화이적 세계관을 고집하고 있었다. 이런 속에서 17세기에 천원지방설을 부정하고 지구설을 긍정한 선각자가 있었는데, 그가 바로 서포西浦 김만중이다. 김만중은 지구설을 의심하는 것은 우물 안 개구리거나 여름벌레 같은 소견이라고 극언하였다.[362) 김석문은 『역학도해易學圖解』라는 그의 저술에서 지구자전설을 주장하였다.[363) 그의 천체관은 아담 샬에 의해서 조선에 소개된 티코 브라헤(Tycho Brahe, 1546~1601)의 우주체계에 속한 것으로 이해되고 있다.[364)

　이익의 저서에 보이는 한역지리서는 『건곤체의』·『직방외기』·『건곤도설』 3종이다. 특히 『직방외기』는 인조 9년(1631) 진주사 정두원에 의해 입수되어 『천문략』과 함께 조선의 식자들에게 널리 유포되어 새로운 세계에 대한 지식 확대에 기여하였다. 이익의 새로운 우주관은 디아즈(Emmanuel Diaz, 양마락陽瑪諾)의 『천문략』에 의해 조성되었다. 『천문략』은 티코 브라헤의 우주체계를 기술한 것이다. 이익은 이 책의 발문을 쓰기도 했다.[365) 이익은 지금 행해지는 시헌력은 서양인 탕약망(아담 샬)이 만든 것으로 역도의 극치라고 감탄하고, 일월교식의 오차가 없으므로 성인이 다시 태어나도 반드시 좇을 것이라고 극찬하고 있다.[366)

　이익의 부친 이하진李夏鎭(1628~1682)도 도승지로서 숙종 4년(1678) 3월에 진위겸진향사陳慰兼進香使로서 연경에 갔다 8월에 귀국하였다. 청제淸帝의 궤사은饋賜銀으로 연경에서 고서 수천 권을 사왔는데, 그중엔 『교우론』, 『태서수법』 등이 들어 있었다는 것이 이익의 회고에서 확인된다.[367) 그는 인조조(1650)에 진위사로 입연入燕했던 정두원이 선교사 로드리게스와 만났던 사실과 귀국시 그에게서 얻어 갖고 돌아온 것으로 『치력연기』 1권, 『천둔략』 1권, 『원경설遠鏡說』 1권, 『직방외기』 1권, 『서양공헌신위대경스西洋貢獻神威大鏡疏』 1권과 천리경, 자명종, 조총, 약통藥筒, 홍이포紅夷砲 1문을 들고 있다. 이들 한역서학서는 서양 중세의 신학이론이 갈려 있는 문예부흥기의 한계성을 지닌 것이었다.

안정복도 서양서가 동래하여 명경석유名卿碩儒로 보지 않은 이가 없으나, 취할 것은 천문·역상·기하뿐이라 하여 서양의 천문과 산법의 우수성을 인정하였다.[368]

홍대용은 1765년 연경에 갔을 때, 반정균潘庭筠, 엄성嚴誠 등 중국 학자들을 만나

논천論天과 역법은 서양의 법이 매우 훌륭하여 전에 밝히지 못한 것을 밝혔다.[369]

라고 하여 서양천문학이 우수하다는 것을 인정하였다. 박지원이 연경에 가서 홍대용의 지전설을 중국인들에게 독창적인 것이라고 소개하였는데, 이것은 홍대용의 순수한 창작이라기보다 『오위역지五緯曆指』에 실려 있는 티코 브라헤의 설과 지구자전설을 결합한 것이라고 보아야 할 것이다.[370] 홍대용은 젊은 시절부터 서양의 과학서적에 대해 많은 관심을 기울이고 그 책들을 섭렵했으며 그 우수성을 높이 평가하였다.[371] 그가 청나라에 대단한 관심을 가진 이유 중의 하나는 서양기기 때문이었다. 그는 서양인들이 천문기기에 상당한 조예가 있음을 이미 알고 있었고 그것을 직접 보고자 연경의 천

주당을 여러 차례 방문하였다.[372] 그는 서양인들의 산술과 의상儀象 등의 교묘한 제작술은 중국보다도 훨씬 높은 수준에 있으며, 그 기기들도 중국의 것보다 훨씬 정밀하다고 평가하였다.[373] 한마디로 서양의 법은

> 산수로써 근본을 삼고 의기儀器로써 참작하여 온갖 형상을 관측하므로, 무릇 천하의 멀고 가까움, 높고 깊음, 크고 작음, 가볍고 무거운 것들을 모두 눈앞에 집중시켜 마치 손바닥을 보는 것처럼 하니, 한당漢唐 이후 없었던 것이다.[374]

라고 높게 평가한다.

박지원도 연경에 갔을 때 중국인과의 필담에서 서양인이 있으면 만날 수 있도록 주선해 줄 것을 요청하였다.[375] 이것으로 볼 때 그도 홍대용과 마찬가지로 서양인과 서양문화에 대해 대단한 호기심이 있었고, 새로운 지적탐구의 대상으로 설정하고 있음을 알 수 있다. 이는 홍대용을 비롯한 선배들이 가졌던 호기심의 연장인 듯하다.[376]

박제가는 서학이 이용후생하는 기구를 잘 알고 있다는 점에서 불교보다는 이로운 것으로 파악하였다.[377] 중국에 와 있는 서양인들은 모두 기하학에 밝고 건축에 있어 벽돌을 사용하는 등 이용후생하는 방법에 정통하다는 것이다.[378] 박제가는 또 표류선이 연해에 와서 정박하면 그 선장船匠(배에서 일하는 장인)과 기술자가 있을 것이니 우리 교공巧工(솜씨 좋은 기술자)으로 하여금 그 제도를 모방하여 배우게 하고 그 기술을 다 습득한 후에 돌려보내자는 주장을 폈다.[379] 또 중국 흠천감에서 일하는 서양인들은 모두 기하에 밝고 이용후생

의 방법에 정통하니, 이들을 초빙하여 청년들로 하여금 과학기술을 배우게 하면 수년 내에 막대한 성과가 있을 것이라고 주장하기도 하였다.[380]

최한기의 지리인식과 천문역산에 대한 인식도 선대 실학자들과 마찬가지로 한역서학서를 통해 형성된 것이다. 그는 『기측체의』에서 마테오 리치의 세계지도에 대해 언급하기도 하고,[381] 『직방외기』에 대해서는 여러 곳에 걸쳐 언급하고 있다. 이렇게 확대된 세계인식을 가지고, 그는 다른 나라의 좋은 법제나 우수한 기용器用이나 양호한 토산물 등이 진실로 우리보다 나은 점이 있으면 나라를 다스리는 도리로 당연히 취하여 써야 한다고 주장하였다.[382] 오직 실용에 힘쓰는 사람은 이기고 허문虛文을 숭상하는 사람은 패하며, 남에게 취하여 이익을 삼는 사람은 이기고 남을 그르다 하여 고루한 것을 지키는 사람은 패한다[383]고 하는 주장은 그의 진취적이며 개방적인 태도를 그대로 보여준다.

그의 천문역법에 대한 지식 역시 조선에 유포되어 있던 한역서학서를 통해 형성된 것이다.

> 신법이 옛 법보다 우수하고, 후세의 제도가 전대의 것보다 더 상세하니, 역리와 역법이 이로 말미암아 세밀해졌다.[384]

는 평가는 서양의 역법을 두고 한 말이었다. 최한기가 표를 세워 해 그림자를 재는 방법에 대해 언급한 것[385]은 서양인 우르시스 (Sabatthinus de Ursis, 웅삼발熊三拔: 1575~1620)가 지은 『표도설表度說』을 보고서 한 이야기이다. 이것은 표를 세운 후 해그림자를 통해서 시각과 절기를 아는 것인데, 이것이 중국에 전해졌을 때에 사람들이 비로소 지구가 둥그렇고 또 작은 것이라는 것을 처음으로 알고는 깜짝 놀랐다고들 한다.[386] 『표도설』은 조선의 실학자들에게 시각과 절기에 대한 측정방법을 알게 해주었을 뿐만 아니라 지원설과 지심地心(중력)[387]에 관한 인식을 각성시켜 주기도 하였다.

최한기는 지구가 둥글다는 것을 징험할 수 있는 방법으로 월식을 예로 들어 설명한다. 달이 지구의 그림자에 가리면 월식이 되는데, 지금 월식에서 가려진 지구의 그림자를 보면 항상 둥그니, 이로써 지구는 둥글다는 것을 알 수 있다는 것이다.[388] 최한기의 이러한 견해는 우르시스의 『표도설』과 알레니의 『천문략』, 그리고 마테오 리치의 『건곤체의』에 담긴 내용을 그대로 인용한 것이다. 특히 『기측체의』에서는 간략히 언급했지만, 1839년에 최한기가 그림까지 곁들여서 펴낸 『의상리수儀象理數』를 보면, 위의 『천문략』의 내용을 그림과 함께 그대로 전제한 것임을 알 수 있다. 최한기의 의기儀器에 대한 언급도 이지조의 『혼개통헌도설』을 참고한 것이다.

최한기는 기계의 정밀함이 사람의 제작으로 인하여 정예해지고, 사람의 식견이 혹 기계로 인하여 더욱 넓어지는 것이라고 전제하고,[389] 그 대표적인 물건으로 대천리경(망원경)을 꼽았다. 망원경이 있어야 천상을 엿볼 수 있으며, 또 수십 리 밖에 있는 물상도 이끌어 잡듯이 할 수 있다는 것이다.[390] 망원경에 대한 최한기의 인식은 『천문략』에 나오는 망원경에 대한 언급에서 깊이 느낀 바가 있다는 것을 쉽게 알 수 있다. 『천문략』에서는 천문역법에 관하여 언급한 다음 계속해서 망원경에 대해서 다음과 같이 기술하고 있다.

무릇 위에서 논한 제 논의는 대략 맨눈이 미치는 바에 의거해서 측량했을 따름이다. 맨눈이 미칠 수 있는 힘은 열등하고 짧기 때문에 어찌 능히 천상의 현묘한 이치를 만 분의 일이나 궁구할 수 있겠는가. 근세에 서양에서 역법에 정밀한 한 명사가 일월성신의 깊은 이치를 측량하는 데 힘쓰다가 그 눈으로 미치는 바가 약하다는 것을 안타까워하여 하나의 정교한 기계를 만들어 일을 도우니, 이 기계를 갖고 보면, 60리 밖의 한 자 크기의 물체도 밝게 볼 수 있어 바로 눈앞에서 보는 것과 차이가 없다. 이것을 가지고 달을 보면 실제보다 천 배나 커 보이고, 금성을 보면 크기가 달과 같다. 토성을 보면 그 형태가 위 그림과 같이 계란과 같은 원으로 양 옆에는 작은 별이 붙어 있는데(토성을 두르고 있는 띠를 작은 별이 붙어 있는 것으로 본 것임) 그것이 혹 목성처럼 연체聯體인지 아닌지는 명확히 알 수 없다.[391]

이외에도 최한기가 참고한 많은 한역서학서들의 조목은 앞에서 언급한 바와 같다. 최한기가 농업기계나 의학적 지식을 수용하는 데 있어 여러 가지 한역서학서를 참고하였다는 사실은 선행연구가 있으므로 생략한다. 그러나 이 시기에 받아들인 천문역산서는 선교사들의 입장에서 취사 선택된 중세과학이라는 한계점이 있다. 최한기는 그 후 최신의 과학정보를 수용하여 1857년의 『지구전요』에서 부노가 지은 『지구도설地球圖說』의 우주모델에 입각한 코페르니쿠스의 태양중심설을 우리나라 최초로 주장하였다.

이익에서부터 최한기에 이르기까지 서양의 교는 부인하되 취할 것은 천문역상 · 기하(수학)뿐이라는 견해는 공통적인 부분이었다고 할 수 있다. 양광선의 『부득이』와 페르비스트 · 부글리오가 각각 지은 『부득이변』은 실로 흥미진진한 동서간 이념대결의 결정판이다. 그러나 정밀한 측험에 바탕한 서양역법이 승리를 거두어 청나라 황제의 명으로 예수회 선교사가 흠천감을 관장하게 되고, 중국 전통의 역법을 고수하려던 양광선을 비롯한 보수파가 패하게 되자, 이는 곧 조선의 지식인들에게 새로운 세계관을 심어주게 되었다. 그리고 최한기가 실학자로서는 마지막으로 그 정점에서 서구과학을 집대성했던 것으로 보인다. 서교의 측면에서 보자면, 비록 동양의 역법이 서양의 역법에 패하기는 했지만, 천주교 교리는 유교적 합리주의자들의 눈으로 봤을 때 도저히 수용하기 힘든 억설로 여겨졌고, 여기에 대한 양광선의 비판적 견해는 그대로 조선의 지식인들에게 수용되고 있음을 보게 된다. 소위 동도서기적 견해의 출현이라고 볼 수 있다.

최한기가 실용에 도움을 주는 서적으로 지목한 『사고전서』의 천문산법과 실용기술에 관련된 한역서학서들은 이지조가 편집한 『천학초함』의 「기편」에 속하는 것들이었다. 「이편」과 「기편」을 망라한 한역서학서들은 총서로 된 『천학초함』이 조선에 도입되기 이전에 더러는 단행본으로 부경사신들에 의해 수입되어 조선의 지식인들에게 큰 영향을 미치고 있었다. 최한기도 이러한 시대적 분위기 속에서 조선에 유포되어 있던 한역서학서들을 열독하였던 것이다. 그 동전한역서학서東傳漢譯西學書들의 종류를 보면 ①이지조 편찬인 『천학초함』(20편) ②서광계 등의 편찬인 『천주교동전문헌속편』(16책) ③마테오 리치 등의 편찬인 『천주교동전문헌』(6책) 등으로 대별해 볼 수 있다. 이 한역서학서들은 최한기가 참고했을 뿐만 아니라, 이미 그 이전에 조선의 지식인들에게 읽혀지고 있었으므로, 한역서학서들의 구체적인 내용분석은 이제 하나의 과제로 남겨두더라도, 간단하게나마 어떤 책들이 있었는지 대략 살펴볼 필요가 있을 것 같다.

1) 『천학초함』

『천학초함』은 명말 이지조가 편찬한 것으로, 1628년에 간각刊刻되었다. 이지조는 불행하게도 『천학초함』이 간행된 이듬해에 세상을 떠났다. 이지조는 1565년에 태어났으며 서광계보다 세 살이 적다. 서광계와 함께 마테오 리치를 좇아 서학을 연구하고, 또 함께 천주교를 독신했다. 만년에 마테오 리치·서광계·판토오하(June de Pantoja, 방적아龐迪我)·우르시스·알레니·디아즈 등의 역저를 모아 합성하여 양편兩編을 만들었는데, 하나는 「이편理編」이고, 하나는 「기편器編」이다. 매 편마다 10종의 책을 모아 모두 20종이며, 제목을 '천학초함' 이라 하였다.

「이편」의 10종은 천주교 교리를 토론한 책이며, 「기편」의 10종은 수학·천문·수리 각 과를 논한 역서이다. 이 10종의 과학역술은 중국 근세에 있어서 서양과학 서적을 번역한 최초의 기록이다. 이지조가 편집한 『천학초함』은 천주교 인사의 역저를 수집한 것으로, 불교의 대장大藏과 도교의 도장道藏을 보고 이에 비견되는 천주교 장서를 만들려고 했던 것 같다. 일찍이 불승은 위진에서 당송까지 경經을 번역하고 새겨서 송 고종의 명으로 『대장경大藏經』을 만들었다. 도교의 전적도 송 진종의 어지에 힘입어 또한 『보문통록寶文統錄』을 편찬해 만들었다. 이지조는 초기 천주교 인사들의 역저를 수집하여 이름하길 『천학초함』이라 이르고, 후에 사람이 있어 계속 이함二函·삼함三函을 편각하여 천백함千百函에 이르러, 가히 불장·도장과 서로 겨룰 수 있기를 희망했다. 그러나, 이후에 천학天學*의 속편은 이어지지

않았다.[392]

이지조는 『천학초함』을 이·기 2편으로 나누어 편마다 각각 10종씩을 정리했다. 먼저 「이편」을 보면, 『서학범西學凡』·『천학실의天學實義』·『당경교비부唐景敎碑附』·『변학유독辯學遺牘』·『기인십편畸人十篇』·『칠극七克』·『교우론交友論』·『영언려작靈言蠡勺』·『이십오언二十五言』·『직방외기職方外記』가 있고, 「기편」은 『태서수법泰西水法』·『간평의簡平儀』·『혼개통헌도설渾蓋通憲圖說』·『동문산지전편同文算指前編·통편通編』·『기하원본幾何原本』·『환용교의圜容較義』·『표도설表度說』·『측량법의測量法義』·『천문략天問略』·『구고의句股義』가 있다. 목록에 나열된 『천학실의』는 원명原名이고, 후에 『천주실의』로 고쳤다. 『간평의』는 『간평의설』을 가리킨다.[393]

각 서의 내용을 아래에 간략하게 소개하면 다음과 같다.

『서학범』은 1권으로, '서해야소회사西海耶蘇會士 애유략艾儒略 답술答述'로 서양의 문文·이理·의醫·법法·교敎·도道 6과를 소개하고 있다. 이는 철학, 교는 교율을 가리키고, 도는 신학이다. 이과는 이칙학理則學·물리학·형상학·수학·윤리학을 포괄한다. 책 앞에는 허서신許胥臣의 「인引」이 있고, 책 뒤에는 웅사기熊士旂의 「발跋」과 양정균의 「각서학범서刻西學凡序」가 있다.

---

* 天學이란 唐이 景敎를 칭한 것으로, 貞觀 9년(635)부터 중국에 들어왔는데 역년이 천 년이 되었다.(方豪, 1964, 「李之藻輯刻天學初函考」, 吳相湘 主編, 『天學初函(一)』, 臺灣學生書局, 2쪽)

『당경교비부』는 1권으로 「경교류행중국비송景教流行中國碑頌」·「서序」 및 이지조의 「독경교비서후讀景教碑書後」를 실었다.

『기인십편』은 상하 2권으로, '이마두利瑪竇 술述', '후학後學 왕여순汪汝淳교재較梓'로 되어 있다. 앞에는 이지조의 「각기인십편서刻畸人十篇序」, 주병모周炳謨의 「중각기인십편서重刻畸人十篇序」, 왕가식王家植의 「기인십편소인畸人十篇小引」, 냉석생冷石生의 「연기인십규演畸人十規」가 있다. 끝에는 「서금곡의8장西琴曲意8章」이 붙어 있다. 맨 끝에는 양암거사凉菴居士, 즉 이지조의 「발跋」이 있다.

『교우론』은 1권으로 '구라파인區羅巴人 이마두利瑪竇 찬讚'이다. 앞에는 풍응경馮應京의 「각교우론서刻交友論序」와 구여기瞿汝夔의 「서역이공교우론서西域利公交友論序」가 있다.

『이십오언』은 1권으로, '대서大西 이마두利瑪竇 술述', '신도후학新都後學 왕여순 교재較梓'인데, 곧 왕씨의 중각본이다. 앞에는 풍응경의 「중각이십오언서重刻二十五言序」가 있고 끝에는 서광계의 「발이십오언跋二十五言」이 있다.

『천주실의』는 상하 2권으로, '야소회중인耶蘇會中人 이마두利瑪竇 술述', '연이당燕貽堂 교재較梓'라고 되어 있다. 앞에는 이지조의 「천주실의중각서天主實義重刻序」와 풍응경의 「천주실의서天主實義序」, 그리고 이마두의 「천주실의인天主實義引」이 있다.

『변학유독』은 1권으로, '습시재習是齋 속재續梓'라고 되어 있다. 「우덕원전부여이서태선생서虞德園詮部與利西泰先生書」, 「이선생복우전부서利先生復虞詮部書」, 「이선생복련지대화상죽창천설사단利先生復蓮池大和尙竹窓天說四端」이 들어 있다. 끝에는 「양암거사발凉庵居士跋」이 있다.

『칠극』은 7권으로, '서해야소회사西海耶蘇會士 방적아龐迪我 찬술譔述', '무림정포거사武林鄭圃居士 양정균 교재較梓'로 되어 있다. 앞에는 양정균·정이위鄭以偉·조우변曹于汴의 「칠극서七克序」, 진량채陳亮釆의 「칠극편서七克篇序」, 방적아의 「칠극자서七克自序」가 있다.

『영언려작』은 2권으로, '태서泰西 필방제畢方濟 구수口授', '오송吳淞 서광계徐光啓 필록筆錄', '신수당愼修堂 중각重刻'으로 되어 있다. 앞에는 「필방제제인畢方濟濟引」이 있다.

『직방외기』는 5권으로, 수권首卷 1권은 '서해西海 애유략艾孺略 증역增譯', '동해東海 양정균 휘기彙記'로 되어 있다. 앞에는 이지조의 「각직방외기서刻職方外記序」·「양정균서楊廷筠序」·「애유략소언艾儒略小言」·「만국전도」가 있다. 책 중에는 아울러 「아세아도亞細亞圖」·「구라파도歐羅巴圖」·「이미아도利未亞圖」 및 「아묵리가도亞墨利加圖」를 붙였다.

『태서수법』은 6권으로 '태서泰西 웅삼발熊三拔 찬설譔說', '오송吳淞 서광계徐光啓 필기筆記', '무림武林 이지조李之藻 정정訂正'으로 되어 있다. 앞에는 서광계·조우변·정이위의 「서序」와 웅삼발 자찬自譔인 「수법본론水法本論」이 있다. 끝에는 「용미龍尾」·「옥형玉衡」·「긍승恒升」·「수고水庫」 및 「약로제기도藥露諸器圖」를 붙였다.

『혼개통헌도설』은 상하 2권, 수권首卷 1권이다. '절서折西 이지조李之藻 진지연振之演', '장남漳南 정회괴로사정鄭懷魁輅思訂'으로 되어 있다. 앞에는 이지조의 「자서自序」와 번량추樊良樞의 「초혼개통헌도설발鈔渾蓋通憲圖說跋」이 있다.

『기하원본』은 6권으로 매 권마다 수권 1권이 있다. '태서泰西 이마두利瑪竇 구역口譯', '오송吳淞 서광계徐光啓 필수筆受'로 되어 있다.

앞에는 서광계의 「자서각기하원본서自書刻幾何原本序」·「이마두역기하원본인利瑪竇譯幾何原本引」·「서광계기기하원본잡의徐光啓記幾何原本雜議」 및 「제기하원본재교본題幾何原本再教本」이 있다.

『표도설』은 1권으로 '태서泰西 웅삼발熊三拔 구수口授', '자수慈水 주자우周子愚·무림武林 탁이강卓爾康 필기筆記'로 되어 있다. 앞에는 주자우 및 이지조의 「서」가 있다.

『천문략』은 1권으로 '태서泰西 양마락陽瑪諾 조답條答', '예장豫章 주희령周希令·말능林陵 공정시孔貞時·파국巴國 왕응웅王應熊 동열同閱'로 되어 있다. 앞에는 공정시의 「제천문략題天問略」, 왕응웅의 「각천문략제사刻天問略題詞」 및 「양마락자서陽瑪諾自序」가 있다.

『간평의』는 1권으로 '태서泰西 웅삼발熊三拔 찬설撰說', '오송吳淞 서광계徐光啓 차기箚記'로 되어 있다. 앞에는 「서광계서徐光啓序」가 있다.

『동문산지』는 전편 2권, 통편 8권이고 전편 권상卷上 권하卷下에 모두 '서해西海 이마두利瑪竇 수授', '절서浙西 이지조李之藻 연연演'으로 된 「제題」가 있고, 통편 권1의 「제」도 위와 같다. 권 2·3·4·5·6·8은 「제」가 없고, 권7은 겨우 「제」가 있는데 '절서浙西 이지조李之藻 연연'으로 돼 있다. 전편에는 서광계의 「각동문산지서刻同文算指序」와 이지조의 「자서」가 있고, 통편에는 양정균의 「서」가 있다. 전편과 통편의 총목 뒤에는 모두 '단연澶淵 왕사우王嗣虞·신안新安 왕여순·전당錢塘 섭일원葉一元 동교재同較梓'라는 글자가 있다.

『환용교의』는 1권으로, '서해西海 이마두利瑪竇 수授', '절서浙西 이지조李之藻 연연'으로 되어 있다. 앞에는 이지즈의 「서」가 있다.

『측량법의』는 1권으로 '태서泰西 이마두利瑪竇 구역口譯', '오송吳

淞 서광계徐光啓 필수筆受'로 되어 있다. 앞에는 서광계의 「제측량법의題測量法義」가 있다.

『구고의』는 1권으로 '오송吳淞 서광계徐光啓 찬讚'으로 되어 있다. 앞에는 「서」가 있고, 제명題名은 없으나, 단 서중序中에 이르길, '자여종서태자역득측량법의自余從西泰子譯得測量法義'라고 되어 있어, 곧 서광계의 자작임을 알 수 있다.

2) 『천주교동전문헌속편』

서광계 등이 편찬한 『천주교동전문헌속편』에 수록된 서목書目을 소개하면 다음과 같다.

『천학설天學說』·『변학소고辯學疏稿』·『악란불병명설서鸚鸞不並鳴說序』·『천제고天帝考』·『천주실의속편天主實義續篇』·『천석명변天釋明辨』·『삼산논학기』·『주제군징』·『벽망闢妄』·『경교류행중국비송정전景教流行中國碑頌正詮』·『천주성교실록天主聖教實錄』·『천학략의天學略義』·『벽사집闢邪集』·『건복주천주당비기建福州天主堂碑記』·『천유인天儒印』·『천학전개天學傳概』·『부득이』(양광선 저)·『유교실의儒教實義』·『성세추요盛世芻蕘』·『희조정안熙朝定案』 등이다.

3) 『천주교동전문헌』

마테오 리치 등이 찬撰한 『천주교동전문헌』의 내용은 다음과 같다. 『서국기법西國記法』은 1권으로 '태서泰西 이마두利瑪竇 전저詮著'로 되어 있다. 『희조정안』은 1권으로 강희 11년(1672) 남회인이 지은 것이다. 『부득이변』은 1권으로 부글리오가 지은 것이다. 『부득이변』은 1권으로 페르비스트가 지은 것이다. 『대의편代疑篇』은 1권으로

'양정균 술述'로 되어 있다. 『희조숭정집熙朝崇正集』은 1권으로 '민중제공증태서제선생시초집閩中諸公贈泰西諸先生詩初集'이라고 되어 있다.

이외에도 이벽과 이가환이 보았던 『성년광익聖年廣益』 등이 지금까지 현존되어 내려올 뿐만 아니라 『천학초함』이나 『천주교동전문헌』의 범위에 들어 있지 않은 서목書目들이 『성호집星湖集』을 비롯하여 조선 학자들의 문집에서 여러 번 언급되고 있는 점,[394] 또 정조 15년(1791) 신해 진산사건을 계기로, 사관과 홍문관에 소장된 서학서를 소각해 버릴 때의 문서인 「외규장각형지안外奎章閣形止案」에 26종의 한역서학서의 이름이 보이고 있는 것으로 보아,[395] 당시에 조선에 유포되고 있던 한역서학서는 일일이 열거할 수 없을 정도로 많았던 것 같다.

5. 한·중·일 3국의 서학 수용 양상

1584년 중국에서 최초의 한역서학서인 『천주성교실록天主聖敎實錄』이 저술된 이후, 조선에 한역서학서가 들어온 것은 1603년 연경에 사행使行한 이광정이 마테오 리치가 제작한 세계지도를 도입하면서부터이다.[396] 그 후 인조대에 정두원이 1631년에 진주사陳奏使로 연경에 갔다 돌아오면서 『치력연기』·『천문략』·『원경설』·『직방외기』 등의 한역서학서와 각종의 서양 과학기기를 들여왔다.[397] 그리고 1644년에는 청나라에 볼모로 가 있던 소현세자昭顯世子 일행이 귀국하면서 서양 과학기기와 일부 서학서를 가져왔음도 잘 알려진 사실이다.[398] 실제로 이광정에서부터 각종 명목의 사대사행원事大使行員들이 조선으로 유입한 한역서학서의 서목과 수량에 대한 정확한 파악은 거의 불가능하다고 할 수 있다. 다만 다음과 같이, 관계사료에서 열독한 것이 분명한 사례를 통해서 어떤 인사들이 어느 한역서학서를 읽었었나를 알 수 있을 뿐이다.

『天主實義』(李睟光·柳夢寅·李瀷·愼後聃·安鼎福·李獻慶·蔡濟恭·洪正河·李基慶·李檗·李承薰·李家煥), 『交友論』(李睟光·柳夢寅), 『辯學遺牘』(安鼎福), 『七克』(李瀷·安鼎福), 『靈言蠡勺』(愼後聃), 『職方外記』(李瀷·愼後聃), 『眞道自證』(安鼎福), 『主制群徵』(李瀷·安鼎福), 『萬物眞原』(洪正河·安鼎福), 『盛世芻蕘』(安鼎福), 『同文算指』(李頤明), 『幾何原本』(李承薰), 『天問略』(李榮俊·李瀷), 『泰西水法』(李瀷), 『數理正蘊』(李承薰·安國賓), 『乾坤圖說』(李瀷), 『方星圖』(李瀷), 『治曆緣起』(李榮俊), 『星圖八幅』(崔錫鼎), 『赤道南北總星圖』(鄭斗源), 『遠鏡說』(鄭斗源), 『靈台儀象志圖』(許遠), 『明交食表』(安國賓), 『律呂正義』(安國賓), 『日月五星表』(安國賓), 『八線對數表』(安國賓), 『乾坤體義』(李瀷), 『西洋國風俗記』(鄭斗源), 『千里鏡說』(鄭斗源)[399]

여기에는 최한기가 직접 보았다고 언급한 서적도 다수 보인다. 위와 같은 사실에서 우리는 당시에 얼마나 광범위한 한역서학서가 조선의 지식인들에게 읽혀졌는가를 짐작할 수 있다. 이러한 시대적 분위기를 안정복은,

서양서가 선조(1567~1607) 말년에 동으로 전래된 이후 명경名卿·석

유碩儒로서 보지 않은 사람이 없으니, 이를 보기를 제자諸子 · 도교道敎 · 불교서佛敎書와 같이 서실의 완玩으로 갖추고 있었다.

고 당시의 상황을 묘사해 주고 있다. 그러나 그는,

취할 바는 단지 상위象緯 · 구고句股의 술術뿐이다.

라고 하여 도기분리적 입장을 보여준다.[400] 실학의 집성자인 정약용도 그의 「자명소」에서, 한역서학서의 섭렵과 탐독이 그의 젊은 시절의 '풍기風氣'였음을 실토한 사실은[401] 이미 앞에서 살펴본 바와 같다.

조선에 유입된 서학은 성호 이익에서 학문적 바탕이 이루어지고, 그 학문적 깊이를 더하게 된다. 소위 성호학파星湖學派에서는 이제 서학을 전면 수용하자는 신서파〔권철신權哲身(1736~1801) · 이벽 · 정약용〕와 서학을 배격하자는 공서파攻西派(신후담 · 안정복)로 양분되게 되고, 서양의 종교는 인정할 수 없지만, 서양의 과학기술은 받아들일 수 있다는 입장을 취한 홍대용과 북학파〔박지원 · 이덕무李德懋(1741~1793) · 박제가〕가 등장하였다.

조선후기의 학계가 동전東傳한 서학에 어떻게 대처해야 하는가의 문제를 놓고 분분하고 있을 때, 서학에 대한 조선 정부의 대응은 어떠했던가. 그것은 이 장에서 살펴본 바와 같이 주로 역법의 수용에 진력하였음이 확인된다. 시헌력이 채용되기 전까지 명나라의 정삭을 받아 대통력을 준용하던 조선은, 세종대에 와서 원대元代의 수시력授時曆과 명대明代의 대통력을 조선의 실정에 같게 개편한 『칠정산

내편七政算內篇』과 회회력(이슬람역법)을 참고하여『칠정산외편七政算外篇』을 만들었다. 『칠정산외편』의 완성은 조선역법의 독자적 발전을 위한 단서가 되었으나, 결실을 거두지 못하고 기본적으로는 수시력의 틀을 벗어나지 못하였다. 그러다가 중국에서 시헌력이 시행(1645)되고 있다는 사실을 알게 된 관상제조觀象提調 김육이 1645년(인조 23)에 조선도 청조의 시헌력을 따라 개력할 것을 건의하자,[402] 조선 정부에서도 이를 받아들여 시헌력 채용을 위한 비상한 노력을 경주한다. 정치적으로 봐서 '역상수시曆象授時는 제왕지선무帝王之先務'였기 때문이다.

김육은 1646년 2월에 사은겸진주부사謝恩兼陳奏副使로 연경에 파견되었을 때, 두 명의 일관日官을 데리고 가서 아담 샬에게 새 역법을 배우게 하였으나 문금門禁이 엄해서 직접 만날 기회가 없었다. 당시 중국은 외국이 책력을 만드는 것을 금지하고 있었다. 그 후 아담 샬을 만나 시헌력을 배우려는 조선 정부의 노력은 별 실효를 거두지 못하고, 1651년(효종 2)에 김상범金尚范을 또다시 연경에 파견하여 뇌물을 써가며 흠천감에서 배우도록 하였는데, 그가 작성한 시헌력을 1654년(효종 5)부터 사용하도록 결정한 것이다. 그러나 이것은 매우 불완전한 것이어서 이후 청국력淸國曆과 오차가 발생하자, 조선 정부에서는 1708년(숙종 34) 허원許遠을 또다시 연경에 파견하여 흠천감 감원監員 하군석何君錫에게 서양역법을 배워오게 하였다. 귀국후 그는 『현상신법세초류휘玄象新法細草類彙』를 저술하는데 이것이 조선에서 처음으로 저술된 서법에 의한 천문역법서였다.[403] 1654년부터 시헌력을 실시하기로 결정한 후 허원이 그것을 터득하기까지 실로 60여 년이라는 긴 세월과 막대한 비용이 투입되었다.

역법의 수용 이외에 서학 지식을 정부 차원어서 실제에 응용한 것은 1789년 한강에 주교舟橋를 세웠을 때와, 1792년 수원성 축성 때 정약용이 기중기를 고안해 사용했을 때이다. 이런 기술의 적용을 위해 정조는 손수 서학서인 『기기도설奇器圖說』을 정약용에게 주어 참고하게 했다. 『기기도설』이란 17세기 이후 서양의 역학과 신기술을 소개한 대표적인 책으로 서양 선교사 테렌쯔가 지은 것이다. 정약용은 이렇게 얻은 자료로 기중기 등을 고안하여 화성역華城役에 사용함으로써 4만 냥의 경비를 절약할 수 있었다.[404]

그런데 중국과 일본에서의 서양 근대과학의 수용 과정은 조선과 크게 다르게 전개되었다. 조선에서는 서양인들을 직접 만나거나 그들에게 직접 서양과학을 익힐 기회가 없었지만, 중국과 일본에서는 서양 선교사들이 중심이 되어 서양 과학기술이 전파될 수 있었다. 중국에서는 이미 19세기 초부터 서양의 서적을 소개하는 본격적 노력이 시작되고 있었다. 최한기도 이 사실을 알고, 그의 『기측체의』에서 말라카(麻六甲)의 영화서원英華書院과 싱가포르(新加坡)의 견하서원堅夏書院에서는 서양 서적을 중국어로 번역하고 있다고 말하고 중국과 서양의 문화교류가 활발하게 진행되고 있음에 주목하고 있다.[405] 중국에는 마테오 리치가 연경에 정착한 1601년 이후 서양 과학기술이 꾸준히 소개되, 아편전쟁 이후에는 코다 본격적으로 신식의 과학기술이 소개되기 시작했다. 또 서양 과학기술을 직접 배우려는 사람도 나타났다. 한 예로 서수徐壽(1818~1384)라는 사람은 이때 홉슨(Hobson, 1816~1873)의 『박물신편博物新編』(1855) 등을 읽고 과학지식을 넓혔는데, 오늘날의 중국 화학용어 등을 정립하는 등 업적을 쌓아 중국 화학의 아버지로 꼽히고 있다.

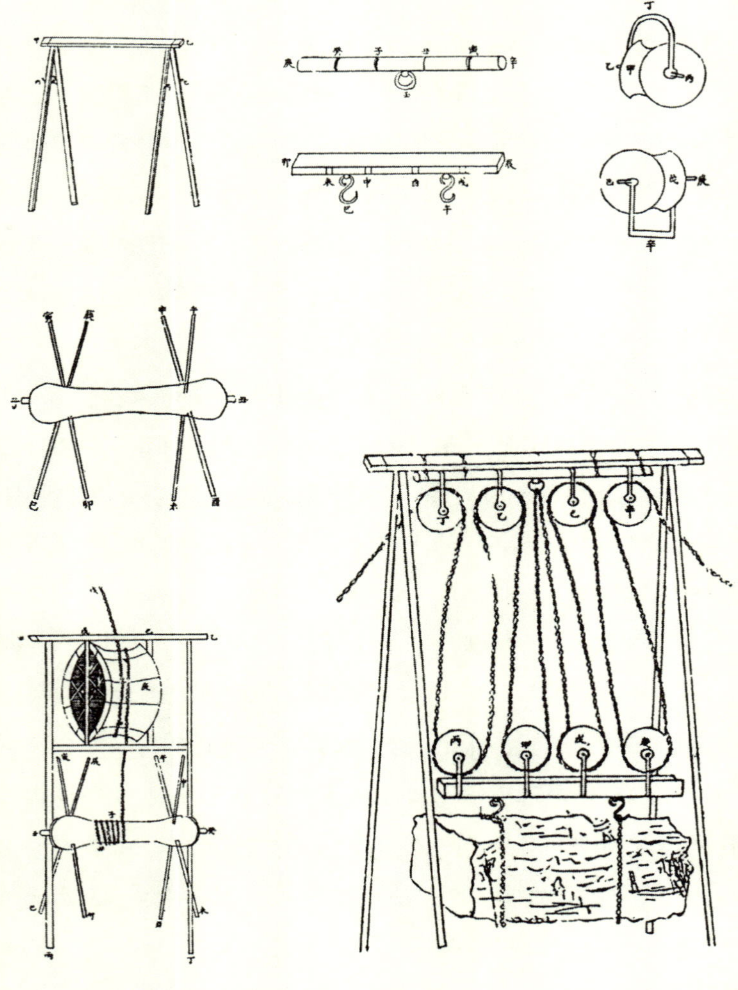

테렌쯔의 『기기도설(奇器圖說)』을 보고 정약용이 고안한 기중기 설계도. 정약용은 화성(華城)축조 때(1794~1796) 기중기를 이용하여 4만 냥의 경비를 절감하였다.

일본 과학사도 1860년대에 들어가면서 이미 서양 근대과학사의 일부로 편입되기 시작했다고 평가받는다. 일본 난학蘭學*은 시초부터 이理와 기器를 구분하여 이理(종교)에 대한 철저한 금단정책禁斷政策 위에서 기器의 실용면을 중심으로 한 학문연구로 출발했으므로 사회적인 의혹을 피하면서 나가사키와 에도에서 착실하게 학문적 기반을 굳혀나갔다. 난학은 에도시대 중기에 정부의 보호 권장에 힘입어 각지에 난학숙蘭學塾이 개설되어 많은 난학자가 배출되었다. 난학은 19세기부터 본격적으로 진전되어 난학 서적의 열독閱讀과 번역, 화란인과의 격의 없는 학문교류가 활발해져 중국을 단연 앞지르는 서양 과학수용이 이루어지고 있었다. 일본의 난학 연구는 서양의 의학·자연과학·군사학·세계지리·역사 등의 실용과학에서 화학·생물학·물리학 등의 기초과학에 대한 연구로 진전되었다.

당시 서양어 실력이 서양 과학기술 수용에 좀 점 절대적인 것이 되어 있었던 사정을 생각한다면 조선후기 세 나라의 서양어 실력 차이를 비교해 보는 것은 과학 수준을 비교하는 것과 거의 같은 의미가 있을 것이다. 한 예로 1862년 시찰단의 일행으로 런던을 방문했던 일본 개화운동의 주역 후쿠자와 유키치福澤諭吉는 그곳 호텔에서 중

---

*蘭學은 네덜란드 학문을 주로 하여 받아들인 서양학문을 통칭한다. 서양 자연과학의 성과에 대한 명확한 인식 없이 필요에 따라 부분적으로, 기술적인 면에서 받아들인 시기의 학문이다. 이에 반해 洋學은 서양의 자연과학이 매우 조직적이고 체계화된 학문이라는 인식하에 진지하게 연구하던 시기의 학문을 통칭한다. 일본은 막부 말기와 개항기에 영국과 프랑스 등의 학문을 폭넓게 접하면서 점차 난학에서 양학으로 신학문에 대한 인식이 바뀌어갔다.(조명철 외, 2002, 『日本人의 선택』, 다른 세상, 15쪽)

국 학자를 만나 두 나라의 서양어 능력자 수를 비교해 본 일이 있다. 그들의 대화에 의하면 당시 중국에는 11명의 서양어 해독자가 있었고, 일본에는 500여 명이 있었다고 되어 있다.[406] 그러나 1862년 당시 조선에서 서양어를 할 줄 아는 사람은 아무도 없었다. 조선시대 처음으로 서양말을 할 줄 알게 된 사람은 1883년에 등장한 윤치호尹致昊였다. 그나마 조선에서는 최한기가 있어서, 1857년의 『지구전요』에서 26자의 영자를 발음과 함께 소개한 다음, 이 자모 가운데 3글자만이 독자적으로 쓰일 수 있다고 하면서, A는 하나를 뜻하고, I는 나를 뜻하며, O는 감탄사라고 소개하고 있다.[407] 이것은 당시 『해국도지』 같은 중국에서 들어온 책을 베낀 것으로 보이는데, 아마 서양 글자를 그려 국내에 소개한 최초의 조선인일 것으로 보인다.[408]

17세기 초부터 19세기까지 근 200년 동안 중국을 거쳐 조선에 들어온 서양 과학지식은 조선 지식인들의 세계관에 동요를 주기 시작했다. 이것은 주로 조선 정부의 시헌력 수입으로 그 명맥이 지속적으로 유지되었고, 민간에서는 실학파를 중심으로 하여 서학을 수용하면서[409] 자연과 인간에 대한 새로운 해석을 하기 시작하였다. 이러한 토대 위에서 최한기는 그의 독특한 기학을 성립시켜 북학론자들의 도기분리론적 입장을 동도서기적 입장으로 체계화시켰다.

그렇지만 지속적으로 유지된 세도정치의 여파로 인해 정부 차원에서의 전폭적이고 체계적인 서구과학의 수용 노력은 실현되지 못하였다. 재야의 지식인들도 서학 수용의 이상적인 방법론을 모색하기 위해 고심하였지만, 시간은 그들을 기다려주지 않았다. 그 사이 제국주의국가로 화한 일본은 그들의 침략적 근성을 해소하기 위해 준동하기 시작했다. 조선의 하늘 위로 검은 그림자가 드리워지고 있었다.

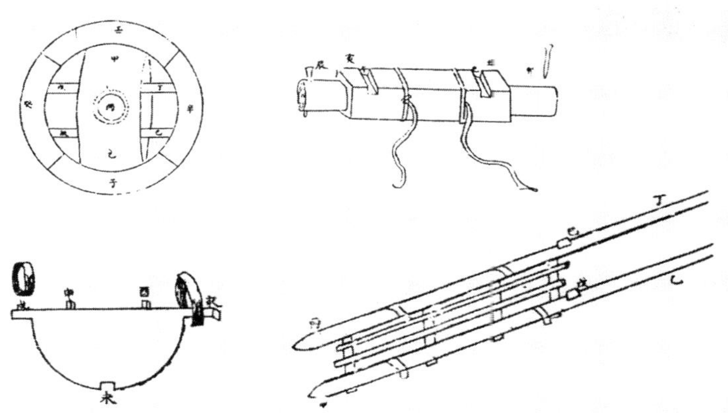

정약용이 『무비지(武備志)』를 보고 고안한 유형차(游衡車) 설계도

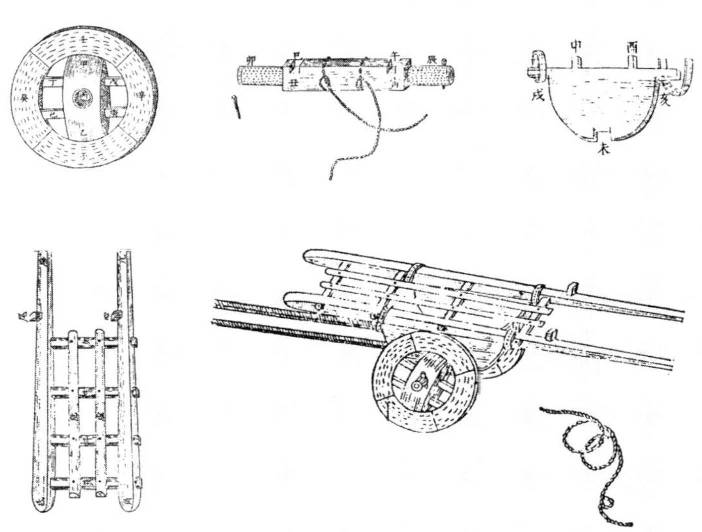

정조(正祖)의 문집 『홍재전서(弘齋全書)』에 수록되어 있는 유형차(游衡車) 설계도와 전도. 정약용의 『여유당전서(與猶堂全書)』와 내용이 동일하다. 당시 이용후생지물(利用厚生之物)의 하나로 주목받던 수레에 대한 높은 관심도를 잘 보여준다.

1) 이러한 통계는 다음의 연구성과에 힘입은 바 크다.

趙　珖, 1970,「敎會史關係 論文目錄 解題(I)」,『敎會史研究誌』3, 가톨릭대
교회사연구회.

———, 1982,「韓國天主敎會史 關係 論著의 整理(1874~1982)」,『崔奭祐神
父華甲紀念 韓國敎會史論叢』, 동간행위원회.

———, 1984,「韓國天主敎會史 研究文獻目錄(1982.11~1984.12)」,『교회와
역사』114.

———, 1986,「韓國天主敎會史 研究文獻目錄(1985)」,『교회와 역사』127.

———, 1987,「韓國天主敎會史 研究文獻目錄(1986.1~1987.11)」,『교회와 역
사』151.

———, 1988,「韓國天主敎會史 關係 論著의 整理(II): 1983~1987」,『敎會史
研究』6 , 한국교회사연구회.

———, 1991,「韓國天主敎會史 關係 論著의 整理(III): 1988~1990」,『韓國가
톨릭文化活動과 敎會史』, 한국교회사연구회.

———, 1994,「韓國天主敎會史 關係 論著의 整理(IV): 1991~1993」,『韓國社
會와 福音宣敎』, 도서출판 빅벨.

———, 1997,「韓國天主敎會史 關係 論著의 整理(V): 1994~1997」,『歷史와
社會』, 현암사.

2) 물론 조선후기의 교회사가 한국사의 발전에 이바지한 바가 없다는 뜻이 아니다.
다만, 외부에서 볼 때 교회사 연구가 민족의 문제와 유리된 호교론적 입장을 벗어
나지 못한 것이 아닌가라는 부당한 편견을 갖기가 쉬웠다는 점을 지적하는 것이

다. 일제강점기 일본인들의 연구성과 및 해방 후 교회사 관련 연구사 논문은 다음
과 같다.

小田省吾, 1930, 「李朝の朋黨を略述いて天主教迫害に及ぶ」, 『靑丘學叢』1, 경
성: 청구학회.

山口正之, 1930, 「朝鮮基督教史料 己亥日記」, 『靑丘學叢』1, 경성: 청구학회.

──────, 1930, 「日本耶蘇會宣教師セスベデスの渡鮮」, 『靑丘學叢』2, 경성:
청구학회.

──────, 1930, 「耶蘇會宣教師の入鮮計劃」, 『靑丘學叢』3, 경성: 청구학회.

──────, 1931, 「耶蘇會宣教師の朝鮮俘虜救濟及敎化」, 『靑丘學叢』4, 경성:
청구학회.

──────, 1931, 「昭顯世子と湯若望」, 『靑丘學叢』5, 경성: 청구학회.

──────, 1932, 「朝鮮役における俘虜人の行方 ─ 朝鮮被擄人賣買の一例」,
『靑丘學叢』8, 경성: 청구학회.

楠田斧三郎, 1933, 『朝鮮天主教小史』, 釜山: 博文堂書店.

末松保和, 1934, 「奎章閣と奎章總目」, 『小田先生頌壽紀念朝鮮論集』, 京城:
동간행위원회.

洪以燮, 1955, 「韓國基督教史研究小史」, 『白樂濬博士回甲紀念論文集』, 사상
계사.

──────, 1962, 「韓國基督教史 研究槪況」, 『神學論壇』7.

李元淳, 1981, 「天主教」, 李家源 外 編, 『韓國學研究入門』, 지식산업사.

──────, 1982, 「韓國天主教會史研究小史」, 『崔奭祐神父華甲紀念 韓國教會史
論叢』, 동간행위원회.

趙珖, 1987, 「西學과 天主教」, 한국사연구회 편, 『제2판 한국사연구입문』, 지식
산업사.

3) 文一平, 1939, 「西勢東漸의 先驅」, 『湖岩全集』1(政治外交篇), 조광사.

4) 洪以燮, 1947, 「西歐人들의 朝鮮發見史」, 『서울신문』, 8. 11.

5) 洪以燮, 1968, 「韓國 研究史 ─ 歐美人의 韓國 認識의 書誌學的 小攷 ─」, 『韓
國史의 方法』, 탐구당.

6) 洪以燮, 1957, 「서울에 왔던 歐美人」, 『향토서울』1, 서울특별시사편찬위원회.

7) 洪以燮, 1947, 「西歐人들의 朝鮮發見史」, 『서울신문』, 8. 11.

박철, 1987, 「韓國訪問 最初 西歐人 그레고리오 더 세스뻬데스 研究」, 『外大

史學』 창간호, 외대 사학연구소.

8) 朴泰根, 1989, 「돌아오지 않은 장군의 배」, 『역사춘추』, 역사춘추사.

9) 洪以燮, 1957, 「서울에 왔던 歐美人」, 『향토서울』 1, 서울특별시사편찬위원회.
   白樂濬, 1934, 「朝鮮과 外國船艦」, 『新東亞』, 10.

10) 洪以燮, 1968, 「韓國 研究史 ―歐美人의 韓國 認識의 書誌學的 小攷 ―」, 『韓國史의 方法』, 탐구당.

11) 洪以燮, 1960, 「鎖國의 帳幕을 뚫은 歐美人의 韓國 旅行」, 『시사영어연구』 6.

12) 盧禎埴, 1975, 「西洋地圖에 나타난 韓半島의 輪廓變遷에 關한 研究」, 『論文集』 11, 대구교육대.
   ―――, 1975, 「外國地圖上에 나타난 韓半島의 表現上 變化에 關한 研究」, 『論文集』 12, 대구교육대.

13) 서정철, 1991, 『서양 고지도와 한국』, 대원사, 47쪽.

14) 洪以燮, 1958, 「다브뤼神父의 朝鮮研究에 對하여(서울에 왔던 歐美人 Ⅱ)」, 『향토서울』 2, 서울특별시사편찬위원회.
   ―――, 1957, 「외국인의 한국어 연구」, 『학도주보』 115, 10. 14.

15) 洪以燮, 1968, 「韓國研究史 ―歐美人의 韓國 認識의 書誌學的 小攷 ―」, 『韓國史의 方法』, 탐구당.

16) 崔韶祐, 1996, 「前近代 傳統 知識人의 對西洋認識」, 『朝鮮時代人의 對外認識』, 국사편찬위원회.
   趙　珖, 1997, 「조선후기의 대외관계 ―서양과의 관계」, 『한국사』 32, 국사편찬위원회, 521쪽.

17) 潘允洪, 1982, 「朝鮮後期의 對歐羅巴認識 ―實學發生의 外的要因과 關聯하여 ―」, 『국사연구』 3, 조선대 국사연구소.

18) 千寬宇, 1953, 「磻溪 柳馨遠 研究(下) ―實學發生에서 본 李朝社會의 一斷面 ―」, 『歷史學報』 3, 역사학회, 120~121쪽.
   李元淳, 1975, 「明清來 西學書의 사상사적 의의」, 『韓國天主教會史論文選集』 1, 한국교회사연구소.
   ―――, 1986, 『朝鮮西學史研究』, 일지사.
   ―――, 1992, 「西學의 導入과 展開」, 『한국사상사대계』 5, 한국정신문화연구원.
   ―――, 1992, 「接觸과 對應의 歷史性 ―朝鮮西學史의 意義 ―」, 『역사교육』 51, 역사교육연구회.

──────, 1993, 『朝鮮時代史論集—안과 밖의 만남의 역사—』, 느티나무.

姜在彦 著, 鄭昌烈 譯, 1981, 『韓國의 開化思想』, 비봉출판사.

──────, 1990, 『朝鮮의 西學史』, 민음사.

姜在彦 지음, 이규수 옮김, 1998, 『서양과 조선—그 이문화 격투의 역사』, 학고재.

琴章泰, 1987, 『韓國實學思想研究』, 집문당.

崔韶子, 1987, 『東西文化交流史研究』, 삼영사.

──────, 1997, 「17·18세기 서구문화의 유입에 관한 몇 가지 문제: 중국과 조선을 중심으로」, 『명·청 시대 중·한 관계사 연구』, 이화여대 출판부.

李龍範, 1988, 『中世西歐科學의 朝鮮傳來』, 동국대 출판부.

崔東熙, 1988, 『西學에 대한 韓國實學의 反應』, 고려대 민족문화연구원.

趙 珖, 1997, 「조선후기의 대외관계—서양과의 관계」, 『한국사』 32, 국사편찬위원회.

원재연, 1997, 「17~19세기 實學者의 西洋認識 檢討」, 『韓國史論』 38, 서울대 국사학과.

19) 김낙진, 1998, 「조선 유학자들의 격물치지론」, 『조선 유학의 자연철학』, 예문서원, 97쪽.

20) 高柄翊, 1970, 「外國에 對한 李朝 韓國人의 觀念」, 『백산학보』 8, 백산학회.

21) 白樂濬, 1935, 「朝鮮의 西洋文化 輸入經路」, 『新東亞』 1.

──────, 1935, 「丙子胡亂과 西洋文化의 東漸」, 『新東亞』 4.

崔韶子, 1987, 「西學關係漢文書가 中國·朝鮮의 士大夫에게 미친 영향」, 『東西文化交流史研究』, 삼영사, 285~292쪽.

李元淳, 1975, 「西洋文物 漢譯西學書의 傳來」, 『한국사』 14, 국사편찬위원회, 45쪽.

22) 盧禎埴, 1970, 「韓國의 世界地誌的 著述에 關한 研究—特히 李朝時代를 中心으로 하여—」, 『論文集』 6, 대구교육대.

──────, 1977, 「韓國古地圖 資料 및 그 研究成果와 새 方向摸索을 위한 一研究」, 『論文集』 13, 대구교육대.

23) 李元淳, 1983, 「赴京使行의 文化史的 意義」, 『史學研究』 36, 한국사학회.

──────, 1992, 「赴京使行의 文化史的 意義」, 『朝鮮時代史論集』, 느티나무, 53~74쪽.

24) 河政植, 1998, 「歐美列强의 中國侵略과 朝鮮의 反應」, 『東洋學』 28, 단국대 동

양학연구소.

———, 1995, 「燕行情報와 朝鮮王朝의 太平天國 認識의 政治的 背景」, 『歷史學報』 145, 역사학회.

25) 閔斗基, 1986, 「十九世紀後半 朝鮮王朝의 對外危機意識 ─第一次, 第二次中英戰爭과 異樣船 出沒에의 對應 ─」, 『東方學志』 52, 연세대 국학연구원.
盧大煥, 1997, 「19세기 전반 西洋認識의 변화와 西器受容論」, 『韓國史研究』 95, 국사편찬위원회, 111~113쪽.

26) 朴泰根, 1981, 「朝鮮軍의 黑龍江出兵(1654~1658)」, 『한국사론』 9, 국사편찬위원회.

27) 朴泰根, 1984, 「러시아의 동방경략과 수교 이전의 한러교섭」, 『韓露關係百年史』, 한국사연구협의회, 24~33쪽.

28) 宋炳基, 1998, 「歐美列强의 朝鮮 進出과 對應」, 『東洋學』 28, 단국대 동양학연구소, 22~23쪽.

29) 宋炳基, 위의 책, 23~24쪽.

30) 車基眞, 1990, 「尹宗儀의 斥邪論과 海防論 인식에 대한 연구」, 『尹炳奭教授華甲紀念韓國近代史論叢』, 지식산업사, 21쪽.
孫炯富, 1993, 「19세기 초·중엽의 海防論과 朴珪壽」, 『全北史學』 7, 395쪽.

31) 盧大煥, 1997, 「1860~70년대 전반 조선 지식인의 대외인식과 洋務 이해」, 『韓國文化』 20, 서울대 한국문화연구소.

32) 盧大煥, 1997, 「19세기 전반 西洋認識의 변화와 西器受容論」, 『韓國史研究』 95, 한국사학회.

33) 洪以燮, 1946, 『朝鮮科學史』, 정음사, 235쪽.

34) 洪以燮, 1958, 「북학파의 사람들」, 『연세춘추』 122, 연세대.

35) 千寬宇, 1979 중판, 「韓國實學思想史」, 『韓國文化史大系』 12, 고려대 민족문화연구원 출판부, 968쪽.

36) 千寬宇, 1965, 「洪大容의 地轉說의 再檢討」, 『曉星趙明基博士華甲紀念佛教史學論叢』.
藪內清, 1968, 「李朝學者の地球回轉說」, 『朝鮮學報』 49.

37) 李龍範, 1966, 「法住寺所藏의 新法天文圖說에 대하여─在淸天主教神父를 通한 西洋天文學의 朝鮮傳來와 그 影響 ─」, 『歷史學報』 31·32, 역사학회.

38) 李龍範, 1972, 「李瀷의 地動論과 그 論據─附: 洪大容의 宇宙觀 ─」, 『震檀學

報』34, 진단학회.

閔泳珪, 1974, 「十七世紀 李朝學人의 地動說」, 『東方學志』16, 연세대 동방학연구소.

羅逸星 外, 1978, 「黃胤錫의 恒星黃赤經緯表에 對한 檢討」, 『國學紀要』1, 연세대 국학연구원.

―――, 1979, 「17·18世紀 韓國의 天文觀―曆算의 基礎가 되는 資料를 中心하여―」, 『東方學志』21.

朴星來, 1978, 「丁若鏞의 科學思想」, 『茶山學報』1, 다산학보간행위원회.

―――, 1978, 「韓國近世의 西歐科學受容」, 『東方學志』20, 연세대.

小川晴久, 1979, 「地轉說에서 宇宙無限論으로―金錫文과 洪大容의 世界―」, 『東方學志』21, 연세대.

39) 羅逸星, 1979, 「17·18世紀 韓國의 天文觀―曆算의 基礎가 되는 資料를 中心하여―」, 『東方學志』21, 연세대, 16쪽.

40) 朴星來, 1978, 「韓國近世의 西歐科學受容」, 『東方學志』20, 연세대.

41) 朴星來, 1981, 「洪大容의 科學思想」, 『韓國學報』23, 일지사.

―――, 1982, 「崔漢綺의 西洋科學 다이제스트」, 『한국과학사』, 한국방송사업단.

―――, 1983, 「마테오 리치와 韓國의 西洋과학 受容」, 『東亞研究』3, 서강대 동아연구소.

―――, 1984, 「李瀷의 西洋科學 受容」, 『東園金興培博士古稀紀念論文集』.

―――, 1985, 「星湖僿說 속의 西洋科學」, 『震檀學報』59, 진단학회.

兪景老, 1981, 「朝鮮時代의 中國曆法 導入에 關하여」, 『傳統科學』2, 한양대 한국전통과학연구소.

유경로·이은성, 1982, 「時憲曆의 도입과 日躔月離의 계산」, 『東方學志』31, 연세대.

李元淳, 1986, 『朝鮮西學史研究』, 일지사.

李龍範, 1988, 『中世西洋科學의 朝鮮傳來』, 동국대 출판부.

―――, 1988, 「李朝實學派의 西洋科學受容과 그 限界―金錫文과 李瀷의 경우―」, 『東方學志』58, 연세대.

全相運, 1988 중판, 『韓國科學技術史』, 정음사.

姜在彦, 1990, 『조선의 西學史』, 민음사.

鄭誠嬉, 1992, 「頤齋 黃胤錫의 科學思想」, 『清溪史學』9, 정신문화연구원 청계

사학회.

———, 1995,「朝鮮後期 時憲曆 導入과 그 影響」,『한국학대학원논문집』10, 한국학대학원.

42) 姜在彦, 1990,『조선의 西學史』, 민음사, 52쪽.

43) 鄭誠嬉, 1995,「朝鮮後期 時憲曆 導入과 그 影響」,『한국학대학원논문집』10, 한국학대학원, 172쪽.

44) 兪景老, 1981,「朝鮮時代의 中國曆法 導入에 關하여」,『傳統科學』2, 한양대 한국전통과학연구소, 36쪽.

45) 金良善, 1961,「明末淸初 耶蘇會宣敎師들이 제작한 世界地圖와 그 韓國文化 史上에 미친 影響」,『崇大』6, 숭전대.

———, 1972,「明末淸初耶蘇會 宣敎師들이 製作한 世界地圖」,『梅山國學散稿』, 숭전대 박물관.

張保雄, 1976,「利瑪竇의 世界地圖에 關한 硏究」,『東國史學』13, 동국대.

李成茂, 1982,「韓國의 官撰地理志」,『奎章閣』6, 서울대 규장각.

李元淳, 1986,『朝鮮西學史硏究』, 일지사.

———, 1991,「朝鮮實學知識人의 漢譯西學地理書 이해」,『한국의 전통지리 사상』, 민음사.

———, 1992,「崔漢綺의 世界地理認識의 歷史性 ―惠岡學의 地理學的 側面 ―」,『문화역사지리』4, 한국문화역사지리학회.

———, 1993,『朝鮮時代史論集 ―안과 밖의 만남의 역사―』, 느티나무, 1993.

全相運, 1988 중판,『朝鮮科學史』, 정음사.

姜在彦, 1990,『조선의 西學史』, 민음사.

盧禎埴, 1970,「韓國의 世界地誌的 著述에 關한 硏究 ―特히 李朝時代를 中心으로 하여 ―」,『論文集』6, 대구교육대.

———, 1977,「韓國古地圖 資料 및 그 硏究成果와 새 方向摸索을 위한 一硏究」,『論文集』13, 대구교육대.

楊普景, 1996,「崔漢綺의 地理思想」,『震檀學報』81, 진단학회.

46) 全相運, 1988 중판,『朝鮮科學史』, 정음사, 332~333쪽.

47) 盧禎埴, 1972,「金正浩 板刻의 "地球前後圖"에 關한 硏究」,『論文集』8, 대구 교육대, 261~262쪽.

48) 楊普景, 1996,「崔漢綺의 地理思想」,『震檀學報』81, 震檀學報, 290쪽.

49) 裵祐晟, 1997,「고지도를 통해 본 조선시대의 세계인식」,『震檀學報』83.

50) 盧泰敦, 1992,「18세기 史書에 보이는 世界史 認識體系 ―『同文廣考』를 중심
   으로―」,『奎章閣』15.

51) 李 燦, 1976,「韓國의 古世界地圖 ―天下圖와 混一疆理歷代國都之圖 ―」,
   『韓國學報』2, 48~58쪽.

52) 吳瑛燮, 1994,「毅菴 柳麟錫의 對西洋認識」,『李基白先生古稀紀念韓國史學
   論叢』(下), 동기념논총간행위원회.

53) 小川晴久 지음 · 하우봉 옮김, 1995,『한국실학과 일본』, 한울아카데미, 139~
   141쪽.

54) 文重亮, 1994,「조선후기의 水車」,『韓國文化』15, 서울대 한국문화연구소.

55) 李英澤, 1955,「우리나라에 처음 소개된 西醫說」,『自然科學』1, 서울대.
   金斗鍾, 1979,『韓國醫學史』, 탐구당.
   ―――, 1960,『韓國醫學 發展에 對한 歐美 및 西南方醫學의 影響』, 한국연구
   도서관.
   金亨錫, 1989,「韓末 韓國人에 의한 西洋醫學 受容」,『國史館論叢』5, 국사편
   찬위원회.
   여인석 · 노재훈, 1993,「崔漢綺의 의학사상」,『醫史學』2-1.
   李賢九, 1993,「崔漢綺 氣學의 成立과 體系에 關한 研究 ―서양 근대과학의
   유입과 조선후기 유학의 변용―」, 성균관대 박사학위논문.
   權五榮, 1994,「惠岡 崔漢綺의 學問과 思想研究」, 한국학대학원 박사학위논문.
   金容憲, 1995,「崔漢綺의 西洋科學 收容과 哲學 形成」, 고려대 박사학위논문.
   도날드 베이커 지음, 金世潤 옮김, 1997,「丁若鏞의 醫學論과 西洋醫學」,『朝
   鮮後期 儒敎와 天主敎의 대립』, 일조각.

56) 金亨錫, 위의 글, 177~179쪽.

57) 趙 珖, 1992,「朝鮮後期 實學思想의 研究動向과 展望」, 동간행위원회 편,
   『何石金昌洙敎授華甲紀念史學論叢』, 범우사, 431쪽

58) 金良善, 1972,「朝鮮實學發展史」,『梅山國學散稿』, 숭전대 박물관.

59) 金泳鎬, 1975,「實學思想의 勃興」,『한국사』14, 국사견찬위원회.

60) 李元淳, 1975,「朝鮮後期 實學者의 西學意識」,『歷史教育』17, 역사교육연
   구회.

61) 金玉姬, 1979,「實學思想과 韓國初期 가톨리시즘(Catholicisme)」,『神學展望』

44, 대건신학대, 30쪽.

62) 金玉姬, 위의 글, 37쪽.

63) 千寬宇, 1975, 「朝鮮後期 實學의 槪念 評論」, 『韓國史의 再發見』, 일조각, 178쪽.

64) 李元淳, 1986, 『朝鮮西學史硏究』, 일지사, 184쪽.

65) 洪以燮, 1946, 『朝鮮科學史』, 정음사.

李龍範, 1972, 「李瀷의 地動論과 그 論據 — 附: 洪大容의 宇宙觀」, 『震檀學報』 34, 진단학회.

閔泳珪, 1975, 「十七世紀 李朝學人의 地動說」, 『東方學志』 16, 연세대 동방학연구소.

李元淳, 1975, 「朝鮮後期 實學者의 西學意識」, 『歷史敎育』 17, 역사교육연구회.

─────, 1980, 「韓國近代文化의 西歐的 基礎」, 『韓國史學』 1, 한국정신문화연구소.

─────, 1986, 『朝鮮西學史硏究』, 일지사.

─────, 1991, 「朝鮮實學知識人의 漢譯西學地理書 이해」, 『한국의 전통지리사상』, 민음사.

─────, 1992, 「崔漢綺의 世界地理認識의 歷史性 — 惠岡學의 地理學的 側面 —」, 『문화역사지리』 4, 한국문화역사지리학회.

小川晴久, 1979, 「地轉說에서 宇宙無限論으로 — 金錫文과 洪大容의 世界 —」, 『東方學志』 21, 연세대 국학연구원.

朴星來, 1981, 「洪大容의 科學思想」, 『韓國學報』 23, 일지사.

─────, 1985, 「星湖僿說 속의 西洋科學」, 『震檀學報』 59, 진단학회.

姜在彦, 1990, 『조선의 西學史』, 민음사.

許南進, 1995, 「洪大容의 철학사상」, 『震檀學報』 79, 진단학회.

楊普景, 1996, 「崔漢綺의 地理思想」, 『震檀學報』 81, 진단학회.

66) 朴星來, 1978, 「韓國近世의 西歐科學受容」, 『東方學志』 20, 연세대 국학연구원.

─────, 1981, 「洪大容의 科學思想」, 『韓國學報』 23, 일지사.

宋錫準, 1992, 「韓國 陽明學과 實學 및 天主敎와의 思想的 關聯性에 關한 硏究」, 성균관대 박사학위논문.

李賢九, 1993, 「崔漢綺 氣學의 成立과 體系에 關한 硏究 — 西洋 近代科學의

流入과 朝鮮後期 儒學의 變容 —」, 성균관대 박사학위논문.

辛源俸, 1994, 「惠崗의 氣化的 世界觀과 그 倫理的 含意」, 한국학대학원 박사학위논문.

權五榮, 1994, 「惠岡 崔漢綺의 學問과 思想 硏究」, 한국학대학원 박사학위논문.

許南進, 1995, 「洪大容의 철학사상」, 『震檀學報』 79, 진단학회.

金容憲, 1995, 「崔漢綺의 西洋科學 受容과 哲學 形成」, 고려대 박사학위논문.

67) 李元淳, 1982, 「朝鮮 '西學'과 日本 '蘭學' —對西洋 學問的 對應의 比較的 接近 —」, 『日本學報』 10, 한국일본학회.

68) 崔南善, 1929, 「西洋音樂이 언제부터 朝鮮人에게 알려졌나」, 『奇怪』 1.

洪以燮, 1946, 『朝鮮科學史』, 정음사.

———, 1967, 「實學과 西學」, 『亞細亞學報』 4, 아세아학술연구회.

李元淳, 1975, 「朝鮮後期 實學者의 西學意識」, 『歷史敎育』 17, 역사교육연구회.

———, 1986, 『朝鮮西學史研究』, 일지사.

崔韶子, 1987, 『東西文化交流史研究』, 삼영사.

姜在彦, 1990, 『조선의 西學史』, 민음사.

徐鍾泰, 1997, 「星湖學派의 陽明學과 西洋科學技術」, 『韓國思想史學』 9, 한국사상사연구회.

69) 千寬宇, 1953, 「磻溪 柳馨遠 研究(下) —實學發生에서 본 李朝社會의 一斷面 —」, 『歷史學報』 3, 역사학회, 134쪽.

李光麟, 1969, 「'海國圖志'의 韓國傳來와 그 影響」, 『韓國開化史研究』, 일조각.

潘允洪, 1982, 「朝鮮後期의 對歐羅巴認識 —實學發生의 外的要因과 關聯하여 —」, 『國史研究』 3, 조선대 국사연구소.

愼鏞廈, 1998, 「開國論의 대두와 開化思想의 형성」, 『東洋學』 28, 단국대 동양학연구소.

70) 李佑成, 1966, 「李朝後期 近畿學派에 있어서의 正統論의 전개」, 『歷史學報』 31.

71) 1988, 「제20회 실학공개강좌 종합토론」, 『東方學志』 58, 연세대 국학연구원, 원유한의 발언 참조.

元裕漢, 1996, 「實學思想 研究視角의 摸索을 위한 試論 —실학자의 화폐경제론을 중심으로—」, 『實學思想研究』 7, 관악사학회.

72) 李元淳, 1986, 「『職方外紀』와 愼後聃의 西洋敎育論」, 『朝鮮西學史研究』, 일

지사.

73) 李元淳, 1986, 「惠崗 崔漢綺의 敎育觀 序說」, 『朝鮮西學史硏究』, 일지사.

74) 차석기, 1992, 「조선후기 서학의 수용과 한국 근대 교육사상」, 『師大論集』 17, 고려대 사범대학, 20쪽.

75) 朴鍾鴻, 1969, 「西歐思想의 導入 批判과 攝取 —其一 天主學—」, 『亞細亞硏究』 12, 고려대 아세아문제연구소.

76) 崔東熙, 1988, 『西學에 대한 韓國實學의 反應』, 고려대 민족문화연구원.

77) 전인식, 1994, 「조선에 있어서 『天主實義』에 대한 비판 검토」, 『한국학대학원논문집』 9, 한국학대학원.

78) 洪以燮, 1957, 「實學의 理念的 一貌 —河濱 愼後聃의 「西學辨」의 紹介—」, 『人文科學』 1, 연세대.

79) 琴章泰, 1972, 「鬼神·死生論과 儒敎·西學間의 論辨」, 『論文集』 17, 성균관대.

———, 1979, 「朝鮮後期 儒學·西學間의 敎理論爭과 思想的 性格」, 『교회사연구』 2, 한국교회사연구소.

———, 1983, 「韓國傳統文化와 天主敎思想」, 『가톨릭社會科學硏究』 1, 가톨릭사회과학연구회.

———, 1985, 「儒敎思想과 天主敎 —祖上祭祀 문제를 중심으로—」, 『哲學과 神學의 만남』.

姜燕熙, 1973, 「朝鮮後期 社會에 있어서 西學의 祖上祭祀問題」, 이화여대 석사학위논문.

———, 1973, 「朝鮮後期 西學의 祖上祭祀問題」, 『최석우신부화갑기념 한국교회사논총』, 한국교회사연구소.

赤木仁兵衛, 1977, 「朝鮮에 있어서의 天主敎 流入과 典禮問題」, 『韓國天主敎會史 論文選集』 2, 한국교회사연구소.

柳洪烈, 1980, 「韓國에서의 天主敎와 儒敎間이 典禮問題」, 『韓國社會思想史論攷』, 일조각.

崔基福, 1982, 「朝鮮朝에 있어서 天主敎의 廢祭毁主와 儒敎祭祀의 根本意味」, 『崔奭祐神父華甲紀念 韓國敎會史論叢』, 한국교회사연구소.

———, 1985, 「朝鮮朝 天主敎會의 祭祀禁令과 茶山의 祖上祭祀觀」, 『韓國敎會史論文集』 2, 한국교회사연구소.

柳濟光, 1983,「朝鮮의 天主敎 受容과 典禮問題에 관한 研究」, 단국대 석사학위논문.

朱明俊, 1985,「儒敎傳統社會의 祖上崇拜思想과 天主敎의 對應 ―辛亥珍山事件을 中心으로―」,『邊太燮博士華甲紀念史學論叢』, 삼영사.

80) 洪以燮, 1959,「所謂 闢衛編의 形成에 對하여― 一種 兩水寫本을 中心으로―」,『人文科學』4, 연세대 인문과학연구소.

―――, 1959,「朝鮮儒家의 斥邪論에 對하여」,『白性郁敎授回甲紀念論集』, 동국대.

―――, 1976,「斥邪論에 對한 考察 ― 朝鮮時代의 儒家를 中心으로 ―」,『京畿大 論文集』, 경기대.

琴章泰, 1974,「李朝儒學에 있어서 闢異端의 理念과 傳統」,『國際大論文集』, 국제대.

琴章泰, 1986,「西學의 傳來와 闢異端論의 强化」,『韓國宗敎思想史 儒敎·基督敎篇』, 연세대 출판부.

洪淳昶, 1977,「衛正斥邪論의 性格과 그 系譜」,『趙二濟敎授回甲論集論叢』, 동간행위원회.

宋炳基, 1983,「辛巳 斥邪運動 研究」,『史學研究』37, 한국사학회.

李乙浩, 1984,「近代儒學의 斥邪衛正思想」,『韓國近代宗敎思想史』, 원광대 출판사.

崔根德, 1984,「西學의 傳來와 斥邪衛正論」,『韓國思想大系Ⅳ ―性理學思想篇―』, 성균관대 대동문화연구원.

鄭載植, 1985,「儒敎傳統의 保守의 理論 ―李恒老의 斥邪衛正思想을 中心으로―」,『韓國社會와 思想』, 한국정신문화연구원.

곽신환, 1986,「華西 李恒老의 西學觀」,『논문집―인문과학편―』16, 숭실대.

朴敏泳, 1986,「毅菴 柳麟錫의 衛正斥邪運動」,『淸溪史學』3, 한국정신문화연구원 청계사학회.

李澤徽, 1986,「華西 李恒老의 斥邪衛正論 研究」,『論文集』19, 서울교육대.

崔炳鈺, 1986,「衛正斥邪思想에 대한 一考察」,『弘益史學』3, 홍익대 사학회.

李愛熙, 1987,「韓末衛正斥邪思想의 展開」,『江原義兵運動史』, 강원의병운동사연구회.

鄭玉子, 1995,「19세기 斥邪論의 歷史的 位相」,『韓國學報』78, 일지사.

車基眞, 1996, 「星湖學派의 西學認識과 斥邪論에 관한 연구」, 한국학대학원 박사학위논문.

吳瑛爕, 1997, 「華西學派의 對西洋認識 — 李恒老 · 金平默 · 柳麟錫을 中心으로 — 」, 『泰東古典研究』14, 태동고전연구소.

81) 鄭玉子, 1995, 「19세기 斥邪論의 歷史的 位相」, 『韓國學報』78, 일지사, 174쪽.

82) 吳瑛爕, 1997, 「華西學派의 對西洋認識 — 李恒老 · 金平默 · 柳麟錫을 中心으로 — 」, 『泰東古典研究』14, 태동고전연구소, 6~15쪽.

83) 趙 珖, 1988, 『朝鮮後期 天主教史 研究』, 고려대 민족문화연구원, 20~31쪽.

84) 李瑄根, 1931, 「西教徒虐殺의 由來와 佛艦來襲」, 『朝鮮最近世史』, 流星社書店.

———, 1961, 「西教彈壓과 國際的 衝突」, 『韓國史 最近世編』, 을유문화사.

金源模, 1983, 「로즈 艦隊의 來侵과 梁憲洙의 抗戰」, 『東洋學』13.

———, 1983, 「丙寅日記의 研究」, 『史學志』17, 단국대 사학회.

85) 李瑄根, 1985, 「大院君時代의 對歐美關係 研究」, 『韓國最近世史研究』, 휘문출판사.

———, 1990, 「大院君의 政治」, 『韓國史』16, 국사편찬위원회.

金源模, 1998, 「셔먼호사건과 미국함대의 침입(1866~1871)」, 『東洋學』28, 단국대 동양학연구소.

86) 李瑄根, 1990, 「大院君의 政治」, 『韓國史』16, 국사편찬위원회, 83쪽.

87) 崔奭祐, 1966, 「丙寅洋擾小考」, 『歷史學報』30, 역사학회.

88) 延甲洙, 1996, 「丙寅洋擾와 興宣大院君 政權의 對應 — '巡撫營謄錄'을 중심으로 — 」, 『軍史』33, 국방군사연구소.

———, 1998, 「大院君 執權期(1863~1873) 西洋勢力에 대한 對應과 軍備增强」, 서울대 국사학과 박사학위논문.

89) 千寬宇, 1952~1953, 「磻溪 柳馨遠研究」, 『歷史學報』2 · 3, 역사학회.

韓㳓劤, 1954, 「星湖 李瀷研究의 一端 — 그의 科擧制 是非를 中心하여 — 」, 『歷史學報』7, 역사학회.

韓㳓劤, 1958, 「李朝 '實學'의 概念에 대하여」, 『震檀學報』19, 진단학회.

全海宗, 1959, 「釋實學」, 『震檀學報』20, 진단학회.

千寬宇, 1967, 「朝鮮後期 實學의 概念 再檢討」, '실학공개강좌', 연세대.

90) 千寬宇, 1970, 「朝鮮後期 實學의 概念再論」, 『韓國文化史大系』VI, 고려대 민

족문화연구원; 1975, 『韓國史의 再發見』, 일조각.

91) 金龍德, 1974, 「北學派 思想의 源流 研究」, 『東方學志』 15.

92) 池斗煥, 1987, 「朝鮮後期 實學研究의 問題點과 方向」, 『泰東古典研究』 3.

93) 崔完秀, 1981, 「金秋史의 金石學」, 『澗松文華』 3; 1972, 「謙齋眞景山水畵考」, 『澗松文華』 21.

94) 鄭玉子, 1982, 「奎章閣抄啓文臣研究」, 『奎章閣』 4; 1982, 「正祖의 抄啓文臣教育과 文體政策」, 『奎章閣』 6.

95) 劉奉學, 1982, 「北學思想의 形成과 그 性格―湛軒 洪大容과 燕巖 朴趾源을 중심으로」, 『韓國史論』 8, 서울대 국사학과.

96) 鄭玉子, 1990, 「실학과 근대의식」, 『한국사특강』, 서울대 출판부, 193쪽.

97) 劉奉學, 1994, 「북학사상 연구의 현황과 전망」, 『문학과 사회』 25.

98) 劉奉學, 1995, 『燕巖一派北學思想研究』, 일지사.

99) 윤사순은 '유학(성리학)=위정척사=보수적=주리파', '실학=개화=진보적=주기파'라는 도식을 설정하여 실학사상의 탈주자학적, 근대적 성격을 부각시키고자 하였다(尹絲淳, 1982, 「近代(朝鮮末期) 儒學에 관한 研究-性理學과 實學의 區分點을 중심으로」, 『東洋學』 12, 단국대 동양학연구소).

100) 劉奉學, 1995, 『燕巖一派 北學思想 研究』, 일지사.

101) 이항로가 낙학의 심설을 계승하였다는 사실은 張志淵의 『朝鮮儒教淵源』과 姜斅錫의 『典故大方』에 분명하게 명시되어 있다.

102) 高橋亨, 1929, 「李朝儒學史에 於ける 主理派主氣派의 發達」, 『朝鮮支那文化の研究』, 경성제국대학 법문학회.

103) 權純哲, 1997, 「高橋亨の朝鮮思想史研究」, 『埼玉大學紀要』 33-1, 埼玉大學 教養學部, 99~100쪽.

104) 趙東杰, 1998, 『現代 韓國史學史』, 나남출판, 258~261쪽.

105) 幣原坦의 활동에 대해서는 崔惠珠, 1998, 「시데하라(幣原坦)의 顧問活動과 한국사연구」, 『國史館論叢』 79, 국사편찬위원회 참조.

106) 최영성, 2001, 「다카하시 도루의 한국유학관 연구」, 『다카하시 도루의 조선유학사』, 예문서원, 23쪽.

107) 朴性淳, 2002, 「高橋亨의 朝鮮儒學史 研究와 그 反應에 대한 檢討」, 『韓國史學史學報』, 108~116쪽.

108) 崔英辰, 1994, 「朝鮮朝 儒學思想史의 分流方式과 그 問題點」, 『韓國思想史

學』8, 한국사상사학회, 32~33쪽.

109) 金允濟, 1996, 「朝鮮 前期 『心經』의 이해와 보급」, 『韓國文化』18, 서울대 한 국문화연구소; 琴章泰, 2002, 『한국유학의 心說』, 서울대 출판부.

110) 朴性淳, 2004, 「조선중기 經筵科目 『心經』의 정착과정과 그 정치적 의미」, 『韓國史想史學』22, 한국사상사학회.

111) 丁若鏞, 『與猶堂全書』II, 권2 「心經密驗」. 여기에서 정약용은 그의 평생 뜻이 '治心之術'에 매진하는 것이며, 經學을 궁구하는 도구로는 바로 『心經』으로써 그 끝을 맺을 것이라는 결연한 의지를 표명하고 있다.

112) 鄭玉子, 1994, 『朝鮮後期 歷史의 理解』, 일지사; 劉奉學, 1995, 『燕巖一派 北學思想 研究』, 일지사; 李完宰, 1996, 「性理學의 脈絡에서 본 初期開化思想」 『韓國學論叢』29, 한양대 한국학연구소 등. 사실 이러한 관점에서의 연구는 한때의 풍조를 이루었다고 해도 과언이 아니다.

113) 조성을, 1996, 「실학 연구의 심화와 남은 과제」, 『역사와 현실』20, 한국역사연구회, 285쪽.

114) 劉奉學, 1995, 『燕巖一派 北學思想 研究』, 일지사, 91쪽.

115) 正祖 撰, 『朱書百選』권6, 「答徐子融」.

116) 尹絲淳, 1980, 「實學思想의 哲學的 性格」, 『韓國儒學論究』, 현암사, 325~329쪽; 이애희, 2002, 「人物之性」, 『조선유학의 개념들』, 예문서원, 231~232쪽.

117) 金泰永, 1988, 「朝鮮後期 實學에서의 現實과 理想」, 『韓國思想史方法論』, 소화, 334쪽.

118) 裵宗鎬, 1974, 『韓國儒學史』, 연세대 출판부, 214쪽; 한국사상사연구회 편저, 1996, 『조선 유학의 학파들』, 예문서원, 349~371쪽; 한국사상사연구회 편저, 1998, 『조선 유학의 자연철학』, 예문서원, 263쪽.

119) 金都煥, 1998, 「北學思想과 洛論의 전개」, 『韓國學論集』, 한양대 한국학연구소.

120) 李相益, 1996, 「洛學에서 北學으로의 思想的 發展」, 『철학』46, 한국철학회, 11쪽.

121) 金都煥, 1998, 앞의 글, 316쪽.

122) 한국사상사연구회 편저, 1998, 『조선 유학의 자연철학』, 예문서원, 278쪽.

123) 劉奉學, 1995, 앞의 책, 106쪽.

124) 池斗煥, 1987, 「朝鮮後期 實學研究의 問題點과 방향」, 『泰東古典研究』3, 태동고전연구소.

125) 朴性淳, 1998,「朝鮮後期의 對淸認識과 ‘北學論’의 意味」,『史學志』31, 단국사학회.

126) 金文植, 1994,「18세기 후반 서울 學人의 淸學認識과 淸문물 도입론」,『奎章閣』17, 서울대 규장각.

127) 金文植, 1996,『朝鮮後期 經學思想 研究』, 일조각, 139쪽.

128) 山內弘一, 1992,「朴趾源における北學と小中華」,『上智史學』37, 上智大.

129) 尹熙勉・金德珍, 1999,「朝鮮後期」,『歷史學報』163, 역사학회.

130) 池斗煥, 1987, 앞의 글, 46쪽.

131) 池斗煥, 1999,「서문」,『한국사상사』, 역사문화 .

132) 池斗煥, 1998,『조선시대 사상과 문화』, 역사문화, 16∼17쪽.

133) 池斗煥, 1987, 앞의 글, 22쪽.

134) 趙 珖, 1992, 앞의 글, 437쪽, 한국실학연구회: 1998,『韓中實學史研究』, 민음사, 511쪽.

135) 吳永敎, 2000,「朝鮮後期」,『歷史學報』167, 역사학회, 139쪽.

136) 金容雲, 1988,『人間學으로서의 數學』, 우성문화사, 128쪽.

137) 正 祖,『弘齋全書』IV, 권105,「經史講義」42, 易.

138) 尹絲淳, 1998,「유학의 자연철학」,『조선 유학의 자연 철학』, 예문서원, 43쪽.

139) 正祖 撰,『朱書百選』권1,「答汪尙書」.

140) 林熒澤, 1998,「實事求是의 學的 傳統과 開化思想」,『韓中實學史研究』, 민음사, 71쪽.

141) 박권수, 2004,「조선후기 象數易學의 발전과 변동」,『韓國史想史學』22, 한국사상사학회, 280쪽.

142) 李 漵,『弘道先生遺稿』권11,「雜著」, 河洛圖與八卦說.

143) 李恒老,『華西雅言』권11,「經傳」, 易.

144) 尹行恁,『碩齋稿』권5,『文講義』, 易.

145) 文重亮, 1999,「科學史」,『歷史學報』163, 역사학회, 517쪽.

146) 文重亮, 위의 글, 518쪽.

147) 文重亮, 위의 글, 522쪽.

148) 한국사상사연구회 편저, 1998,『조선 유학의 자연철학』, 예문서원, 50쪽,

149) 한국사상사연구회 편저, 위의 책, 62쪽.

150) 許南進, 1994,「朝鮮後期 氣哲學 研究」, 서울대 철학과 박사학위논문.

151) 韓永浩, 2001,「서양 기하학의 조선 전래와 홍대용의『주해수용』」,『歷史學報』
170, 역사학회.

152) 박권수, 2004, 앞의 글, 301쪽.

153) 文重亮, 1999, 앞의 글, 516쪽.

154) 宋時烈,『宋子大全』권213,「三學士傳」.

155) 鄭玉子, 1998,『조선후기 조선중화사상 연구』, 일지사, 106~107쪽.

156) 鄭玉子, 위의 책, 17~19쪽.

157) 盧大煥, 1994,「19세기 전반 지식인의 대청 위기인식과 북학론」,『한국학보』
76; 劉奉學, 1995,『燕巖一派 北學思想 研究』, 일지사; 鄭玉子, 1998,『조선
후기 조선중화사상 연구』, 일지사; 유근호, 2004,『조선조 대외사상의 흐름』, 성
신여대 출판부.

158) 鄭玉子, 위의 책, 216쪽.

159) 琴章泰, 1998,「성리학」,『한국사』35, 국사편찬위원회, 44쪽.

160) 琴章泰, 위의 글, 같은 곳.

161) 盧大煥, 앞의 글 참조.

162) 조선 정부의 역법 입수과정에 관해서는 다음의 대표적인 선행연구가 있다. ①
서양과학에 대한 종합적인 이해와 연구 없이 다만 정치적인 필요에서 실용적인
立成만을 추구했으므로 조선의 時憲曆 채용이 끝내 여러 가지 차질을 면할 수
없었음을 밝힌 姜在彦, 1990,『조선의 西學史』, 민음사 ② 현실적 필요에서 시
헌력이 도입되었음에도 불구하고 화이론적 입장에서 거부감을 불러일으켜 비공
식적으로 大統曆이 여전히 사용되었음을 밝힘으로써 조선후기 사회의 척화적
분위기를 강조한 鄭誠嬉, 1995,「조선후기 시헌력 도입과 그 영향」,『한국학대
학원논문집』10 ③ 시헌력이 유일한 신법이었으므로 조선 정부가 청에 대한 적
개심을 억누르고 신법 도입에 열의를 보일 수밖에 없었음을 밝힌 兪景老,
1981,「조선시대의 중국역법 도입에 관하여」,『傳統科學』2, 한양대 한국전통
과학연구소; 유경로·이은성, 1982,「시헌력의 도입과 日躔月離의 계산」,『東
方學紙』31, 연세대 동방학연구소 등이 있다.

163) 盧大煥, 1999,「正祖代의 西器受容 논의― '중국원류설'을 중심으로―」,『韓
國學報』94, 일지사.

164)『太祖實錄』권1, 太祖 1年 7月 28日.

165)『太宗實錄』권31, 太宗 16年 4月 28日.

166) 『世宗實錄』 권52, 世宗 13年 6月 3日.

167) 『世宗實錄』 권126, 世宗 31年 11月 22日.

168) 『端宗實錄』 권11, 端宗 2年 1月 16日.

169) 『成宗實錄』 권205, 成宗 18年 7月 17日.

170) 『世宗實錄』 권52, 世宗 13年 6月 3日.

171) 『書經』 권1 「虞書」, 堯典. "乃命羲和 欽若昊天 曆象日月星辰 敬授人時."

172) 『明史』 권25, 「志」 1, 天文 1. "明神宗時, 西洋人利瑪竇等入中國, 精於天文曆算之學, 發微闡奧, 運算制器, 前此未嘗有也."

173) 楊光先, 『不得已』, "且於時憲曆面, 敢書依西洋新法五字, 暗竊正朔之權以尊西洋, 明白示天下以大淸奉西洋之正朔."

174) 구만옥, 2003, 「朝鮮王朝의 集權體制와 科學技術政策」, 『조선의 건국과 '經國大典 體制'의 형성』, 연세대 국학연구원 참조.

175) 『世宗實錄』 권58, 世宗 14年 10月 30日.

176) 『世宗實錄』 권80, 世宗 20年 1月 7日.

177) 『世宗實錄』 권107, 世宗 27年 3月 30日.

178) 『太宗實錄』 권34, 太宗 17年 9月 5日.

179) 『世祖實錄』 권2, 世祖 1年 9月 10日.

180) 朴性淳, 2004, 「조선중기 경연과목 『心經』의 정착과정과 그 정치적 의미」, 『한국사상사학』 22, 한국사상사학회.

181) 『英祖實錄』 권37, 英祖 10年 2月 15日.

182) 『宣祖實錄』 권106, 宣祖 31年 11月 12日.

183) 『太宗實錄』 권31, 太宗 16年 6月 1日.

184) 『仁祖實錄』 권10, 仁祖 3年 11月 3日.

185) 『中宗實錄』 권58, 中宗 22年 2月 4日.

186) 『仁祖實錄』 권46, 仁祖 23年 6月 3日.

187) 『仁祖實錄』 권46, 仁祖 23年 12月 18日.

188) 盧大煥, 1999, 앞의 글, 149쪽.

189) 盧大煥, 1999, 앞의 글, 129쪽.

190) 鄭玉子, 1998, 앞의 책, 107쪽.

191) 유근호, 2004, 앞의 책, 89쪽.

192) 盧大煥, 1999, 앞의 글, 131쪽 표 1 인용.

193) 洪大容,『湛軒書外集』권7,「燕記」, 劉鮑問答.

194) 洪大容,『湛軒書內集』권4,「補遺」, 毉山問答.

195)『正祖實錄』권3, 正祖 元年 2月 경신; 盧大煥, 1999, 앞의 글, 138쪽.

196) 盧大煥, 1999, 앞의 글, 161~163쪽.

197) 丁若鏞,『與猶堂全書』제1집「詩文集序」, 跋奇器圖帖.“右奇器圖一卷 卽內
庫所藏圖書集成五千二十二卷之一卷也 丙辰冬 余在奎瀛府校書 得見奇器
圖 歸而令工畫者金生移描 凡引重起重諸器及解木解石轉磨水銃虹吸鶴飮
之屬 無不畢具 兵農之家 苟講而行之 不爲無補也.”

198)『正祖實錄』권16, 正祖 7年 7月 18日.

199) 李睟光,『芝峰類說』권2, 諸國部外國條.

200) 李瀷,『星湖僿說』권1,「天地門」, 時憲曆.

201) 洪大容,『湛軒書外集』권7,「燕記」, 劉鮑問答.

202) 朴趾源,『燕巖集』권12,「熱河日記」, 馹汛隨筆.

203) 朴齊家,『貞蕤集』,「北學議」, 附丙午所懷.

204) 丁若鏞,『經世遺表』권2,「冬官工曹」제6, 利用監.

205) 鄭奎英 編,『俟菴先生年譜』, 10쪽.

206)『正祖實錄』권26, 正祖 12年 7月 19日.

207)『正祖實錄』권27, 正祖 13年 5月 10日.

208)『正祖實錄』권29, 正祖 14年 3月 7日.

209)『正祖實錄』권33, 正祖 15年 11月 8日.

210)『正祖實錄』권33, 正祖 15年 11月 8·12日.

211)『正祖實錄』권46, 正祖 21年 6月 21日.

212) 鄭後洙,「恩誦堂集 解題」, 李尙迪,『恩誦堂集』.

213) 權尙夏,『寒水齋集』,「詩」, 別李啓以赴燕.“風霜歲暮動行旌 薊樹燕雲萬里
程 …… 珍重千金好跋涉.”

214) 權尙夏,『寒水齋集』,「詩」, 見季文柵門書吟寄行中.“極知康健無餘法 愼勿
牽愁數喚杯.”
朴長遠,『久堂先生集』권14,「送永安尉洪公桂元赴燕行序」.

215) 權尙夏,『寒水齋集』,「詩」, 別李啓以赴燕.“平生忠信試今行.”

216) 權尙夏,『寒水齋集』,「詩」, 送副使黃敬之欽赴燕.“知君慣誦詩三百 專對何
方不沛然.”

217) 許　穆, 『記言別集』권8, 「送王孫朗善君奉使如燕序」.

218) 奇正鎭, 『蘆沙集』권13, 「送尹書狀稚沃堉赴燕序」. "篤敬廉正不辱使命之體."

219) 丁若鏞, 『與猶堂全書』제1집 「詩文集序」, 送李參判基讓使燕京序. "古者　大夫之使於異國者　見一事之小而知其國禮義之敦薄　見一物之微而知其國法紀之弛立　以之卜盛衰　決興敗　是之謂覘國　覘國非有明敏睿知　出乎其類者　不能也."

220) 尹　鑴, 『白湖先生文集』권22, 「送吳判書挺緯奉使燕京序」. "若夫山河之分流　民物之耗息　城闕之異狀　風雲氣祲之變化　亦須審視而詳記之　以報于朝　亦行人之職也."

221) 朴世采, 『南溪先生文集』권66, 「送金久之赴燕山序癸巳」. "國家今日之患　繇此觀之　雖不可遽然興師以當餓虎之蹊　而豈可甘心服事　終不思所以雪大恥而報深怨　而自謂其當然也　其患不在於力小兵罷　而在於不通春秋之旨　正宜爲我君臣父子者　相與以此爲志　深惟復讐之義乃人倫天理之至　是不可一日而忘　且討賊之事　始於自治　終於攘夷而尊王　是所以成復讐之功."

222) 宋徵殷, 『約軒集』권10, 「序」, 送兪寧叔得一赴燕序. "噫　自崇禎以後　時移事變　城郭人民　已覺非昔時矣　衣冠文物之地　變爲氈裘之鄕."

223) 金昌協, 『農巖集』권22, 「序」, 贈黃敬之欽赴燕序. "夷狄而主中國　此陰之極盛也　然當胡元之世　許衡出於北方　首以性理之說　開其君而造其士南士　…… 我東僻在一隅　獨不改衣冠禮樂之舊　遂儼然以小中華自居　而視古赤縣神州　堯舜三王之所治　孔孟程朱之所敎之地與民　褻以爲湩酪腥羶之聚　而無復有文獻之可徵則過矣　…… 若文史書籍　自燕來者　余見之多矣　其中亦頗有近時人士所爲序引題評　往往識精語確辭致淵博　類非吾東方宿學老師所能及　此不過場屋間學究秀才耳而猶如此　況於山林講道之士乎　惜乎吾不得聞其名而讀其書也　公行試爲我博訪　幸而有得焉　則尙可以見中原文獻之遺而開先之兆　又未必不徵於此也已矣."

224) 朴世堂, 『西溪集』권7, 「序」, 送崔叅判錫鼎赴燕序. "士不幸而生偏陋　未覩夫中國之大而履先王之舊迹　…… 其幸而得備行人　遊乎中國　覩前之欲覩而未覩　踐向之思踐而未踐　…… 而乃又不幸世有汚隆　涉其域履其土見其人覩其俗　衣冠而變易久矣　文物而掃除盡矣　舊國故都悵然而已　…… 詎不有以起遙慕激深感　悒悒而懷不可作之恨耶　子之所得於是行者　將不過此."

225) 崔奎瑞, 『艮齋集』권7, 「序」, 送洪學士受疇赴燕序. "常人之情　於憂樂之事

初遇之則其心變焉 次遇之則其變小衰 三遇之則其心如常矣 嗚呼 我之臣服
于彼旣久 行人之奉玉帛而行者 率歲以爲常 …… 入其境而審其山川之險要
道里之遠近 行於野而審其土地之荒闢 過於市而審其物貨之盛衰 見其俗則
審人心之向背 見其政則審紀綱之理亂 歸奏朝廷 裨我修攘之圖."

226) 金昌翕, 『三淵集』 권23, 「序」, 燕行塤箎錄序. "然非敢私諸箱篋 爲萬子孫珍
藏而已 亦將以廣示百世 俾知夫周詩逮下之仁 春秋攘夷之義 具見於斯篇
云."

227) 金昌集, 『夢窩集』 권3, 「燕行時肅宗大王御製贐章」. "此行上价弟兄偕 其所
相須豈有涯 今歲壬辰周甲再 山河觸目定傷懷."

228) 주 225 참조.

229) 金鎭圭, 『竹泉集』, 「別集」 序, 送養叔使燕序. "本朝力屈於虜餘六十載 人之
使虜 盖久且多矣 送人而使虜 亦久且多矣 是以使者滋不知爲恥 送者漸忘
其可恨 今余之送養叔則異乎是焉 余家於彼虜 有必報之讐."

230) 鄭 澔, 『丈巖集』 권23, 「序」, 送申持平聖與赴燕小序. "神宗皇帝字小之恩
宗社再血 天地同德 不幸丙丁之變 時事有不忍言者 我孝廟思伸春秋大義
嘗有至痛在心 今吾與子 乃有此別 烏得無感古傷今之懷 秪以廿八拙語 略
攄忠慎而已 子今之彼 如逢明朝遺氓 問子是何人 對以我是象村 公之後裔
申某也 彼必執手流涕 如見叔敖也."

231) 李頤命, 『疎齋集』 권10, 「序」, 送申聖與哲赴燕序. "聖與三世飮氷於此路 文
貞公高文邃學 『嘉隆 快覩禮樂文物於萬曆盛際 與中州學士大夫 周旋唱酬
及至汾厓公 時則禮樂文物 久化爲戎矣 …… 公乃大書降將之石樓曰 李陵
何事誤家聲 此其氣可以愧死中國衣冠之裔而必不磨滅無傳矣 今聖與入燕
以汾厓公愾我寤歎之思 陰求萬曆諸人之後 出示文貞所唱酬者 以觀其色之
如何 余嘗往來燕趙 蓋未見悲歌之士 聖與默察之 或有謳吟彈鋏之倫抑鬱而
愈不平者 文貞之時 庶可復見矣."

232) 李頤命, 『疎齋集』 권19, 「與西洋人蘇霖戴進賢」.

233) 李元淳, 1986, 『朝鮮西學史研究』, 일지사, 73쪽.

234) 李源祚, 『凝窩先生文集』 권13, 「序」, 送冬至正使豐安柳公序. "相公文忠先生
孫也 今於數百年之後 得以玉帛皮幣有事上國 其行卽文忠公當日之行 而所
遇之時 不幸不得與文忠公 同 沿洑望美之悔必有撫劒而噓唏者矣 …… 朱
門嫡嫡相承之統在我東土 卽尊朱子所以大一統也 尊攘扶闢之功 可以一擧

而兩得 於是乎相公無愧爲文忠孫也 敢以是諗于從者."

235) 麟坪大君, 『燕途紀行』(下), 10월.

236) 崔德中, 『燕行錄』 임진년 12월.

237) 崔德中, 위의 책, 계사년 1월.

238) 金昌業, 『稼齋燕行錄』 권2, 임진년 12월.

239) 李宜顯, 『庚子燕行雜識』(下).

240) 李宜顯, 『庚子燕行雜識』(下).

241) 李宜顯, 『壬子燕行雜識』.

242) 李　坤, 『燕行記事』, 「聞見雜記」(上).

243) 李　坤, 위의 책 (上).

244) 徐浩修, 『燕行紀』 권3, 「起圓明園至燕京」.

245) 徐浩修, 위의 책.

246) 徐浩修, 위의 책.

247) 金東旭, 1976, 「무오연행록 해제」, 민족문화추진회 편, 『연행록선집』 VII.

248) 金文植, 1996, 『朝鮮後期經學思想硏究』, 일조각, 52쪽.

249) 柳得恭, 1976, 『국역燕臺再遊錄』, 민족문화추진회, 413쪽.

250) 朴思浩, 『心田稿』 권2, 觀國.

251) 이경구, 2003, 「壯洞 金門의 문물 수용론과 文藝 활동」, 『한국학보』 112, 일지
　　사, 148쪽.

252) 『正祖實錄』 권48, 正祖 22年 4月 13日.

253) 徐慶淳, 『夢經堂日史』 編二, 「五花沿筆」.

254) 홍대용 저·소재영 외 주해, 1997, 『주해 을병연행록』, 태학사, 20~23쪽.

255) 홍대용 저·소재영 외 주해, 위의 책, 184쪽.

256) 홍대용 저·소재영 외 주해, 위의 책, 19쪽.

257) 趙誠乙, 1995, 「洪大容의 역사인식—華夷觀을 중심으로—」, 『震檀學報』 79,
　　진단학회, 229쪽.

258) 홍대용 저·소재영 외 주해, 앞의 책, 17~19쪽.

259) 홍대용 저·소재영 외 주해, 위의 책, 230쪽.

260) 홍대용 저·소재영 외 주해, 위의 책, 166쪽.

261) 홍대용 저·소재영 외 주해, 위의 책, 194쪽.

262) 朴星來, 1995, 「洪大容 『湛軒書』의 西洋科學 발견」, 『震檀學報』 79, 진단학

회, 250쪽.

263) 洪大容, 『湛軒書內集』 권4, 「補遺」, 毉山問答. "中國之人 以中國爲正界 以西洋爲到界 西洋之人 以西洋爲正界 以中國爲到界 其實戴天履地 隨界皆然 無橫無到 均是正界."

264) 朴星來, 1995, 앞의 글.

265) 劉奉學, 1995, 『燕巖一派 北學思想 研究』, 일지사, 90~91쪽.

266) 許南進, 1994, 「朝鮮後期 氣哲學 研究」, 서울대 철학과 박사학위논문, 125쪽.

267) 朴趾源, 『燕巖集』 권12, 「熱河日記」, 太學留館錄.

268) 朴趾源, 『燕巖集』 권14, 「熱河日記」, 鵠汀筆譚.

269) 朴趾源, 『燕巖集』 권12, 「熱河日記」, 馹迅隨筆, 橋梁.

270) 朴趾源, 『燕巖集』 권11, 「熱河日記」, 渡江錄.

271) 朴趾源, 『燕巖集』 권12, 「熱河日記」, 馹迅隨筆; 권15, 「熱河日記」, 銅蘭涉筆.

272) 朴趾源, 『燕巖集』 권12, 「熱河日記」, 關內程史.

273) 朴趾源, 『燕巖集』 권12, 「熱河日記」, 馹迅隨筆.

274) 朴趾源, 『燕巖集』 권14, 「熱河日記」, 鵠汀筆譚.

275) 朴趾源, 『燕巖集』 권14, 「熱河日記」, 鵠汀筆譚.

276) 丁若鏞, 『與猶堂全書』 제1집 「詩文集序」, 送韓校理致應使燕序. "卽所謂中國者 何以稱焉 有堯舜禹湯之治爲中國 有孔顔思孟之學之爲中國 今所謂中國者 何存焉 若聖人之治 聖人之學 東國旣得而移之矣 復何必求諸遠哉."

277) 이 시기 漢宋折衷論이 풍미한 사실에 주목할 필요가 있다. 즉 허구성을 노정한 북벌론이 그 실효를 상실하면서 현실주의적인 학문관이 등장한 것은 틀림없지만, 그에 반비례하여 존주론적 대의명분과 심설로 대표되는 송학적 전통이 위축된 것은 아니었다고 본다.

278) 朴趾源, 『燕巖集』 권14, 「熱河日記」, 鵠汀筆譚. "余曰 經術壞國 豈經術之罪也 陋儒只盜經術之名 所以亂天下者 皆經術之糟粕也."

279) 朴趾源, 『燕巖集』 권13, 「熱河日記」, 口外異聞, 深衣 · 羅約國書.

280) 朴趾源, 『燕巖集』 권14, 「熱河日記」, 玉匣夜話(許生傳).

281) 朴齊家, 『北學議』, 「尊周論」. "今淸固胡矣 胡知中國之可利 故至於奪而有之 我國以其奪之胡也 而不知所奪之爲中國 …… 若夫爲前明復讐雪恥之事 力學中國二十年後 共議之未晚也."

282) 丁若鏞, 『與猶堂全書』 제1집, 「詩文集序」, 送李參判基讓使燕京序.

283) 김문식도 북학론은 대명의리론 및 존주론과 대립되는 것이 아니며, 나아가 경전
의 大義와 무관한 고증을 앞세우는 淸學과 청문물 도입은 구분된다고 본다(김
문식, 1994, 「18세기 후반 서울 學人의 淸學認識과 淸문물 도입론」, 『奎章閣』
17, 서울대 규장각). 한편 김문용은 도기분리론을 인정하면서도 이와 아울러 도
기일치론에도 주목할 것을 요구한다. 홍대용·박지원·박제가류의 북학론은 대
상범위를 器用으로부터 제도·학술로 확장하고, 나아가 도 자체의 변화까지도
함축했던 것으로 추정할 수 있다는 것이다(김문용, 2003, 「18세기 北學論의 문
명론적 함의에 대한 검토」, 『태동고전연구』 19, 15쪽). 그러나 북학론자들의 사
유가 근원적으로 유학적 범주를 벗어났던 것은 아니었으므로, 그들이 변화시키
려던 도는 단지 성리학에 국한되는 것으로 해석할 수 있다. 북학론자들로부터
최한기에 이르기까지 유학의 본지가 실용에 있음을 강조한 것은 그들이 성리학
을 뛰어넘어 유교적 공리주의에 대한 재인식의 단계로 접어들고 있었음을 보여
준다.

284) 丁若鏞, 『與猶堂全書』 제1집, 「詩文集序」, 送韓校理致應使燕序. "卽所謂中
國者 何以稱焉 有堯舜禹湯之治爲中國 有孔顔思孟之學之爲中國 今所謂中
國者 何存焉 若聖人之治 聖人之學 東國旣得而移之矣 復何必求諸遠哉 唯
田疇種植之有便利之法而使五穀拙茂焉 則是古良吏之遺惠也 文詞藝術之
有博雅之能而不爲鄙俚焉 則是古名士之餘韻也 今所宜取益於中國也者 斯
而已."

285) 丁若鏞, 『與猶堂全書』 제1집, 「詩文集-說」, 地毬圖說. "昔單居離問於曾子曰
敢問天圓而地方有諸 曾子曰若天圓而地方 是四隅之不掩也 朱子於二儀之
說 皆從沈括之義 地體之圓而毬 聖賢之所共言也 唯是蒙騃初學之士 刱聞
是說 疑信相半 今論南極北極出地之度及東徼西徼章閣亭午之分 地勢之圓
而毬者 瞭然無疑."

286) 丁若鏞, 『與猶堂全書』 제1집, 「詩文集-墓誌銘」 "從李檗游 聞西敎見西書 丁
未以後四五年 頗傾心焉 辛亥以來 邦禁嚴遂絶意."

287) 盧大煥, 2003, 「조선후기 '西學中國源流說'의 전개와 그 성격」, 『歷史學報』
178, 역사학회, 120쪽.

288) 李恒老, 『華西雅言』 권2, 「乾爲」. "治曆明時 其法著於經者 堯典之曆象日月
星辰是已 後世曆法 皆祖述於此焉."

289) 崔漢綺, 『推測錄』 권6, 「推物測事」, 聖經本於天經.

290) 崔漢綺, 『推測錄』 권6, 「推物測事」, 聖經本於天經.

291) 金泳鎬, 1990, 「開化思想의 形成과 그 性格」, 『한국사』 16(근대), 국사편찬위
원회, 258쪽.

292) 權五榮, 1994, 「惠岡 崔漢綺의 學問과 思想 硏究」, 한국학대학원 박사학위
논문.

293) 黃景淑, 1993, 「惠岡 崔漢綺의 社會思想의 構造와 性格」, 『韓國學報』 70, 일
지사, 110쪽.

294) 劉奉學, 1994, 「19세기 京華士族의 生活과 思想—惠岡 崔漢綺를 중심으로」,
『서울학연구』 II, 서울시립대 서울학연구소, 144쪽.

295) 金容燮, 1995 중판, 『朝鮮後期農業史硏究』, 일조각, 433~442쪽.

296) 崔漢綺, 『人政』 권6, 「測人」, 士.

297) 崔漢綺, 『神氣通』 권3, 「手通」, 貴賤手用.

298) 崔漢綺, 『推測錄』 권5, 「推己測人」, 推師道測君道.

299) 崔漢綺, 『神氣通』 권1, 「體通」, 通有大小遠近.

300) 崔漢綺, 『神氣通』 권1, 「體通」, 四海文字變通.

301) 崔漢綺, 『推測錄』 권1, 「推測提綱」, 養推養測.

302) 崔漢綺, 『推測錄』 권5, 「推己測人」, 西敎沿革.

303) 崔漢綺, 『推測錄』 권5, 「推己測人」, 道一學一.

304) 崔漢綺, 『推測錄』 권5, 「推己測人」, 西敎沿革.

305) 崔漢綺, 『推測錄』 권2, 「推氣測理」, 測氣測理.

306) 南懷仁, 『不得已辨』, 「自序」. "測驗之法不一, 擧其膚淺而易見者言之 如日
月之交蝕 太陽之出入 晦朔之盈虧 五星之纏度 擧世之人 有目共見 測之而
驗者法也 測之而不驗者非法也 盡人以合天者 懷仁之言也 强天以合人者
光先之言也 光先胸無確據 强辯飾非 不過借曆法以行恩怨 無怪乎 屢測而
屢謬也 大抵 天文之學 世代愈久 其講求愈精 古來刱製曆法者 其聰明 百倍
於今人 其艱難 亦百倍於今日 然 一時之窺測 未能盡備也 閱數百年數千年
代有其人 周詳考究 而其法愈精 其學愈驗 懷仁 一腐儒爾 幸而生千百世之
後 曆法詳備之時 守而勿失 以上測天行 所以屢測而屢合者 非仁之能也 實
法之善也."

307) 崔漢綺, 『推測錄』 권6, 「聖經本於天經」. "經常之論 隨人見聞閱歷之大小遠
近 而自有疎密淺深之分 伏羲唱之於先 而閱歷則堯舜漸多 見聞則周公孔子

益廣 於是 制作禮樂 刪定詩書 語其聖智 縱云易地皆然 論其經驗 完有先
後之不同 若使周公孔子 生於四五千載之後 宜將後世之經驗 刪定應多 而
增補亦不鮮 蓋古之未明 在後代而漸明者 曆理物理也 古之已明 後來反晦
者 常道中道也 以後代之漸明 反古道之中常 天地人物之經 叅證互發 非特
今由古而有明 抑亦古由今而益明 …… 及其須用 所値之天經物理 先爲可
察之機 經文援引 惟是證據之義 而經義與事理不合處 乃經義之有闕也 豈
可泯事理而無區劃哉."

308) 崔漢綺, 『人政』권8, 「敎人門」1, 地體.

309) 崔漢綺, 『神氣通』권1, 「體通」, 古今人經驗不等.

310) 崔漢綺, 『推測錄』권5, 「推己測人」, 西敎沿革.

311) 崔漢綺, 『推測錄』권6, 「推物測事」, 中西曆異同.

312) 崔漢綺, 『神氣通』권1, 「體通」, 古今人經驗不等.

313) 崔漢綺, 『推測錄』권6, 「推物測事」, 無形儀器.

314) 『書經』권1, 「虞書」, 堯典. "乃命羲和 欽若昊天 曆象日月星辰 敬授人時
…… 帝曰 咨汝羲暨和 朞三百有六旬六日 以閏月 定四時成歲 允釐百工 庶
績咸熙."

315) 『經義問答』. "羲和六節 以曆象日月星辰 立其綱 而分命申命四節 曆象日星
之事也 咨汝羲和一節 曆象月辰之事也 曆者書也 象者器也 夫測日晷 考中
星 而分至開閉之候不忒 推交會 置閏餘 而晦朔弦望之期不差 于以授人時
于以熙庶績者 此實王政之先務 天工之大端."

316) 崔漢綺, 『推測錄』권6, 「推物測事」, 聖經本於天經.

317) 1964, 『四庫全書總目』권107, 「子部」, 天文算法類存目, 中華書局, 909〜
910쪽. "案數爲六藝之一 百度之所取裁也 天下至精之葵 如律呂推步 皆由
是以窮要眇 而測量之術 尤取資 故天文無不根算書 算書雖不言天文者 其
法亦通於天文 二者恒相出入 蓋流別而源同 今不入小學 而次於天文之後
其事大 從所重也 不與天文合爲一 其用廣 又不限於一也."

318) 洪大容, 『湛軒書外集』권7, 「燕記」, 劉鮑問答. "今泰西之法 本之以算數 參
之以儀器 度萬形 窺萬象 凡天下遠近高深巨細輕重 擧集目前 如指諸掌 則
謂漢唐所未有者 非妄也."
홍대용은 『籌解需用』이라는 數學書를 남기고 있는데, 이것은 『數理正蘊』
(1685년 이후 중국에 전해진 서양수학의 소개서)을 참고로 하여 만들어진 것으

로, 천문지리 관측과 측정을 위한 실용서이다. 그 서문에 수학공부의 효용에 대해 설명하고 있는 것이 주목된다. 천문학을 매개로 하고 있기는 하지만, 수학의 발견은 동아시아의 학문사와 정신사상 주목되어 마땅하다. 단지 이 발견은 오로지 18세기에 시작한 것은 아니고, 16세기 말 마테오 리치(1552~1610)가 중국에 서양의 기하학인 『幾何原本』을 소개하자, 중국의 憑應京이란 사대부가 그 보편적 정신에 깊은 감동을 느꼈을 때 이미 시작되었다고 볼 수 있다. 동아시아 세계에 있어서 수학정신의 발견과 학문으로서의 수학의 발견을 16세기 말 내지 18세기로 보는 것은 전통수학의 존재를 무시한 暴論이라고 비웃음을 살지도 모르겠지만, 그것을 감수하면서 서양의 기하학적 정신과의 만남을 세계에 통용하는 수학의 발견이라고 이해하고자 한다. 홍대용이 중국에 여행하고 구입해서 가져온 『數理正蘊』이 17세기 이후의 서양수학에 관한 소개서였다는 사실은 시사적이다. 홍대용에 있어서 수학의 발견은 서양수학을 매개로 한 것이다(小川晴久 저·하우봉 옮김, 1995, 『한국실학과 일본』, 한울아카데미, 139~141쪽).

319) 朴齊家, 『貞蕤集』, 「北學議」, 附丙午所懷. "臣聞 中國欽天監 造曆西人等 皆明於幾何 精通利用厚生之方."

320) 崔漢綺, 『神氣通』권1, 「體通」, 氣數之學. "氣數之學 乃究通 物理之要妙也. ……況氣數乘除實系造化之端乎."

321) 崔漢綺, 『神氣通』권1, 「體通」, 數學生於氣. "夫欲通達於氣之理者 不通於算數之學 其類無相之盲乎 氣必有理 理必有象 象必有數 從數而通象 從象而通理 從理而通氣 有交發互將之益 徒習算學 而不知神氣之通 其類樂工之學譜乎."

322) 최한기의 氣(神氣)는 무엇을 가리키는가. 기에 형질이 있다는 견해는 분명 西學의 蒙氣說에 의해 촉발된 것이지만, 혜강의 기 개념은 공기의 범위를 넘어서 물질 일반으로 확대된다. 그는 기존의 오행설(水火木金土)과 서양의 사행설(土水氣火)을 모두 부정하고, 사행 중 기는 土水火와 동격에 놓을 것이 아니며, 기는 4행 모두를 포괄하고, 또 그것을 생성하는 보다 근원적 물질이라고 한다. 그의 형질 개념은 몽기, 즉 공기로부터 시작되어 인체를 비롯한 가시적인 물질 일반으로 확대되고 다시 물질을 구성하는 기본 원소로까지 확대된다. 이 과정에서, 형질을 공기로 파악한 것은 서학의 영향이지만, 형질을 공기에 국한시키지 않고 인간의 신체나 물질 일반으로 확대시킨 것은 분명 물질 일반을 의미하는 전통적인 기 개념을 수용한 것이라 볼 수 있다. 그러나 기에 형질이 있다는

사실이 최근의 과학적 지식에 의해 비로소 밝혀진 것이라고 누누히 강조하는 그의 태도를 볼 때, 전통적 기 개념의 수용은 자연과학과 윤리학의 매개 개념으로서 선택된 기개념이 자연 일반의 물질적 측면을 포괄할 필요에 의해 그 범위가 확대되면서 자연스럽게 수반된 것이지 처음부터 의도적으로 행해진 것 같지는 않다. 이런 점에서 본다면 기의 물질적 측면인 형질 개념은 서학의 영향에 의해 촉발되었다고 해도 무리가 없을 것이다.

신기 개념은 최한기의 초기 저술(『氣測體義』)에서부터 핵심적 개념의 하나로 나타나는데, 초기 저술에서 언급되는 신기는 대체로 인간 및 자연 일반의 생명력에 해당되는 것으로 그 내용은 상당히 포괄적이다. 『神氣通』에 나타난 용례를 검토할 때 신기의 내용은 두 가지 측면으로 정리될 수 있다. 첫째, 신기는 신체의 주체이다. 그는 신기를 心體와 心의 작용을 포함한 인간의 제반 정신기능을 의미하는 것으로 사용했다. 둘째, 신기는 인간의 제반 정신기능뿐 아니라 天과 物, 즉 자연일반의 생명력을 가리키기도 한다. 신기 개념은 최한기 이전에 이미 『莊子』「田子方篇」, 『黃帝內經』, 그리고 명청대 氣哲學者들(張載, 1020~1077; 王廷相, 1474~1544; 宋應星, 1587~淸 順治年間; 王夫之, 1619~1692)이 사용한 용례가 보이지만, 최한기의 신기 가념은 『황제내경』의 의학적 개념(血氣를 바탕으로 해서 나타나는 인간의 정신적 측면)으로부터 유래되어 자연 일반의 생명력으로 확대되어간 것임을 명확히 달 수 있다.

그렇다면 신기 개념이 이처럼 확대된 계기는 무엇 때문이었을까. 하나는 서학의 상제관으로부터의 자극이요, 다른 하나는 형질 개념의 확대이다. 최한기는 만물을 생성할 수 있는 생명력의 근원으로서 기의 성격을 강조했지만, 이것은 서학의 인격적 상제에 비할 때, 아무래도 주체성(인격성)의 측면에서 함량미달이라는 생각을 갖지 않을 수 없었을 것이며, 이 함량기달을 보완하기 위해 기의 생명력의 측면을 의도적으로 한층 더 강조한 것이 신기 개념이었을 것이다. 이때의 신기 개념은 서학의 상제 개념을 의식한 것으로, 당연히 개인의 차원으로부터 자연일반에로까지 확대된 것일 수밖에 없다. 최한기의 신기 개념이 확대된 또 하나의 계기로서 형질 개념의 확대를 들 수 있다. 최한기의 형질 개념은 공기로부터 인간의 육체 그리고 물질 일반에까지 확대되어 갔다. 형질 개념의 확대는 자연스럽게 형질의 자발적 動因인 신기 개념의 확대로 나타날 수밖에 없다. 신기 개념은 그의 '기학'의 체계가 정립되는 과정에서 점차 그 내용이 명확해져 마침내 기의 性情으로 제시된다. 기의 性은 活動運化이며, 情은 寒熱乾濕으로서, 그는 이 양자를 "활동운화의 성이 發하면 한열건습이 된다(『運化測驗』
1: 27b)"고 하여 체용의 관계로 설명한다. 최한기의 『氣學』을 보면 활동운화가
기의 신묘함으로 표현되고 있는데, 기의 신묘함이 곧 신기라는 점에서 운화는
신기가 구체화된 것임을 알 수 있다. 그는 이 관계를 보다 직접적으로 '神氣運
化'라고도 표현한다. 기의 情인 한열건습은, 아리스토텔레스 이래 서양에서 보
편적으로 인식되고 있던 물질의 四元性으로, 그가 서양의 과학기술서적을 통해
알게 된 것이다. 한열건습은, 활동운화가 중기 이후 기학의 체계가 정립되면서
나타난 것인 데 반해 초기 저술에서부터 기와 관련되어 사용되고 있다. 결국 신
기의 구체적인 생명작용인 활동운화는 더욱 구체적인 한열건습으로 나타난다
는 이야기가 된다(辛源俸, 1994, 『惠岡의 氣化的 世界觀과 그 倫理的 含意』,
韓國學大學院 博士學位論文, 82~95쪽).

323) 崔漢綺, 『推測錄』 권2, 「推氣測理」, 數理. "氣之運動迭興 皆有攸軌 疾速徐
遲 自有其差 大而五緯之躔 小而日用之事 實非凡計臆度所能盡也 於時有
算數之學 以齊氣之運動 而理在其中 一加一減 無非理也 究理精緻 無過於
此 事物裁度 不外于是."

324) 崔漢綺, 『推測錄』 권2, 「推氣測理」, 數理. "氣之積分 非數 無以溱流上下 理
之加減 非數 無以推移乘除 …… 初學諸人 苟能安心究索 漸開分析之滋味
以致求理精熟 何往而不有籍焉 顧人須用自有貴賤 一生精力 不離於算珠上
下之際 籌策縱橫之間者 胥吏之所業也 推其氣運 不失先後 推其氣化 裁制
事物者 經濟世務者之所尙也."

325) 許南進, 1994, 「惠岡 科學思想의 哲學的 基礎—氣學과 學의 의미를 중심으
로—」, 과학사상연구회, 『과학과 철학』 2, 통나무, 135쪽.

326) 崔漢綺, 『推測錄』 권6, 「推物測事」, 中西歷異同. "將西法而較諸中法 優劣利
鈍 已自皎然矣 …… 中歷只著當然之運 西法推明所以然之源矣 至若五星
有交點有緯行也 日月行道 橢圓分積也 及蒙氣之說 乃中歷缺陷之大端 得
西法而補其未備矣."

327) 『四庫全書總目』 권106, 「子部」, 天文算法類 1. "三代上之制作 頻非後世所
及 惟天文算法 則愈闡愈精 …… 利瑪竇以前 變化不一 泰西晚出 頗異前規
…… 分曹測驗 具有實徵 終不能指北爲南 移昏作曉 故攻新法者至國初 而
漸解焉."

328) 『四庫全書總目』 권106, 「子部」, 天文算法類 1, 乾坤體義. "明利瑪竇撰 利瑪

寶 西洋人 萬曆中 航海至廣東 是爲西法入中國之始 利瑪寶兼通中西之文
故凡所著書 皆華字華語 不煩譯釋 …… 雖篇帙無多 而其言皆驗諸實測 其
法皆具得變通 可謂詞簡而義賅者 是以御製數理正蘊 多採其說而用之."

329)『四庫全書總目』권106,「子部」, 天文算法類 1, 秦氏七政全書. "文淵此帙 特
西法之粗粕 揆以天行 多所違失 固無庸於採錄矣."

330) 崔漢綺,『推測錄』권6,「推物測事」, 聖經本於天經. "盖古之未明 在後代而漸
明者 歷理物理也 古之已明 後來反晦者 常道中道也 以後代之漸明 反古道
之中常 天地人物之經 叅證互發 非特今由古而有明 抑古由今而益明."

331) 崔漢綺,『神氣通』권1,「體通」, 通敎.

332) 姜在彦, 1990,『조선의 西學史』, 민음사, 38쪽.

333)『明史』권25,「志」1, 天文 1. "天象雖無古今之異 而談天之家 測天之器 往
往後勝於前 無以志之 使一代制作之義泯焉無傳 是亦史法之缺漏也 至於
彗孛飛流 暈適背抱 天之所以示儆戒者 本紀中不可盡載 安得不別志之 明
神宗時 西洋人利瑪寶等入中國 精於天文曆算之學 發微闡奧 運算制器 前
此未嘗有也 玆掇其要 論著於篇 而實錄所載天象星變殆不勝書 擇其尤異
者存之."

334) 姜在彦, 1990, 앞의 책, 24쪽.

335) 마테오 리치의 漢譯書 중 徐光啓가 筆述한『幾何原本』·『測量法義』·『測量
異同』·『句股義』와 李之藻가 筆述한『渾蓋通憲圖說』·『圜容較義』·『同文算
指』등의 과학서적들은 모두『四庫全書』에 수록되어 있다. 특히 최한기가, "萬
曆(明 神宗의 연호) 연간에 서양 사람이 처음 地球圖를 헌상하였는데 지면을
五大洲로 나누었다"고 하고, 五大洲를 설명한 뒤, "이 圖가 처음에 중국에 들
어오고부터는 의심을 하다가 그 다음에는 믿게 되고 그것이 정론임을 알게 되었
다"(『推測錄』권2,「推氣測理」, 地球右旋)고 한 것으로 보아, 마테오 리치가
연경에 들어가면서 당시 명나라 황제인 神宗에게 주려고 가져온「萬國全圖」를
보았던 것 같다. 실제로 마테오 리치가 만든「坤輿萬國全圖」는 1602년 李之藻
에 의해 판각되어 그 판각본이, 1603년(宣祖 36) 明으로부터 돌아온 回還使臣
李光庭의 손에 의해 조선에 입수되었다. 마테오 리치의 세계지도는 중국과 조
선을 비롯한 유교문화권의 전통적인 세계관에 혁명적인 충격을 주었다고 한다.

336) 南懷仁,『不得已辯』. "萬曆辛巳年 入中國朝見神宗 獻天主像等方物 於宣武
門內建天主堂 著書譯經, 發明天主敎正理."

337) 姜在彦, 앞의 책, 20~21쪽.

338) 姜在彦, 위의 책, 39쪽.

339) 楊光先이 지은 『不得已』는 西敎 · 西學을 비판하려는 목적에서 쓰여진 것으로, 이에 대한 반론으로 저술된 것이 야소회사인 南懷仁과 利類思가 쓴 『不得已辨』이다. 楊光先이 『不得已』에서 펼친 천주와 서양역법에 대한 비판에 대해, 利類思의 『不得已辨』은 주로 天主에 관한 변론을, 南懷仁의 『不得已辨』은 주로 역법에 관한 반론을 전개하고 있는 것이 특징이다. 조선의 대부분 실학자들은 天主敎에 대한 비판적인 입장은 양광선의 설을 따른 반면, 天文曆法에 대한 것은 南懷仁의 說, 즉 서양의 역법을 따르고 있다는 점이다. 더욱이 이러한 경향은, 정약용처럼 천주의 인격성에서 영향을 받아 이것을 전통적인 상제관에 결합시킨 인물도 있긴 하지만, 조선후기 사상사를 흐르는 보편성으로 감지되고 있다는 점에서 매우 흥미로운 일이라 할 수 있다.

340) 姜在彦, 앞의 책, 41~47쪽.

341) 『四庫全書』, 「子部」7, 農家類, 泰西水法; 『四庫全書』, 「史部」352, 地理類, 職方外記.

342) 『天學初函』은 李之藻가 여러 야소회사들이 지은 西學書를 「理編」과 「器編」으로 각각 10편씩 나누어 편집한 것으로 모두 20종이 수록되어 있다. 그러나 『四庫全書總目』(권134, 「子部」, 雜家類存目 11, 天學初函)에는 「이편」을 9종밖에 없다고 하여, 총 20종 53권을 19종 52권으로 잘못 기재해 놓았다. 『四庫全書總目』에서는 「理編」의 「唐景敎碑附」를 누락시킨 것이다(方豪, 1964, 「李之藻輯刻天學初函考」, 吳相湘 主編, 『天學初函(一)』, 臺灣學生書局, 6~7쪽 참조).

343) 『職方外記』는 원래 지리서로서 천주교 교리에 관한 것은 아니지만, 달리 분류할 방도가 없으므로 「理編」의 끝에 넣은 것이다(『四庫全書總目』 권134, 「子部」, 雜家類存目 11, 天學初函. "其理編之職方外記 實非言理 蓋以無類可歸 而綴之於末.").

344) 『四庫全書總目』 권134, 「子部」, 雜家類存目 11, 天學初函. "今擇其器編十種 可資測算者 別著於錄 其理編 則惟錄職方外記 以廣異聞 其餘艱從屛斥 以示放絶 倂存之藻總編之目 以著左袒異端之罪焉."

345) 崔漢綺, 『地球典要』 권12, 「洋回敎文辨」. "天學全函諸書 列於四庫全書雜家存目 今畧採其要."

346) 崔漢綺,『地球典要』권12,「洋回敎文辨」, 26~32쪽.

347) 崔漢綺,『地球典要』권12,「洋回敎文辨」. "曰二十五言一卷 明利瑪竇撰 西洋敎法 傳中國 自此二十五條始 大旨多剽竊釋氏 而文詞變幻 假借儒書 以文其說 自以爲超出三敎上矣."

348) 李瀷,『星湖先生文集』권55,「跋天主實義」.

349) 上揭書.

350) 柳初夏, 1991,「정약용철학의 과학지향과 그 한계」, 과학사상연구회,『과학과 철학』2, 통나무.

351) 琴章泰는 최한기의 인식론체계가『靈言蠡勺』에서 제시된 스콜라철학의 인식론을 경험주의로 극복한 독창적인 것이요, 주기론의 성리학적 입장과 서학의 인식론을 종합하여 새로운 경지에로 止揚시켜 독창적 정신을 발휘하였다고 평가한 바 있다(琴章泰, 1984,『東西交涉과 近代韓國思想』, 성균관대 출판부, 76쪽). 한편,『靈言蠡勺』과 최한기의 기학과의 관련성을 본격적으로 밝힌 논문은 辛源俸, 1994,「惠岡의 氣學的 世界觀과 그 倫理的 含意」, 韓國學大學院 博士學位論文이다.

352) 愼後聃,『西學辨』,「天主實義」.

353) 安鼎福,『順菴集』권6,「與權旣明書甲辰」.

354) 洪大容,『湛軒書外集』권1,「杭傳尺牘」, 與孫蓉洲書. "泰西人之學 雖極力闢佛 而其言則出於佛敎之下乘";『湛軒書外集』권2,「杭傳尺牘」, 乾淨衕筆談. "但其學則竊吾儒上帝之號 裝之以佛家輪廻之語 淺陋可笑 而來見中國人多有崇奉者."

355) 朴趾源,『燕巖集』권2,「答巡使書」. "況今所謂 西洋之學 非楊非墨非老非佛 直一無義理 妖邪悖說 不待至於末流 而其斁之爲禍 不啻甚於洪水猛獸而已矣 蓋其火氣水土之說 靈魂帝旁之說 不過시佛氏粗粕之粗粕也."

356) 朴趾源,『燕巖集』권11,「熱河日記」, 黃圖紀略. "天主者猶言天皇氏盤古氏之稱也 …… 自謂窮原溯本之學 然立志過高爲設僻巧 不知返歸於矯天誣人之科 而自陷于悖義傷倫之臼也."

357) 朴齊家,『貞蕤集』,「北學議」, 附丙午所懷. "雖其爲敎 篤信堂獄, 如佛無間."

358) 崔漢綺,『神氣通』권1,「體通」, 通有邪正. "外道之勸誘下等人 亦多以罪惡獲免 有所迂行怪議 未可以責之於趨向之愚夫愚婦 抑亦勸誘者 所深恥也."

359) 崔漢綺,『推測錄』권5,「推己測人」, 西敎沿革. "西域敎術 自佛敎而變爲回回

教 自回回教而變爲西洋教 以主宰之說辟佛 是善變也 以靈怪之說惑衆 是
　　不善變也."

360) 利類思, 『不得已辯』.

361) 『中國交通史』(下), 830〜831쪽; 姜在彦, 1990, 『조선의 西學史』, 민음사, 33
　　쪽 재인용.

362) 金萬重, 『西浦漫筆』(下).

363) 羅雅谷(Jacques Rho, 1593〜1638)이라는 선교사가 한문으로 쓴 『五緯曆指』
　　는 地動說의 소개인데, 라아곡은 그것을 비판의 대상으로 소개하고 있다. 『오위
　　역지』는 조선에 유입되어 金錫文에게 큰 영향을 주어 그의 독특한 地轉說을 탄
　　생시키는 계기가 되었다(小川晴久, 1980, 「地轉(動)說から宇宙無限論へ―
　　金錫文と洪大容の世界」, 『論文』30, 東京女子大學; 1980, 「동아시아에 있어
　　서 地轉(動)說의 성립」, 『東方學志』23 · 24, 연세대 국학연구원). 그로부터 반
　　세기 후 홍대용은 직접 『五緯曆指』를 보았든지, 아니면 김석문의 설을 매개로
　　간접적으로든지 라아곡의 이 주장을 접했을 것으로 여겨진다(小川晴久 지음 ·
　　하우봉 옮김, 1995, 『한국실학과 일본』, 한울아카데미, 136〜139쪽).

364) 閔泳珪, 1975, 「十七世紀 李朝學人의 地動說」, 『東方學志』16.

365) 李　瀷, 『星湖先生文集』권55, 「跋天問略」.

366) 李　瀷, 『星湖僿說類選』권1 (上), 「天地篇」(上), 天文門 曆象. "今行時憲
　　曆 卽西洋人湯若望所造 於時乎曆道之極矣 日月交蝕 未有差謬 聖人復生
　　必從之矣."

367) 李瀷, 『星湖先生全集』권29, 答鄭玄老(甲戌). "家有一卷外邦書交友論者云
　　云."

368) 安鼎福, 『順菴集』권17, 「雜著」, 天學考. "西洋書 自宣廟末年 已來于東 名
　　卿碩儒 無人不見 視之如諸子道佛之屬 以備書室之玩 而所取者 只象緯句
　　股之術而已."

369) 洪大容, 『湛軒書外集』권2, 「杭傳尺牘」, 乾淨?筆談. "論天及曆法 西法甚高
　　可謂發前未發."

370) 金容憲, 1995, 「崔漢綺의 西洋科學 收容과 哲學 形成」, 고려대 박사학위논
　　문, 58쪽.

371) 또한 그가 지은 수학서인 『籌解需用』에서도 서양의 법을 인용하고 있는 대목들
　　이 있어서 그가 서양의 수학을 비롯한 과학에 상당한 관심을 섭렵하고 있었음을

증명해준다.(洪大容, 『湛軒書外集』 권5, 「籌解需用」, 勾股總率; 권6, 「籌解需用」, 定尺, 統天儀, 側觀儀, 圭銘儀)

372) 홍대용의 기록에 따르면, 조선인들은 康熙 연간(1662~1772) 이후로부터 사신이 燕京에 가면 으레 천주당을 방문하여 관람하고, 선교사들로부터 서양의 진기한 물품들을 선물로 받았다. 그러나 홍대용이 연경에 머물 당시에는, 그동안 조선인들이 교만하고 불손한 태도로 서양인을 대했고, 일방적으로 물품 받는 데에만 탐욕을 부렸기 때문에 선교사들이 조선인의 방둔을 꺼리고 있었다. 그러한 상황에서도 그는 천주당을 몇 차례 방문하여 흠천감 감정 할러슈타인(A. Hallerstein, 劉松齡)과 副監 고가이슬(A. Gogeisl, 鮑友管)을 만나 필담을 나누고, 서양기기들을 관람하는 기회를 갖는다(『湛軒書外集』 권7, 「燕記」, 劉鮑問答).

373) 洪大容, 『湛軒書外集』 권1, 「杭傳尺牘」, 與孫蓉洲書. "若其算術儀象之巧 實中國之所未發."

374) 洪大容, 『湛軒書外集』 권7, 「燕記」, 劉鮑問答. "今泰西之法 本之以曆算 參之以儀器 度萬形窺萬象 凡天下遠近高深巨細輕重 擧集目前如指諸掌 則謂漢唐所未有者 非妄也."

375) 朴趾源, 『燕巖集』 권11, 「熱河日記」, 鵠汀筆談.

376) 그는 홍대용이 서양인들의 기교를 논하던 대목을 상기하며 열하로부터 연경으로 돌아오자 곧 천주당을 방문한다. 그리고 천주당에서 본 서양화의 인물과 사물이 너무나 사실적으로 그려져 있어서 보통 언어나 문자로는 형용할 수 없을 정도라고 감탄한다(朴趾源, 『燕巖集』 권11, 「熱河日記」, 黃圖紀略).

377) 朴齊家, 『貞蕤集』, 「北學議」, 附丙午所懷. "雖其爲敎 篤信堂獄 與佛無間 然厚生之具 則又佛之所無也 取其十而禁其一 計之得者也 但恐待之失宜 招之不來耳."

378) 朴齊家, 『貞蕤集』, 「北學議」, 附丙午所懷. "臣聞中國欽天監造曆西人等 皆明於幾何 精通利用厚生之方."

379) 朴齊家, 『北學議』, 「外篇」, 船.

380) 朴齊家, 『北學議』, 「附丙午所懷」.

381) 崔漢綺, 『推測錄』 권2, 「推氣測理」, 地球右旋.

382) 崔漢綺, 『推測錄』 권6, 「推物測事」, 東西取捨.

383) 崔漢綺, 위의 책.

384) 崔漢綺, 『推測錄』 권6, 「推物測事」, 無形儀器. "新法較勝於舊 後制加詳於前 歷理由此得精 歷法由此得密."

385) 崔漢綺, 『推測錄』 권4, 「推動測靜」, 以動速測動遲.

386) 『四庫全書總目』 권106, 「子部」, 天文算法類 1, 表度說. "夫立表取影 以知時刻節氣 本歷法中之至易之明者 然非明於天地之運行 習於三角之算術 則不能得確準 是時 地圓地小之說 初入中土 驟聞而駭之者甚衆 故光擧其至易至明者 以示其可信焉."

387) 李瀷, 『星湖僿說類選』, 「天地篇」(下), 地理門, 地毬; 崔漢綺, 『推測錄』 권2, 「推氣測理」, 地無上下.

388) 崔漢綺, 『推測錄』 권2, 「推氣測理」, 地體蒙氣.

389) 崔漢綺, 『推測錄』 권6, 「推物測事」, 星名災祥之罪.

390) 崔漢綺, 『推測錄』 권6, 「推物測事」, 佐耳佐目.

391) 艾儒略, 『天問略』, 43쪽.

392) 羅 光, 1964, 「天學初函影印本序」, 吳相湘 主編, 『天學初函(一)』, 臺灣學生書局.

393) 方豪, 1964, 「李之藻輯刻天學初函考」, 吳相湘 主編, 『天學初函(一)』, 臺灣學生書局, 4쪽.

394) 金玉姬, 1985, 「西學의 受容과 그 意識構造」, 『韓國史論』 1, 서울대 국사학과, 195쪽.

395) 『正祖實錄』 권33, 正祖 15年 11月 12日.
同 「形止案」에 실려 있는 西學書目을 列記하면 다음과 같다. 『滌罪正規』・『玫瑰十五端』・『達道記言』・『聖記百言』・『泰西人身概說』・『度海苦積記』・『主教緣起總論』・『畏天愛人極論』・『譬學』・『悔罪要旨小引』・『童幼教育』・『聖水記言』・『齋克』・『進呈畫像』・『修身西學』・『眞福訓全總論』・『仁會約』・『勵學古言』・『西洋統領公沙忠記』・『靈魂道體說』・『淸凉山志』・『寰宇始末』・『天主聖教四末論』・『主制群徵小引』・『斐錄答彙』・『天主降生言行紀略』・『齊家西學』(이상 26件 48冊); 李元淳, 1986, 『朝鮮西學史硏究』, 일지사, 65쪽.

396) 李晬光, 『芝峰類說』 권2, 「地理門」, 外國 3.

397) 『國朝寶鑑』 권35, 仁祖 9年 秋7月, 西洋國狀啓.

398) 『政敎奉褒』 권1, 世祖 順治 元年 12月; 李元淳, 1986, 『朝鮮西學史硏究』,

　　일지사, 88쪽.

399) 李元淳, 위의 책, 88쪽, 주 20 참조.

400) 安鼎福, 『順菴集』 권17, 「天學考」. "西洋書 自宣廟末年 已來于東 名卿碩儒
　　無人不見視之 如諸子道佛之屬 以備書室之玩 而所取者 只象緯句股之術
　　而已."

401) 『正祖實錄』 권46, 正祖 21年 6月 21日, 「辨訪辭同副承旨疏」. "臣之得見其
　　書 蓋在弱冠之初 此時原有一種風氣 有能說天文曆象之家 農政水利之器
　　測量推驗之法者 流俗相傳 指爲該洽 臣方幼眇 竊獨慕此."

402) 『仁祖實錄』 권46, 仁祖 23年 12月條. "觀象監提調 金堉啓曰 …… 西洋之曆
　　適出於此時 誠改曆之機會也. 但韓興一持來之冊 有議論而無立成 盖能作
　　此書者 然後能知此書 不然則 雖探究十年 莫知端倪矣 中國 自丙子丁丑間
　　已改曆法 則明年新曆 必我國之曆 大有所逕庭 新法之中 若有妙合處 則當
　　舍舊圖新 而外國作曆 乃中原之所禁 雖不可送人請學 今此使行之時 帶同
　　日官一二人 令譯官探問於欽天監 若得近歲作曆縷子 推考其法 解其疑難處
　　而來則 庶可推測而知之矣."

403) 姜在彦, 1990, 『조선의 西學史』, 민음사, 68쪽.

404) 丁若鏞, 『鄭茶山全書』 I, 권16, 「自撰墓誌銘」.
　　그의 서양기술 수용은 이렇다할 창의성은 없었으며 그 결과 자그마한 실수가
　　눈에 띄기도 한다. 도르레 이용에 관한 그의 잘못이 지적된 바 있다(金容雲,
　　1977, 『韓國數學史』, 221～222쪽; 朴星來, 1978, 「韓國近世의 西歐科學 收
　　容」, 『東方學志』 20, 연세대 국학연구원, 281쪽 재인용).

405) 崔漢綺, 『推測錄』 권5, 「推己測人」, 見聞多少邪正.

406) 杜石然 外, 1982, 『中國科學技術史稿(下)』, 北京: 科學出版社, 291쪽; 朴
　　星來, 1995, 「19세기 서울 사람 崔漢綺의 세상 구경」, 『제6회 서울향토사 학술대
　　회: 조선후기 서울의 변모』, 서울시립대 국사학과, 51～52쪽 재인용.

407) 崔漢綺, 『地球典要』 권11, 「中西同異」. "米利堅(美國)之文字 皆同英吉利
　　(英國) 蓋緣國初地廣人稀 各國皆來貿易 惟英吉利 居十之九 從其語音者
　　較多 漸致與英無異 此外或文字相同 而言詞獨異 如法蘭西荷蘭者 是亦有
　　文字不同 而言詞亦異 …… 西洋各國通用字母 有二十六字 …… 其中有三
　　者 能獨用無別字貫之者 如是也 A者一也 I者我也 O者歎詞 字母雖至二十
　　六 乃相連相生 變化無窮 連字之法 有以二字連成一句 或三字至九字不等

從左手起橫讀至右 非如漢字自上至下也."

408) 朴星來, 1995, 앞의 글, 51쪽.

409) 星湖·湛軒·茶山·惠岡의 서학 수용 양상을 각각 비교한 박사학위 논문으로
는 朴洪植, 1994,「朝鮮朝 後期儒學의 實學的 變容과 그 特性에 관한 研究
─星湖·湛軒·茶山·惠岡의 哲學思想을 中心으로─」, 成均館大學校 博
士學位論文이 있다. 金容憲도 金錫文·李瀷·洪大容·丁若鏞·崔漢綺가
서양의 근대과학을 받아들이는 양상의 변화에 주목했고, 그 정점에 崔漢綺철학
이 자리잡고 있다고 본다(金容憲, 1995,「崔漢綺의 西洋科學 收容과 哲學 形
成」, 高麗大學校 博士學位論文). 한편 조선후기 실학과 천주교와의 연관성을
규명한 논문으로는 宋錫準, 1992,「韓國 陽明學과 實學 및 天主敎와의 思想
的 聯關性에 關한 研究」, 成均館大學校 博士學位論文이 있다.

참고문헌

1. 사료

『經義問答』. 『國朝寶鑑』. 『明史』. 『四庫全書總目』. 『書經』. 『朝鮮王朝實錄』. 『朱書百選』. 『天主敎東傳文獻』. 『天主敎東傳文獻續編』. 『天學初函』. 鄧玉函, 『奇器圖說』. 茅元儀, 『武備志』. 姜斅錫, 『典故大方』. 權尙夏, 『寒水齋集』. 奇正鎭, 『蘆沙集』. 金鎭圭, 『竹泉集』. 金昌業, 『稼齋燕行錄』. 金昌集, 『夢窩集』. 金昌協, 『農巖集』. 金昌翕, 『三淵集』. 麟坪大君, 『燕途紀行』. 朴思浩, 『心田稿』. 朴世堂, 『西溪集』. 朴世采, 『南溪先生文集』. 朴齊家, 『貞蕤集』. 朴齊炯, 『近世朝鮮政鑑』 (上). 朴趾源, 『燕巖集』. 徐慶淳, 『夢經堂日史』. 徐浩修, 『燕行紀』. 宋徵殷, 『約軒集』. 愼後聃, 『西學辨』. 安鼎福, 『順菴集』. 尹行恁, 『碩齋稿』. 尹鑴, 『白湖先生文集』. 李尙迪, 『恩誦堂集』. 李睟光, 『芝峰類說』. 李源祚, 『凝窩先生文集』. 李宜顯, 『庚子燕行雜識』. 李瀷, 『星湖僿說』. 李坤, 『燕行記事』. 李恒老, 『華西雅言』. 李漱, 『弘道先生遺稿』. 李頤命, 『疎齋集』. 鄭奎英 編, 『俟菴先生年譜』. 丁若鏞, 『與猶堂全書』. 正祖, 『弘齋全書』. 鄭澔, 『丈巖集』. 崔奎瑞, 『艮齋集』. 崔德中, 『燕行錄』. 崔漢綺, 『明南樓全集』. 洪大容, 『湛軒書』. 홍대용 저·소재영 외 주해, 1997, 『주해 을병연행록』, 태학사.

2. 저서

姜在彦 著, 鄭昌烈 譯, 1981, 『韓國의 開化思想』, 비봉출판사.

______ 지음·이규수 옮김, 1998, 『서양과 조선—그 이문화 격투의 역사』, 학고재.

______, 1990, 『朝鮮의 西學史』, 민음사.

金文植, 1996, 『朝鮮後期 經學思想 研究』, 일조각.

김문용, 2005, 『홍대용의 실학과 18세기 북학사상』, 예문서원.

金容燮, 1995, 『朝鮮後期農業史研究』, 일조각.

______, 1988, 『人間學으로서의 數學』, 우성문화사.

琴章泰, 1987, 『韓國實學思想研究』, 집문당.

______, 2002, 『한국유학의 心說』, 서울대 출판부.

楠田斧三郎, 1933, 『朝鮮天主教小史』, 釜山: 博文堂書店.

도날드 베이커 지음 · 金世潤 옮김, 1997, 『朝鮮後期 儒教와 天主教의 대립』, 일조각.

杜石然 等, 1982, 『中國科學技術史稿』(下), 北京: 科學出版社.

朴性淳, 2003, 『朝鮮後期 華西 李恒老의 衛正斥邪思想』, 경인문화사.

裵宗鎬, 1974, 『韓國儒學史』, 연세대 출판부.

서정철, 1991, 『서양 고지도와 한국』, 대원사

小川晴久 지음 · 하우봉 옮김, 1995, 『한국실학과 일본』, 한울아카데미.

유근호, 2004, 『조선조대외사상의 흐름』, 성신여대 출판부.

劉奉學, 1995, 『燕巖一派 北學思想 研究』, 일지사.

李龍範, 1988, 『中世西洋科學의 朝鮮傳來』, 동국대 출판부.

李元淳, 1986, 『朝鮮西學史研究』, 일지사.

______, 1993, 『朝鮮時代史論集 ―안과 밖의 만남의 역사 ―』, 느티나무.

張志淵, 1973, 『朝鮮儒教淵源』, 아세아문화사.

全相運, 1988 중판, 『朝鮮科學史』, 정음사.

鄭玉子, 1994, 『朝鮮後期 歷史의 理解』, 일지사.

______, 1998, 『조선후기 조선중화사상 연구』, 일지사.

趙　珖, 1988, 『朝鮮後期 天主教史 研究』, 고려대 민족문화연구원.

趙東杰, 1998, 『現代 韓國史學史』, 나남출판.

池斗煥, 1998, 『조선시대 사상과 문화』, 역사문화.

______, 1999, 『한국사상사』, 역사문화.

千寬宇, 1975, 『韓國史의 再發見』, 일조각.

崔東熙, 1988, 『西學에 대한 韓國實學의 反應』, 고려대 민족문화연구원.

崔韶子, 1987, 『東西文化交流史研究』, 삼영사.

한국사상사연구회 편저, 1996, 『조선 유학의 학파들』, 예문서원.

한국사상사연구회 편저, 1998,『조선 유학의 자연철학』, 예문서원.

한국실학연구회, 1998,『韓中實學史研究』, 민음사.

洪以燮, 1946,『朝鮮科學史』, 정음사.

3. 논문

姜燕熙, 1973,「朝鮮後期 社會에 있어서 西學의 祖上祭祀問題」, 이화여대 석사학
위논문.

______, 1973,「朝鮮後期 西學의 祖上祭祀問題」,『최석우신부화갑기념한국교회사
논총』, 한국교회사연구소.

高柄翊, 1970,「外國에 對한 李朝 韓國人의 觀念」,『백산학보』 8, 백산학회.

곽신환, 1986,「華西 李恒老의 西學觀」,『논문집 ─인문고학편─』 16, 숭실대.

구만옥, 2003,「朝鮮王朝의 集權體制와 科學技術政策」,『조선의 건국과 '經國大典
體制'의 형성』, 연세대 국학연구원.

權純哲, 1997,「高橋亨の朝鮮思想史研究」,『埼玉大學紀要』 33-1, 埼玉大學 敎養
學部.

權五榮, 1994,「惠岡 崔漢綺의 學問과 思想 研究」, 한국학대학원 박사학위논문.

金都煥, 1998,「北學思想과 洛論의 전개」,『韓國學論集』 한양대 한국학연구소.

金東旭, 1976,「무오연행록 해제」, 민족문화추진회 편,『연행록선집』 VII.

金文植, 1994,「18세기 후반 서울 學人의 淸學認識과 淸문물 도입론」,『奎章閣』
17, 서울대 규장각.

김문용, 2003,「18세기 北學論의 문명론적 함의에 대한 검토」,『태동고전연구』 19,
한림대 태동고전연구소.

金良善, 1961,「明末淸初 耶蘇會宣教師들이 제작한 世界地圖와 그 韓國文化史上
에 미친 影響」,『崇大』 6, 숭전대.

______, 1972,「明末淸初耶蘇會 宣教師들이 製作한 世界地圖」,『梅山國學散稿』,
숭전대 박물관.

______, 1972,「朝鮮實學發展史」,『梅山國學散稿』, 숭전대 박물관.

金泳鎬, 1975,「實學思想의 勃興」,『한국사』 14, 국사편찬위원회.

______, 1990,「開化思想의 形成과 그 性格」,『한국사』 16(근대), 국사편찬위원회.

金玉姬, 1979,「實學思想과 韓國初期 가톨리시즘(Catholicisme)」,『神學展望』 44,
대진신학대.

______, 1985, 「西學의 受容과 그 意識構造」, 『韓國史論』 1, 서울대 국사학과.

金龍德, 1974, 「北學派 思想의 源流 研究」, 『東方學志』 15, 연세대.

金容憲, 1995, 「崔漢綺의 西洋科學 受容과 哲學 形成」, 고려대 박사학위논문.

金源模, 1983, 「로즈 艦隊의 來侵과 梁憲洙의 抗戰」, 『東洋學』 13, 단국대 동양학연구소.

______, 1983, 「丙寅日記의 研究」, 『史學志』 17, 단국대 사학회.

______, 1998, 「셔먼호사건과 미국함대의 침입(1866~1871)」, 『東洋學』 28, 단국대 동양학연구소.

金允濟, 1996, 「朝鮮前期 『心經』의 이해와 보급」, 『韓國文化』 18, 서울대 한국문화연구소.

琴章泰, 1972, 「鬼神 · 死生論과 儒敎 · 西學間의 論辨」, 『論文集』 17, 성균관대.

______, 1974, 「李朝儒學에 있어서 闢異端의 理念과 傳統」, 『國際大 論文集』, 국제대.

______, 1979, 「朝鮮後期 儒學 · 西學間의 教理論爭과 思想的 性格」, 『교회사연구』 2, 한국교회사연구소.

______, 1983, 「韓國傳統文化와 天主教思想」, 『가톨릭社會科學研究』 1, 가톨릭사회과학연구회.

______, 1985, 「儒教思想과 天主教 — 祖上祭祀 문제를 중심으로 —」, 『哲學과 神學의 만남』.

______, 1986, 「西學의 傳來와 闢異端論의 强化」, 『韓國宗教思想史 儒教 · 基督教篇』, 연세대 출판부.

______, 1998, 「성리학」, 『한국사』 35, 국사편찬위원회.

金泰永, 1988, 「朝鮮後期 實學에서의 現實과 理想」, 『韓國思想史方法論』, 소화.

김낙진, 1998, 「조선 유학자들의 격물치지론」, 『조선 유학의 자연철학』, 예문서원.

羅逸星 外, 1978, 「黃胤錫의 恒星黃赤經緯表에 對한 檢討」, 『國學紀要』 1, 연세대 국학연구원.

______, 1979, 「17 · 18世紀 韓國의 天文觀-曆算의 基礎가 되는 資料를 中心하여—」, 『東方學志』 21, 연세대.

盧大煥, 1994, 「19세기 전반 지식인의 대청 위기인식과 북학론」, 『韓國學報』 76, 일지사.

______, 1997, 「1860~70년대 전반 조선 지식인의 대외인식과 洋務 이해」, 『韓國文

化』20, 서울대 한국문화연구소.

______, 1997, 「19세기 전반 西洋認識의 변화와 西器受容論」, 『韓國史研究』 95, 한국사학회.

______, 1999, 「正祖代의 西器受容 논의 ― '중국원류설'을 중심으로―」, 『韓國學報』 94, 일지사.

______, 2003, 「조선후기 '西學中國源流說'의 전개와 그 성격」, 『歷史學報』 178, 역사학회.

盧禎埴, 1970, 「韓國의 世界地誌的 著述에 關한 研究 ―特히 李朝時代를 中心으로 하여―」, 『論文集』 6, 대구교육대.

______, 1972, 「金正浩 板刻의 "地球前後圖"에 關한 研究_, 『論文集』 8, 대구교육대.

______, 1975, 「西洋地圖에 나타난 韓半島의 輪廓變遷에 關한 研究」, 『論文集』 11, 대구교육대.

______, 1975, 「外國地圖上에 나타난 韓半島의 表現上 變化에 關한 研究」, 『論文集』 12, 대구교육대.

______, 1977, 「韓國古地圖 資料 및 그 研究成果와 새 方向摸索을 위한 一研究」, 『論文集』 13, 대구교육대.

盧泰敦, 1992, 「18세기 史書에 보이는 世界史 認識體系 ―《同文廣考》를 중심으로―」, 『奎章閣』 15, 서울대 규장각.

文一平, 1939, 「西勢東漸의 先驅」, 『湖岩全集』 1(政治外交篇), 조광사.

文重亮, 1999, 「科學史」, 『歷史學報』 163, 역사학회.

______, 1994, 「조선후기의 水車」, 『韓國文化』 15, 서울대 한국문화연구소.

閔斗基, 1986, 「十九世紀後半 朝鮮王朝의 對外危機意識 ―第一次, 第二次中英戰爭과 異樣船 出沒에의 對應―」, 『東方學志』 52, 연세대.

閔泳珪, 1974, 「十七世紀 李朝學人의 地動說」, 『東方學志』 16, 연세대.

박권수, 2004, 「조선후기 象數易學의 발전과 변동」, 『韓國史想史學』 22, 한국사상사학회.

朴敏泳, 1986, 「毅菴 柳麟錫의 衛正斥邪運動」, 『淸溪史學』 3, 한국정신문화연구원 청계사학회.

朴星來, 1978, 「韓國近世의 西歐科學 收容」, 『東方學志』 20, 연세대.

______, 1978, 「丁若鏞의 科學思想」, 『茶山學報』 1, 다산학보간행위원회.

______, 1981, 「洪大容의 科學思想」, 『韓國學報』 23, 일지사.

______, 1982, 「崔漢綺의 西洋科學 다이제스트」, 『한국과학사』, 한국방송사업단.

______, 1983, 「마테오 리치와 韓國의 西洋과학 受容」, 『東亞研究』 3, 서강대 동아문화연구소.

______, 1984, 「李瀷의 西洋科學 受容」, 『東園金興培博士古稀紀念論文集』.

______, 1985, 「星湖僿說 속의 西洋科學」, 『震檀學報』 59, 진단학회.

______, 1995, 「洪大容 『湛軒書』의 西洋科學 발견」, 『震檀學報』 79, 진단학회.

朴性淳, 1998, 「朝鮮後期의 對淸認識과 '北學論'의 意味」, 『史學志』 31, 단국사학회.

______, 2002, 「高橋亨의 朝鮮儒學史 研究와 그 反應에 대한 檢討」, 『韓國史學史學報』, 한국사학사학회.

______, 2004, 「조선중기 經筵科目 『心經』의 정착과정과 그 정치적 의미」, 『韓國史想史學』 22, 한국사상사학회.

朴鍾鴻, 1969, 「西歐思想의 導入 批判과 攝取 ―其一 天主學―」, 『亞細亞研究』 12, 고려대 아세아문제연구소.

박 철, 1987, 「韓國訪問 最初 西歐人 그레고리오·데·세스뻬데스 研究」, 『外大史學』 창간호, 외대 사학연구소.

朴泰根, 1981, 「朝鮮軍의 黑龍江出兵(1654~1658)」, 『韓國史論』 9, 국사편찬위원회.

______, 1984, 「러시아의 동방경략과 수교 이전의 한러교섭」, 『韓露關係百年史』, 한국사연구협의회.

______, 1989, 「돌아오지 않은 장군의 배」, 『역사춘추』, 역사춘추사.

潘允洪, 1982, 「朝鮮後期의 對歐羅巴認識 ―實學發生의 外的要因과 關聯하여―」, 『국사연구』 3, 조선대 국사연구소.

裵祐晟, 1997, 「고지도를 통해 본 조선시대의 세계인식」, 『震檀學報』 83, 진단학회.

白樂濬, 1935, 「丙子胡亂과 西洋文化의 東漸」, 『新東亞』 4, 동아일보사.

______, 1934, 「朝鮮과 外國船艦」, 『新東亞』 10, 동아일보사.

______, 1935, 「朝鮮의 西洋文化 輸入經路」, 『新東亞』 1, 동아일보사.

徐鍾泰, 1997, 「星湖學派의 陽明學과 西洋科學技術」, 『韓國思想史學』 9, 한국사상사연구회.

孫炯富, 1993, 「19세기 초·중엽의 海防論과 朴珪壽」, 『全北史學』 7, 전북대.

宋炳基, 1983, 「辛巳 斥邪運動 研究」, 『史學研究』 37, 한국사학회.

宋錫準, 1992, 「韓國 陽明學과 實學 및 天主敎와의 思想的 關聯性에 關한 研究」,

성균관대 박사학위논문.

愼鏞廈, 1998, 「開國論의 대두와 開化思想의 형성」, 『東洋學』28, 단국대 동양학
　　　연구소.

辛源俸, 1994, 「惠崗의 氣化的 世界觀과 그 倫理的 含意」, 한국학대학원 박사학위
　　　논문.

楊普景, 1996, 「崔漢綺의 地理思想」, 『震檀學報』81, 진단학회.

延甲洙, 1996, 「丙寅洋擾와 興宣大院君 政權의 對應 ―《巡撫營謄錄》을 중심으로
　　　―」, 『軍史』33, 국방군사연구소.

＿＿＿, 1998, 「大院君 執權期(1863~1873) 西洋勢力에 대한 對應과 軍備增强」,
　　　서울대 국사학과 박사학위논문.

吳瑛燮, 1994, 「毅菴 柳麟錫의 對西洋認識」, 『李基白先生古稀紀念韓國史學論
　　　叢』(下), 동기념논총간행위원회.

＿＿＿, 1997, 「華西學派의 對西洋認識 ―李恒老 · 金平默 · 柳麟錫을 中心으로
　　　―」, 『泰東古典研究』14, 태동고전연구소.

元裕漢, 1996, 「實學思想 研究視角의 摸索을 위한 試論 ―실학자의 화폐경제론을
　　　중심으로―」, 『實學思想研究』7, 관악사학회.

원재연, 1997, 「17~19세기 實學者의 西洋認識 檢討」, 『韓國史論』38, 서울대 국사
　　　학과.

兪景老, 1981, 「朝鮮時代의 中國曆法 導入에 關하여」, 『傳統科學』2, 한양대 한국
　　　전통과학연구소.

유경로 · 이은성, 1982, 「時憲曆의 도입과 日躔月離의 계산」, 『東方學志』31, 연세대.

劉奉學, 1982, 「北學思想의 形成과 그 性格 ―湛軒 洪大容과 燕巖 朴趾源을 중심
　　　으로」, 『韓國史論』8, 서울대 국사학과.

＿＿＿, 1994, 「19세기 京華士族의 生活과 思想 ―惠岡 崔漢綺를 중심으로」, 『서
　　　울학연구』II, 서울시립대 서울학연구소.

＿＿＿, 1994, 「북학사상 연구의 현황과 전망」, 『문학과 사회』25.

柳濟光, 1983, 「朝鮮의 天主敎 受容과 典禮問題에 관한 研究」, 단국대 석사학위
　　　논문.

柳洪烈, 1980, 「韓國에서의 天主敎와 儒敎間의 典禮問題」, 『韓國社會思想史論
　　　攷』, 일조각.

尹絲淳, 1980, 「實學思想의 哲學的 性格」, 『韓國儒學論究』, 현암사.

______, 1982, 「近代(朝鮮末期) 儒學에 관한 硏究—性理學과 實學의 區分點을 중심으로」, 『東洋學』 12, 단국대 동양학연구소.

______, 1998, 「유학의 자연철학」, 『조선 유학의 자연철학』, 예문서원.

尹熙勉·金德珍, 1999, 「朝鮮後期」, 『歷史學報』 163, 역사학회.

이경구, 2003, 「壯洞 金門의 문물 수용론과 文藝 활동」, 『韓國學報』 112, 일지사.

李光麟, 1969, 「『海國圖志』의 韓國傳來와 그 影響」, 『韓國開化史硏究』, 일조각.

李相益, 1996, 「洛學에서 北學으로의 思想的 發展」, 『철학』 46, 한국철학회.

李瑄根, 1931, 「西敎徒虐殺의 由來와 佛艦來襲」, 『朝鮮最近世史』, 流星社書店.

______, 1961, 「西敎彈壓과 國際的 衝突」, 『韓國史 最近世編』, 을유문화사.

______, 1985, 「大院君時代의 對歐美關係 硏究」, 『韓國最近世史研究』, 휘문출판사.

______, 1990, 「大院君의 政治」, 『韓國史』 16, 국사편찬위원회.

李成茂, 1982, 「韓國의 官撰地理志」, 『奎章閣』 6, 서울대 규장각.

李愛熙, 1987, 「韓末衛正斥邪思想의 展開」, 『江原義兵運動史』, 강원의병 운동사 연구회.

______, 2002, 「人物之性」, 『조선유학의 개념들』, 예문서원.

李完宰, 1996, 「性理學의 脈絡에서 본 初期開化思想」, 『韓國學論叢』 29, 한양대 한국학연구소.

李龍範, 1966, 「法住寺所藏의 新法天文圖說에 대하여—在淸天主敎神父를 通한 西洋天文學의 朝鮮傳來와 그 影響—」, 『歷史學報』 31·32, 역사학회.

______, 1972, 「李瀷의 地動論과 그 論據—附: 洪大容의 宇宙觀」, 『震檀學報』 34, 진단학회.

______, 1988, 「李朝實學派의 西洋科學受容과 그 限界—金錫文과 李瀷의 경우—」, 『東方學志』 58, 연세대.

李佑成, 1966, 「李朝後期 近畿學派에 있어서의 正統論의 전개」, 『歷史學報』 31, 역사학회.

李元淳, 1975, 「明淸來 西學書의 사상사적 의의」, 『韓國天主敎會史論文選集』 1, 한국교회사연구소.

______, 1975, 「西洋文物 漢譯西學書의 傳來」, 『한국사』 14, 국사편찬위원회.

______, 1975, 「朝鮮後期 實學者의 西學意識」, 『歷史敎育』 17, 역사교육연구회.

______, 1980, 「韓國近代文化의 西歐的 基礎」, 『韓國史學』 1, 한국정신문화연

구원.

______, 1981, 「天主敎」, 李家源 外 編, 『韓國學硏究入門』, 지식산업사.

______, 1982, 「朝鮮 '西學'과 日本 '蘭學' ─對西洋 學問的 對應의 比較的 接近 ─」, 『日本學報』 10, 한국일본학회.

______, 1982, 「韓國天主敎會史硏究小史」, 『崔奭祐神父華甲紀念 韓國敎會史論 叢』, 동간행위원회.

______, 1983, 「赴京使行의 文化史的 意義」, 『史學硏究』 36, 한국사학회.

______, 1986, 「『職方外紀』와 愼後聃의 西洋敎育論」, 『朝鮮西學史硏究』, 일지사.

______, 1986, 「惠崗 崔漢綺의 敎育觀 序說」, 『朝鮮西學史硏究』, 일지사.

______, 1991, 「朝鮮實學知識人의 漢譯西學地理書 이해」, 『한국의 전통지리사 상』, 민음사.

______, 1992, 「赴京使行의 文化史的 意義」, 『朝鮮時代史論集』, 느티나무.

______, 1992, 「接觸과 對應의 歷史性 ─朝鮮西學史의 意義─」, 『역사교육』 51, 역사교육연구회.

______, 1992, 「崔漢綺의 世界地理認識의 歷史性 ─惠岡學의 地理學的 側面 ─」, 『문화역사지리』 4, 한국문화역사지리학회.

______, 1992, 「西學의 導入과 展開」, 『한국사상사대계』 5, 한국정신문화연구원.

李乙浩, 1984, 「近代儒學의 斥邪衛正思想」, 『韓國近代宗敎思想史』, 원광대 출 판국.

李   燦, 1976, 「韓國의 古世界地圖 ─天下圖와 混一疆理歷代國都之圖 ─」, 『韓 國學報』 2, 일지사.

李澤徽, 1986, 「華西 李恒老의 斥邪衛正論 硏究」, 『논문집』 19, 서울교육대.

李賢九, 1993, 「崔漢綺 氣學의 成立과 體系에 關한 硏究 ─西洋 近代科學의 流入 과 朝鮮後期 儒學의 變容 ─」, 성균관대 박사학위논문.

林熒澤, 1998, 「實事求是의 學的 傳統과 開化思想」, 『韓中實學史硏究』, 민음사.

張保雄, 1976, 「利瑪竇의 世界地圖에 關한 硏究」, 『東國史學』 13, 동국대.

전인식, 1994, 「조선에 있어서 『天主實義』에 대한 비판 검토」, 『한국학대학원논문 집』 9, 한국학대학원.

全海宗, 1959, 「釋實學」, 『震檀學報』 20, 진단학회.

鄭誠嬉, 1992, 「頤齋 黃胤錫의 科學思想」, 『淸溪史學』 9, 정신문화연구원 청계사 학회.

______, 1995, 「朝鮮後期 時憲曆 導入과 그 影響」, 『한국학대학원논문집』 10, 한국학대학원.

鄭玉子, 1982, 「奎章閣抄啓文臣研究」, 『奎章閣』 4, 서울대 규장각.

______, 1982, 「正祖의 抄啓文臣敎育과 文體政策」, 『奎章閣』 6, 서울대 규장각.

______, 1995, 「19세기 斥邪論의 歷史的 位相」, 『韓國學報』 78, 일지사.

______, 1990, 「실학과 근대의식」, 『한국사특강』, 서울대 출판부.

鄭載植, 1985, 「儒敎傳統의 保守의 理論—李恒老의 斥邪衛正思想을 中心으로—」, 『韓國社會와 思想』, 한국정신문화연구원.

趙 珖, 1987, 「西學과 天主敎」, 한국사연구회 편, 제2판 『韓國學硏究入門』, 지식산업사.

______, 1970, 「敎會史關係 論文目錄 解題」 (I), 『敎會史硏究誌』 3, 가톨릭대 교회사연구회.

______, 1982, 「韓國天主敎會史 關係 論著의 整理(1874~1982)」, 『崔奭祐神父華甲紀念 韓國敎會史論叢』, 동간행위원회.

______, 1984, 「韓國天主敎會史 研究文獻目錄(1982.11~1984.12)」, 『교회와 역사』·114.

______, 1986, 「韓國天主敎會史 研究文獻目錄(1985)」, 『교회와 역사』 127.

______, 1987, 「韓國天主敎會史 研究文獻目錄(1986.1~1987.11)」, 『교회와 역사』 151.

______, 1988, 「韓國天主敎會史 關係 論著의 整理(II): 1983~1987」, 『敎會史研究』 6, 한국교회사연구소.

______, 1991, 「韓國天主敎會史 關係 論著의 整理(III): 1988~1990」, 『韓國가톨릭文化活動과 敎會史』, 한국교회사연구소.

______, 1992, 「朝鮮後期 實學思想의 研究動向과 展望」, 동간행위원회 편, 『何石金昌洙敎授華甲紀念史學論叢』, 범우사.

______, 1994, 「韓國天主敎會史 關係 論著의 整理(IV): 1991~1993」, 『韓國社會와 福音宣敎』, 도서출판 빅벨.

______, 1997, 「韓國天主敎會史 關係 論著의 整理(V): 1994~1997」, 『歷史와 社會』, 현암사.

______, 1997, 「조선후기의 대외관계—서양과의 관계」, 『한국사』 32, 국사편찬위원회.

趙誠乙, 1995, 「洪大容의 역사인식—華夷觀을 중심으로—」, 『震檀學報』 79, 진단학회.

______, 1996, 「실학 연구의 심화와 남은 과제」, 『역사와 현실』 20, 한국역사연구회.

朱明俊, 1985, 「儒敎傳統社會의 祖上崇拜思想과 天主敎의 對應—辛亥珍山事件을 中心으로—」, 『邊太燮博士華甲紀念史學論叢』, 삼영사.

池斗煥, 1987, 「朝鮮後期 實學研究의 問題點과 方向」, 『泰東古典研究』 3, 태동고전연구소.

車基眞, 1990, 「尹宗儀의 斥邪論과 海防論 인식에 대한 연구」, 『尹炳奭敎授華甲紀念韓國近代史論叢』, 지식산업사.

______, 1996, 「星湖學派의 西學認識과 斥邪論에 관한 연구」, 한국학대학원 박사학위논문.

차석기, 1992, 「조선후기 서학의 수용과 한국 근대 교육사상」, 『師大論集』 17, 고려대 사범대학.

千寬宇, 1952·1953, 「磻溪 柳馨遠研究」, 『歷史學報』 2·3, 역사학회.

______, 1953, 「磻溪 柳馨遠 研究(下)—實學發生에서 본 李朝社會의 一斷面—」, 『歷史學報』 3, 역사학회.

______, 1965, 「洪大容의 地轉說의 再檢討」, 『曉星趙明基博士華甲紀念佛敎史學論叢』.

______, 1967, 「朝鮮後期 實學의 槪念 再檢討」, 연세대 실학공개강좌.

______, 1970, 「朝鮮後期 實學의 槪念再論」, 『韓國文化史大系』 VI, 고려대 민족문화연구원.

______, 1975, 「朝鮮後期 實學의 槪念 評論」, 『韓國史의 再發見』, 일조각.

______, 1979 중판, 「韓國實學思想史」, 『韓國文化史大系』 12, 고려대 민족문화연구원 출판부.

崔根德, 1984, 「西學의 傳來와 斥邪衛正論」, 『韓國思想大系IV—性理學思想篇—』, 성균관대 대동문화연구원.

崔基福, 1982, 「朝鮮朝에 있어서 天主敎의 廢祭毀主와 儒敎祭祀의 根本意味」, 『崔奭祐神父華甲紀念 韓國敎會史論叢』, 한국교회사연구소.

崔南善, 1929, 「西洋音樂이 언제부터 朝鮮人에게 알려졌나」, 『奇怪』 1.

崔炳鈺, 1986, 「衛正斥邪思想에 대한 一考察」, 『弘益史學』 3, 홍익대 사학회.

崔奭祐, 1966, 「丙寅洋擾小考」, 『歷史學報』 30, 역사학호.

______, 1996,「前近代 傳統 知識人의 對西洋認識」,『朝鮮時代人의 對外認識』, 국사편찬위원회.

崔韶子, 1987,「西學關係漢文書가 中國・朝鮮의 士大夫에게 미친 영향」,『東西文化交流史研究』, 삼영사.

______, 1997,「17・18세기 서구문화의 유입에 관한 몇 가지 문제: 중국과 조선을 중심으로」,『명・청 시대 중・한 관계사 연구』, 이화여대 출판부.

최영성, 2001,「다카하시 도루의 한국유학관 연구」,『다카하시 도루의 조선유학사』, 예문서원.

崔英辰, 1994,「朝鮮朝 儒學思想史의 分流方式과 그 問題點」,『韓國思想史學』8, 한국사상사학회.

崔完秀, 1972,「金秋史의 金石學」,『澗松文華』3, 한국민족미술연구소.

______, 1981,「謙齋眞景山水畫考」,『澗松文華』21, 한국민족미술연구소.

崔惠珠, 1998,「시데하라(幣原坦)의 顧問活動과 한국사연구」,『國史館論叢』79, 국사편찬위원회.

河政植, 1995,「燕行情報와 朝鮮王朝의 太平天國 認識의 政治的 背景」,『歷史學報』145, 역사학회.

______, 1998,「歐美列强의 中國侵略과 朝鮮의 反應」,『東洋學』28, 단국대 동양학연구소.

韓永浩, 2001,「서양 기하학의 조선 전래와 홍대용의『주해수용』」,『歷史學報』170, 역사학회.

韓㳓劤, 1954,「星湖 李瀷研究의 一端 ―그의 科擧制 是非를 中心하여―」,『歷史學報』7, 역사학회.

______, 1958,「李朝 '實學'의 槪念에 대하여」,『震檀學報』19, 진단학회.

許南進, 1994,「朝鮮後期 氣哲學 研究」, 서울대 철학과 박사학위논문.

______, 1995,「洪大容의 철학사상」,『震檀學報』79, 진단학회.

洪淳昶, 1977,「衛正斥邪論의 性格과 그 系譜」,『趙仁濟敎授回甲論集論叢』, 동간행위원회.

洪以燮, 1947,「西歐人들의 朝鮮發見史」,『서울신문』8. (11).

______, 1955,「韓國基督敎史研究小史」,『白樂濬博士回甲紀念論文集』, 사상계사.

______, 1957,「서울에 왔던 歐美人」,『향토서울』1, 서울특별시사편찬위원회.

______, 1957,「實學의 理念的 一貌 ―河濱 愼後聃의「西學辨」의 紹介―」,『인문

과학』1, 연세대.

______, 1957, 「외국인의 한국어 연구」, 『학도주보』 115(10. 14).

______, 1958, 「다브뤼神父의 朝鮮硏究에 對하여(서울에 왔던 歐美人 II)」, 『향토서울』 2, 서울특별시사편찬위원회.

______, 1958, 「북학파의 사람들」, 『연세춘추』 122, 연세대.

______, 1959, 「所謂 闢衛編의 形成에 對하여——種 兩水寫本을 中心으로—」, 『人文科學』 4, 연세대 인문과학연구소.

______, 1959, 「朝鮮儒家의 斥邪論에 對하여」, 『白性郁敎授回甲紀念論集』, 동국대.

______, 1960, 「鎖國의 帳幕을 뚫은 歐美人의 韓國 旅行」, 『시사영어연구』 6.

______, 1962, 「韓國基督敎史 硏究槪況」, 『神學論壇』 7.

______, 1967, 「實學과 西學」, 『亞細亞學報』 4, 아세아학술연구회.

______, 1968, 「韓國 硏究史—歐美人의 韓國 認識의 書誌學的 小攷—」, 『韓國史의 方法』, 탐구당.

______, 1976, 「斥邪論에 對한 考察—朝鮮時代의 儒家를 中心으로—」, 『京畿大論文集』, 경기대.

______, 1985, 「朝鮮朝 天主敎會의 祭祀禁令과 茶山의 祖上祭祀觀」, 『韓國敎會史論文集』 II, 한국교회사연구소.

黃景淑, 1993, 「惠岡 崔漢綺의 社會思想의 構造와 性栓」, 『韓國學報』 70, 일지사.

赤木仁兵衛, 1977, 「朝鮮에 있어서의 天主敎 流入과 典禮問題」, 『韓國天主敎會史 論文選集』 2, 한국교회사연구소.

小川晴久, 1979, 「地轉說에서 宇宙無限論으로—金錫文과 洪大容의 世界—」, 『東方學志』 21, 연세대.

羅　光, 1964, 「天學初函影印本序」, 吳相湘 主編, 『天學初函(一)』, 臺灣學生書局.

方　豪, 1964, 「李之藻輯刻天學初函考」, 吳相湘 主編, 『天學初函(一)』, 臺灣學生書局.

高橋亨, 1929, 「李朝儒學史に於ける主理派主氣派の發達」, 『朝鮮支那文化の研究』, 경성제국대학 법문학회.

末松保和, 1934, 「奎章閣と奎章總目」, 『小田先生頌壽紀念朝鮮論集』, 경성: 동간행위원회.

山口正之, 1930, 「耶蘇會宣敎師の入鮮計劃」, 『靑丘學叢』 3, 경성: 청구학회.

______, 1930, 「日本耶蘇會宣教師セスペデスの渡鮮」, 『青丘學叢』 2, 경성：청구학회.

______, 1930, 「朝鮮基督敎史料 己亥日記」, 『青丘學叢』 1, 경성：청구학회.

______, 1931, 「昭顯世子と湯若望」, 『青丘學叢』 5, 경성：청구학회.

______, 1931, 「耶蘇會宣教師の朝鮮俘虜救濟及敎化」, 『青丘學叢』 4, 경성：청구학회.

______, 1932, 「朝鮮役における俘虜人の行方 — 朝鮮被擄人賣買の一例」, 『青丘學叢』 8, 경성：청구학회.

山內弘一, 1992, 「朴趾源における北學と小中華」, 『上智史學』 37, 上智大.

小田省吾, 1930, 「李朝の朋黨を略述いて天主敎迫害に及ぶ」, 『青丘學叢』 1, 경성：청구학회.

藪內淸, 1968, 「李朝學者の地球回轉說」, 『朝鮮學報』 49, 조선학회.